Informatik—Fachberichte

Band 51: G. Pfeiffer, Erzeugung interaktiver Bildverarbeitungssysteme im Dialog. X, 154 Seiten. 1982.

Band 52: Application and Theory of Petri Nets. Proceedings, Strasbourg 1980, Bad Honnef 1981. Edited by C. Girault and W. Reisig. X, 337 pages. 1982.

Band 53: Programmiersprachen und Programmentwicklung. Fachtagung der GI, München, März 1982. Herausgegeben von H. Wössner. VIII, 237 Seiten. 1982.

Band 54: Fehlertolerierende Rechnersysteme. GI-Fachtagung, München, März 1982. Herausgegeben von E. Nett und H. Schwärtzel. VII, 322 Seiten. 1982.

Band 55: W. Kowalk, Verkehrsanalyse in endlichen Zeiträumen. VI, 181 Seiten. 1982.

Band 56: Simulationstechnik. Proceedings, 1982. Herausgegeben von M. Goller. VIII, 544 Seiten. 1982.

Band 57: GI–12. Jahrestagung. Proceedings, 1982. Herausgegeben von J. Nehmer. IX, 732 Seiten. 1982.

Band 58: GWAI-82. 6th German Workshop on Artificial Intelligence. Bad Honnef, September 1982. Edited by W. Wahlster. VI, 246 pages. 1982.

Band 59: Künstliche Intelligenz. Frühjahrsschule Teisendorf, März 1982. Herausgegeben von W. Bibel und J. H. Siekmann. XIII, 383 Seiten. 1982.

Band 60: Kommunikation in Verteilten Systemen. Anwendungen und Betrieb. Proceedings, 1983. Herausgegeben von Sigram Schindler und Otto Spaniol. IX, 738 Seiten. 1983.

Band 61: Messung, Modellierung und Bewertung von Rechensystemen. 2. GI/NTG-Fachtagung, Stuttgart, Februar 1983. Herausgegeben von P. J. Kühn und K. M. Schulz. VII, 421 Seiten. 1983.

Band 62: Ein inhaltsadressierbares Speichersystem zur Unterstützung zeitkritischer Prozesse der Informationswiedergewinnung in Datenbanksystemen. Michael Malms. XII, 228 Seiten. 1983.

Band 63: H. Bender, Korrekte Zugriffe zu Verteilten Daten. VIII, 203 Seiten. 1983.

Band 64: F. Hoßfeld, Parallele Algorithmen. VIII, 232 Seiten. 1983.

Band 65: Geometrisches Modellieren. Proceedings, 1982. Herausgegeben von H. Nowacki und R. Gnatz. VII, 399 Seiten. 1983.

Band 66: Applications and Theory of Petri Nets. Proceedings, 1982. Edited by G. Rozenberg. VI, 315 pages. 1983.

Band 67: Data Networks with Satellites. GI/NTG Working Conference, Cologne, September 1982. Edited by J. Majus and O. Spaniol. VI, 251 pages. 1983.

Band 68: B. Kutzler, F. Lichtenberger, Bibliography on Abstract Data Types. V, 194 Seiten. 1983.

Band 69: Betrieb von DN-Systemen in der Zukunft. GI-Fachgespräch, Tübingen, März 1983. Herausgegeben von M. A. Graef. VIII, 343 Seiten. 1983.

Band 70: W. E. Fischer, Datenbanksystem für CAD-Arbeitsplätze. VII, 222 Seiten. 1983.

Band 71: First European Simulation Congress ESC 83. Proceedings, 1983. Edited by W. Ameling. XII, 653 pages. 1983.

Band 72: Sprachen für Datenbanken. GI-Jahrestagung, Hamburg, Oktober 1983. Herausgegeben von J. W. Schmidt. VII, 237 Seiten. 1983.

Band 73: GI–13. Jahrestagung, Hamburg, Oktober 1983. Proceedings. Herausgegeben von J. Kupka. VIII, 502 Seiten. 1983.

Band 74: Requirements Engineering. Arbeitstagung der GI, 1983. Herausgegeben von G. Hommel und D. Krönig. VIII, 247 Seiten. 1983.

Band 75: K. R. Dittrich, Ein universelles Konzept zum flexiblen Informationsschutz in und mit Rechensystemen. VIII, 246 pages. 1983.

Band 76: GWAI-83. German Workshop on Artificial Intelligence. September 1983. Herausgegeben von B. Neumann. VI, 240 Seiten. 1983.

Band 77: Programmiersprachen und Programmentwicklung. 8. Fachtagung der GI, Zürich, März 1984. Herausgegeben von U. Ammann. VIII, 239 Seiten. 1984.

Band 78: Architektur und Betrieb von Rechensystemen. 8. GI-NTG-Fachtagung, Karlsruhe, März 1984. Herausgegeben von H. Wettstein. IX, 391 Seiten. 1984.

Band 79: Programmierumgebungen: Entwicklungswerkzeuge und Programmiersprachen. Herausgegeben von W. Sammer und W. Remmele. VIII, 236 Seiten. 1984.

Band 80: Neue Informationstechnologien und Verwaltung. Proceedings, 1983. Herausgegeben von R. Traunmüller, H. Fiedler, K. Grimmer und H. Reinermann. XI, 402 Seiten. 1984.

Band 81: Koordinaten von Informationen. Proceedings, 1983. Herausgegeben von R. Kuhlen. VI, 366 Seiten. 1984.

Band 82: A. Bode, Mikroarchitekturen und Mikroprogrammierung: Formale Beschreibung und Optimierung, 6, 7-227 Seiten. 1984.

Band 83: Software-Fehlertoleranz und -Zuverlässigkeit. Herausgegeben von F. Belli, S. Pfleger und M. Seifert. VII, 297 Seiten. 1984.

Band 84: Fehlertolerierende Rechensysteme. 2. GI/NTG/GMR-Fachtagung, Bonn 1984. Herausgegeben von K.-E. Großpietsch und M. Dal Cin. X, 433 Seiten. 1984.

Band 85: Simulationstechnik. Proceedings, 1984. Herausgegeben von F. Breitenecker und W. Kleinert. XII, 676 Seiten. 1984.

Band 86: Prozeßrechner 1984. 4. GI/GMR/KfK-Fachtagung, Karlsruhe, September 1984. Herausgegeben von H. Trauboth und A. Jaeschke. XII, 710 Seiten. 1984.

Band 87: Musterkennung 1984. Proceedings, 1984. Herausgegeben von W. Kropatsch. IX, 351 Seiten. 1984.

Band 88: GI–14. Jahrestagung. Braunschweig. Oktober 1984. Proceedings. Herausgegeben von H.-D. Ehrich. IX, 451 Seiten. 1984.

Band 89: Fachgespräche auf der 14. GI-Jahrestagung. Braunschweig, Oktober 1984. Herausgegeben von H.-D. Ehrich. V, 267 Seiten. 1984.

Band 90: Informatik als Herausforderung an Schule und Ausbildung. GI-Fachtagung, Berlin, Oktober 1984. Herausgegeben von W. Arlt und K. Haefner. X, 416 Seiten. 1984.

Band 91: H. Stoyan, Maschinen-unabhängige Code-Erzeugung als semantikerhaltende beweisbare Programmtransformation. IV, 365 Seiten. 1984.

Band 92: Offene Multifunktionale Büroarbeitsplätze. Proceedings, 1984. Herausgegeben von F. Krückeberg, S. Schindler und O. Spaniol. VI, 335 Seiten. 1985.

Band 93: Künstliche Intelligenz. Frühjahrsschule Dassel, März 1984. Herausgegeben von C. Habel. VII, 320 Seiten. 1985.

Band 94: Datenbank-Systeme für Büro, Technik und Wirtschaft. Proceedings, 1985. Herausgegeben von A. Blaser und P. Pistor. X, 519 Seiten. 1985

Informatik-Fachberichte 132

Herausgegeben von W. Brauer
im Auftrag der Gesellschaft für Informatik (GI)

Rudi Studer

Konzepte für eine verteilte wissensbasierte Softwareproduktionsumgebung

Springer-Verlag

Berlin Heidelberg New York

London Paris Tokyo

Autor

Rudi Studer
IBM Deutschland GmbH, Bereich Wissenschaft – LILOG
Postfach 80 08 80, 7000 Stuttgart 80

CR Subject Classifications (1987): D.2.1, D.2.6, H.2.1, I.2.4

ISBN-13:978-3-540-17215-4   e-ISBN-13:978-3-642-71658-4
DOI: 10.1007/978-3-642-71658-4

2145/3140 – 5 4 3 2 1 0

<u>Vorwort</u>

Die vorliegende Habilitationsschrift entstand zu großen Teilen
während meiner früheren Tätigkeit in der Abteilung Anwendersoftware des Instituts für Informatik der Universität Stuttgart.

Mein spezieller Dank gilt sowohl Herrn Prof. Gunzenhäuser für die
Übernahme der Betreuung des Habilitationsverfahrens als auch Herrn
Prof. Neuhold für die langjährige Förderung meiner wissenschaft-
lichen Laufbahn.

Die wissenschaftlich anregende und persönlich angenehme Arbeits-
umgebung in der Abteilung Anwendersoftware hat nicht unwesentlich
zum Entstehen dieser Arbeit beigetragen. Hierfür sowie für zahl-
reiche konstruktive Beiträge danke ich meinen früheren Kolleginnen
und Kollegen, vor allem Frau A. Horndasch, Herrn Dr. U. Pletat
sowie Herrn Dr. B. Walter.

Schließlich danke ich der IBM Deutschland, insbesondere Herrn
Dr. O. Herzog, für das freundliche Entgegenkommen, mein Habili-
tationsverfahren während meiner Tätigkeit bei der IBM Deutschland
abschließen zu können.

Stuttgart, im März 1987

                                        Rudi Studer

Zusammenfassung

Damit Softwareproduktionsumgebungen in größeren Softwareentwicklungsprojekten wirkungsvoll eingesetzt werden können, müssen sie
leistungsfähige Unterstützungsfunktionen anbieten, die auf die
Bedürfnisse der beteiligten Projektmitarbeiter ausgerichtet sind.
Hierzu werden in dieser Arbeit Konzepte für eine verteilte
wissensbasierte Softwareproduktionsumgebung DIKOS (Distributed
Knowledge-Based Software Engineering Environment) entwickelt,
in deren Wissensbasis alle für ein Softwareentwicklungsprojekt
relevanten Informationen verwaltet werden. Dabei werden insbesondere Aspekte der Kooperation und Kommunikation der beteiligten
Projektmitarbeiter betrachtet.

Zur Beschreibung der in der DIKOS-Wissensbasis verwalteten Objekte
sowie der zur Manipulation der Objekte definierten Funktionen
werden THM-Netze definiert, die Konzepte semantischer Datenmodelle
mit Prädikat-Transitions-Netzen vereinigen und zusätzlich Modellierungskonzepte zur Beschreibung von Zeitaspekten beinhalten.
Aufbauend auf einer exemplarischen THM-Netz-Spezifikation der
DIKOS-Wissensbasis wird ein sogenanntes Benutzerinformationssystem
eingeführt, das die Kooperation und Kommunikation zwischen den
Projektmitarbeitern unterstützt und teilweise automatisiert.
Dieses Benutzerinformationssystem wird unter Verwendung von THM-
Netzen formal spezifiziert.

Abschließend wird die grundlegende Gestaltung der DIKOS-Benutzerschnittstelle beschrieben, wobei insbesondere die Dialogfunktionen
des Benutzerinformationssystems betrachtet werden. Zur Beschreibung dieser Dialogfunktionen wird ein abstraktes Dialogmodell
eingeführt, das die streng formale Spezifikation interaktiver
Benutzerschnittstellen ermöglicht.

Inhaltsverzeichnis

1. Einleitung

In den Anfängen der Softwareentwicklung wurden Programme bzw.
Softwaresysteme hauptsächlich für den mathematisch/naturwissen-
schaftlichen Anwendungsbereich entwickelt, wobei oftmals bekannte
(mathematische) Lösungsverfahren in Programme umzusetzen waren.
Kennzeichnend für diese Softwaresysteme war, daß sie relativ
klein waren und die Problemstellungen eine geringe Komplexität
aufwiesen. Mit der rapiden Steigerung der Leistungsfähigkeit von
Rechnern wurden Softwaresysteme für immer neue Aufgabenstellungen
im Ingenieur- und Bürobereich entwickelt, wobei sich die Aufgabenstellungen durch eine entsprechend steigende Komplexität
auszeichneten. Leider zeigte sich sehr schnell, daß die
existierenden Softwareentwicklungs-"Verfahren" in keiner Weise
geeignet waren, komplexe Softwaresysteme hoher Qualität (z.B.
hinsichtlich Korrektheit) mit vertretbarem Aufwand zu entwickeln.

So entstand in der Mitte der 60er-Jahre der Begriff der "Software-
krise" und als Reaktion darauf die Entwicklung des Arbeitsge-
bietes "Software Engineering" (siehe z.B. /Naur68/). Als globale
Zielsetzung wurde dabei für das neue Arbeitsgebiet die Entwicklung von Verfahren zur ingenieurmäßigen Herstellung von Software-
systemen festgelegt, d.h. Softwareentwicklung wurde als eine
Ingenieurdisziplin - vergleichbar mit anderen klassischen
Ingenieurbereichen - betrachtet.

Im Laufe der Zeit entwickelten sich viele, leicht differierende
Definitionen für den Begriff Software Engineering. Stellvertretend für diese vielen Varianten wollen wir hier die in /Boeh81/
gegebene Definition anführen:

> "Software Engineering is the application of science and
> mathematics by which the capabilities of computer equip-
> ment are made useful to man via computer programs, pro-
> cedures, and associated documentation."

Zu dieser Definition ist zu bemerken, daß der Begriff "Software Engineering" also mehr umfaßt als nur die Erstellung der Software, d.h. der (Quell-)Programme, und daß es außerdem von Bedeutung ist, daß die erstellten Softwaresysteme auch wirklich auf die Bedürfnisse der Benutzer ausgerichtet sind.

Bei der ingenieurmäßigen Betrachtungsweise der Softwareentwicklung lassen sich dabei zwei Bereiche unterscheiden: zum einen der technische Bereich, der sich mit den Methoden zur Softwareentwicklung und zugehörigen Beschreibungstechniken befaßt, und zum anderen der organisatorische Bereich, dessen Gegenstand Techniken zur Projektplanung und Projektkontrolle sind.

Wir wollen nun diese beiden Aspekte näher betrachten und rechnerunterstützte Systeme zur Softwareentwicklung, sogenannte Softwareproduktionsumgebungen (SPUs), diskutieren.

1.1 Vorgehensweisen bei der Softwareentwicklung

Aus der Erkenntnis heraus, Softwareentwicklung systematisch durchführen zu müssen, entstand zu Beginn der 70er Jahre das sogenannte Software-Life-Cycle-Modell, das auch heutzutage noch immer den am weitesten verbreiteten Ansatz und im industriellen Bereich den einzigen häufig verwendeten Ansatz darstellt. Als Alternative zu diesem klassischem Modell kristallisierte sich Ende der 70er Jahre im Bereich der Künstlichen Intelligenz der Rapid-Prototyping-Ansatz heraus, der in der Zwischenzeit in der Forschung auch in anderen Bereichen Beachtung findet. In jüngster Zeit entwickelten sich auf der Basis dieser beiden Modelle Ansätze, die eine Integration des Rapid Prototyping in das Software-Life-Cycle-Modell vorsehen.

Im folgenden wollen wir diese unterschiedlichen Ansätze vorstellen und diskutieren.

1.1.1 Das Software-Life-Cycle-Modell

Das Software-Life-Cycle-Modell (SLCM) wurde in seiner ursprüng-
lichen Fassung in /Royc70/ publiziert und seither in leicht unterschiedlichen Varianten auch von anderen Autoren vorgestellt (siehe
z.B. /Kimm79/, /Boeh81/, /Balz82/). Die Grundideee ist dabei, die
bei der Softwareentwicklung anfallenden Aktivitäten verschiedenen
Phasen zuzuordnen, wobei die Phasen idealerweise in einer vordefinierten Reihenfolge sequentiell durchlaufen werden (siehe
Abb. 1-1). In der Realität werden allerdings stets Iterationen,
d.h. die Rückkehr zu früheren Phasen notwendig sein. Außerdem
werden die in jeder Phase erzeugten (Zwischen-)Softwareprodukte
in einem zugehörigen Dokument festgehalten und einer entsprechenden Validation bzw. Verifikation unterzogen. Dabei wird überprüft,
ob die (Zwischen-)Softwareprodukte ihren Anforderungen genügen.
Verifikation bezieht sich dabei auf die Überprüfung der Korrektheit der Produkte gegenüber ihrer Spezifikation, und Validation
auf die Überprüfung der Eignung der Produkte im Hinblick auf die
zu erfüllende Aufgabe. Boehm charakterisiert in /Boeh81/ Verifikation durch "Are we building the product right?" und Validation
durch "Are we building the right product?".

Wir gehen in dieser Arbeit von folgender Phaseneinteilung des
SLCM aus (vergleiche /Kimm79/): Problemanalyse, Entwurf, Implementierung, Funktions- und Leistungsüberprüfung, Installation/
Abnahme und Wartung. Wir wollen im folgenden diese Phasen näher
betrachten.

a) Problemanalyse

Die Problemanalyse (requirements analysis) wird in enger
Zusammenarbeit mit dem Auftraggeber durchgeführt und läßt sich
weiter unterteilen in Istanalyse, Erstellung des Sollkonzeptes
und Durchführbarkeitsstudie. In der Istanälyse geht es darum,

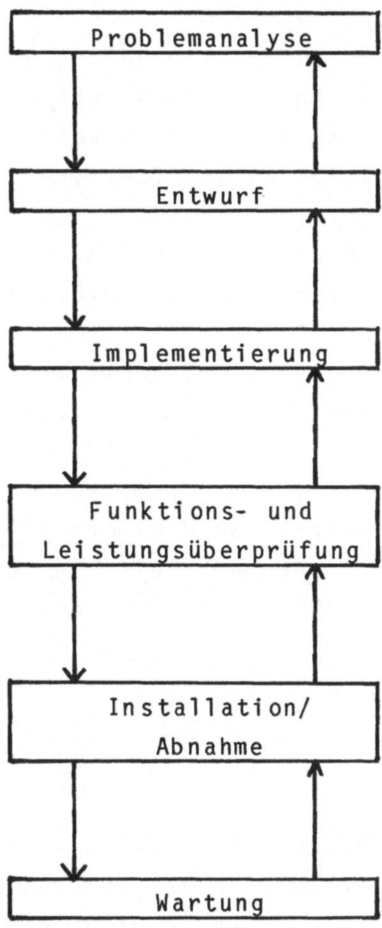

Abb. 1-1: Das Software-Life-Cycle-Modell

sowohl den gegenwärtigen Zustand bezüglich durchzuführender
Aufgaben, Abläufe und Informationsbedürfnisse als auch die
Umgebung für das gegebenenfalls zu erstellende Softwareprodukt zu
analysieren. Dabei sollten existierende Engpässe und Schwach-
stellen identifiziert werden.

Die Erstellung des Sollkonzeptes befaßt sich auf der Basis der in
der Istanalyse gewonnenen Informationen mit der Definition

(i)   der Softwareproduktumgebung hinsichtlich Hardware-/Software-
        Rahmenbedingungen und organisatorischer Erfordernisse,

(ii)   des Benutzerprofils (u.a. Benutzertypen, Benutzungsarten)
        und

(iii)   der Systembeschreibung hinsichtlich gewünschter Funktionen
        und Leistungsparameter (z.B. Zuverlässigkeit).

In der Durchführbarkeitsstudie wird schließlich sowohl die
technische Realisierbarkeit als auch die ökonomische Durchführ-
barkeit untersucht.

Endprodukt der Problemanalyse ist die Anforderungsdefinition
(requirements definition), der der Auftraggeber zustimmen muß und
die später die Grundlage für die Abnahme des erstellten Software-
produktes bildet.

b) Entwurf

In der Entwurfsphase wird auf der Grundlage der Anforderungsdefinition eine Systemarchitektur für das zu erstellende Softwareprodukt entwickelt. Hierzu müssen in einem ersten Schritt, an
dessen Ende der sogenannte Grobentwurf steht, entsprechende
Systemkomponenten identifiziert, ihr Funktionsumfang und ihre
Schnittstellen definiert sowie das Zusammenwirken der Systemkomponenten untereinander spezifiziert werden. Auf der Basis des
Grobentwurfs werden dann die Systemkomponenten in kleinere
Einheiten (Moduln) weiter unterteilt und die Funktion der Einzel-
module sowie ihr Zusammenwirken beschrieben. Endprodukt der
Entwurfsphase ist der Feinentwurf, auch Systemspezifikation
genannt. Die Entwurfsphase kann abgeschlossen werden, wenn durch
die Entwurfsverifikation sichergestellt ist, daß der Entwurf den
in der Anforderungsdefinition festgelegten Anforderungen genügt.

c) Implementierung

Ausgangspunkt für die Implementierung bildet die im Feinentwurf
für jeden Modul gegebene Spezifikation der Modulfunktion und der
Modulschnittstelle. Auf dieser Grundlage sind in der Implementierungsphase die Datenstrukturen zu definieren und die Modulfunk-
tionen durch Algorithmen zu beschreiben. Im allgemeinen werden
hierzu mehrere Verfeinerungsschritte benötigt. Schließlich sind
die entworfenen Datenstrukturen und Algorithmen in der ausgewählten Programmiersprache zu realisieren.

Die Verifikationsaktivität beinhaltet in der Implementierungsphase die Überprüfung der Korrektheit der Module im Hinblick auf
die im Detailentwurf definierte Modulspezifikation. Hierzu können
sowohl manuelle Verfahren wie z.B. Code-Walkthrough oder auch
übliche Testverfahren (siehe z.B. /Myer79/) eingesetzt werden,
sofern entsprechende Testumgebungen zur Verfügung stehen. Somit
bilden der Quellcode einschließlich Dokumentation, der zugehörige
Objektcode sowie die Beschreibung der durchgeführten Verifikationsaktivitäten die Endprodukte der Implementierungsphase.

d) Funktions- und Leistungsüberprüfung

Da die in den vorhergehenden Phasen zum Einsatz kommenden
Methoden nicht garantieren, daß der erstellte Quellcode den in
der Anforderungsdefinition festgelegten Funktions- und Leistungs-
anforderungen genügt (wenn wir von Ansätzen wie z.B. dem im
CIP-Projekt entwickelten Transformationsansatz /Baue82/ absehen),
muß in dieser Phase - soweit wie möglich - sichergestellt werden,
daß das erstellte Softwareprodukt die anfänglich definierten
Anforderungen erfüllt. Hierzu sind entsprechende Integrationstests
und anschließend Systemtests, die auch das Leistungsverhalten
des Softwareprodukts überprüfen, durchzuführen. Die Ergebnisse
dieser Phase werden im Testbericht festgehalten.

e) Installation/Abnahme

Da sehr häufig das zu entwickelnde Softwareprodukt nicht in
seiner Zielumgebung, sondern vielmehr in einer Entwicklungsumgebung erstellt wird, muß nach erfolgreichem Abschluß der Funktions-
und Leistungsüberprüfung das erstellte Softwareprodukt in der
Zielumgebung installiert und getestet werden (Installationstest).
Daraufhin wird vom Auftraggeber auf der Basis der Anforderungsdefinition der Abnahmetest durchgeführt. Sofern in den Abnahme-
tests keine Fehler oder Mängel auftreten, erfolgt im Anschluß
daran die Abnahme, die im Abnahmedokument festgehalten wird.

f) Wartung

In der Wartungsphase fallen primär zwei Aktivitäten an: zum einen
die Korrektur von Fehlern im Softwareprodukt, die durch vorherge-
hende Verifikationsaktivitäten nicht entdeckt wurden. Zum andern
die Anpassung des Softwareprodukts an veränderte oder neue
Benutzerwünsche. Dabei ist jeweils von großer Bedeutung, daß
nicht nur der Quellcode modifiziert wird, sondern auch die gesamte
zum Softwareprodukt gehörende Dokumentation.

Eine Analyse des SLCM zeigt, daß die Vorteile dieses Ansatzes
insbesondere darin bestehen, daß
(i)   zu Projektbeginn der Funktions- und Leistungsumfang des zu
        entwickelnden Softwareprodukts vollständig definiert wird,

(ii)   die in jeder Phase zu erstellenden Dokumente eine gute
        Basis darstellen, den Projektstatus zu überprüfen, und

(iii)   die zwischen den Phasen klar definierten Schnittstellen die
        Möglichkeit bieten, die Durchführung der Aufgaben der ein-
        zelnen Phasen verschiedenen Auftragnehmern zu übertragen.

So ist es z.B. möglich, die Aufgaben der Problemanalyse
sowie der Funktions- und Leistungsüberprüfung jeweils
anderen Auftragnehmern zuzuordnen.

Von Nachteil ist der klassische Software-Life-Cycle-Ansatz bei
Aufgabenstellungen, bei denen der Auftraggeber/Benutzer anfänglich
nicht in der Lage ist, eine vollständige Anforderungsdefinition
zu geben, oder bei denen sich die Anforderungen häufig ändern.
Nachteilig wirkt sich ebenfalls aus, daß die Einbeziehung des
Auftraggebers in die Entwicklung des Softwareprodukts nur beschränkt möglich ist, da der Auftraggeber erst während der Funk-
tions- und Leistungsüberprüfung am konkreten System feststellen
kann, ob das entwickelte Softwareprodukt seinen Bedürfnissen
entspricht.

Gerade um diese beim Software-Life-Cycle-Ansatz auftretenden
Probleme zu vermeiden, wurde der Rapid-Protyping-Ansatz entwickelt, den wir nachfolgend vorstellen wollen.

1.1.2 Der Rapid-Prototyping-Ansatz

Der Rapid-Prototyping-Ansatz hat seinen Ursprung im Bereich der
Künstlichen Intelligenz, in der die Entwicklung experimenteller
Systeme große Bedeutung hat und die Verwendung der Programmiersprache LISP - zusammen mit entsprechenden Programmentwicklungs-
umgebungen (siehe z.B. /TeMa81/) - die schnelle Erstellung und
rasche Modifikation von Softwaresystemen ermöglicht. Kennzeichnend für diese Vorgehensweise ist, daß das Hauptgewicht auf die
Erstellung eines lauffähigen Softwaresystems (Prototyps) gelegt
wird und Entwurfsentscheidungen meist nur im Code des Prototyps
festgehalten werden.

Mit der Ausbreitung des Rapid-Prototyping-Ansatzes über den
Bereich der Künstlichen Intelligenz hinaus zeigte sich bald, daß

der Rapid-Prototyping-Ansatz und das SLCM nicht alternative
Ansätze darstellen, sondern daß sich beide Vorgehensweisen vielmehr gegenseitig ergänzen (siehe z.B. /Ridd84/). Zusätzlich
wurde deutlich, daß es keine klare Definition des Rapid
Prototyping gab, da unter diesem Begriff oftmals unterschiedliche
Aktivitäten verstanden und auch unterschiedliche Zielsetzungen
verfolgt wurden.

In /Floy84/ werden drei Arten von Prototyping unterschieden:

a) Exploratory Prototyping

Primäres Ziel beim Exploratory Prototyping ist die Klärung der
Anforderungen an das zu entwickelnde Softwaresystem insbesondere
in Problembereichen, in denen die Auftraggeber/Benutzer anfänglich nur unklare Vorstellungen davon haben, was das zu entwickelnde System leisten und wie es sich verhalten soll. Exploratory Prototyping kann damit im Rahmen des SLCM sehr gut in der
Problemanalysephase eingesetzt werden, um den Auftraggeber unmittelbar in den Entwicklungsprozeß einbeziehen und Analysen am
konkreten System durchführen zu können.

b) Experimental Prototyping

Experimental Prototyping zielt darauf ab, softwaretechnische
Problemlösungen für gegebene Problemstellungen zu bewerten, ehe
die Entwicklung des Zielsystems begonnen wird. Von spezieller
Bedeutung ist dabei die Simulation der Endbenutzerschnittstelle,
d.h. die Nachbildung der Benutzeroberfläche, ohne daß die eigentlichen Anwendungsfunktionen realisiert worden sind. Im SLCM kann
Experimental Prototyping eingesetzt werden, sobald eine erste
Anforderungsdefinition erstellt worden ist. Je nach Vorgehensweise kann der erstellte Prototyp als ergänzende Systemspezifikation oder als Zwischenschritt zwischen Entwurf und Implementierung betrachtet werden.

---

c) Evolutionary Prototyping:

Evolutionary Prototyping wird dazu verwendet, ein bereits ent-
wickeltes Softwaresystem schrittweise an sich ändernde Anforderungen anzupassen und jede erstellte Version des Softwareprodukts als Prototyp für die Nachfolgeversion zu verwenden.
Inkrementelle Systementwicklung ist damit ein typisches Beispiel
für diese Art von Prototyping. Beim Evolutionary Prototyping
entfällt damit auch die Wartungsphase aus dem SLCM.

Der Rapid-Prototyping-Ansatz zeigt, daß er die Einbeziehung der
Auftraggeber/Benutzer in den Entwicklungsprozeß sehr gut unterstützt, da Analysen am konkreten Softwaresystem durchgeführt
werden können und nicht nur auf der Basis von Anforderungs- und
Designbeschreibungen. Erste Experimente (siehe /Boeh84/) zeigen
auch, daß bei der Entwicklung von interaktiven Softwaresystemen,
bei denen der Gestaltung der Benutzerschnittstelle eine große
Bedeutung zukommt, der Rapid-Prototyping-Ansatz zu Produkten
führt, die leichter zu benützen sind als die Produkte, die nach
dem SLCM entwickelt worden sind.

Andererseits ist Rapid Prototyping keine Softwareentwicklungsmethode an sich, sondern es muß vielmehr als ein Verfahren
angesehen werden, das innerhalb einer Entwicklungsmethode, z.B.
des SLCM, angewendet werden sollte (/Floy84/).

Nachdem wir in den beiden vorhergehenden Abschnitten die rein
technische Seite der Softwareentwicklung betrachtet haben, wollen
wir nun nachfolgend auf die damit verbundenen organisatorischen
Aspekte, insbesondere Projektmanagementaspekte, eingehen.

1.2 Organisatorische Aspekte

Da größere Softwaresysteme nicht von Einzelpersonen, sondern vielmehr von mehr oder weniger großen Teams entwickelt werden, ist für eine erfolgreiche Entwicklung eines Softwaresystems auch die Organisation des Teams an sich, d.h. die Mikro-Organisationsform (/Balz82/) sowie seine Einbettung in die Unternehmungsstruktur von Bedeutung, d.h. die Makro-Organisationsform.

1.2.1 Makro-Organisationsformen

Im Hinblick auf die Einbindung in die Unternehmungsstruktur lassen sich im wesentlichen zwei Organisationsformen unterscheiden: eine projektorientierte Organisation sowie eine funktionale Organisation (siehe /Aron83/).

a) Projektorientierte Organisation

Eine projektorientierte Organisation zeichnet sich dadurch aus, daß ein Projekt nicht nur unter funktionalen Gesichtspunkten eine eigene Einheit bildet sondern auch unter betriebswirtschaftlichen und personalpolitischen Gesichtspunkten, d.h. für alle Mittel (Sach- und Personalmittel), die für die Projektdurchführung benötigt werden, ist der Projektmanager verantwortlich. Dies bedeutet insbesondere, daß der Projektmanager auch die Personalverantwortung für seine Projektmitarbeiter trägt.

Der Vorteil dieser Projektstruktur liegt darin, daß der Projektmanager die Projektmittel flexibel einsetzen kann, um auftretende Probleme zu lösen, und daß klare Verantwortlichkeiten existieren. Zudem hat der Auftraggeber einen eindeutig bestimmten Ansprechpartner, den Projektmanager. Nachteilig wirkt sich diese Organisationsform vor allem im Hinblick auf die Kosten aus, da man

Mittel auch dann für das Projekt bereithalten muß, wenn man sie
gerade nicht benötigt, um sie bei Bedarf verfügbar zu haben.

b) Funktionale Organisation

Grundprinzip der funktionalen Organisation ist die Aufteilung der
Mitarbeiter in Organisationseinheiten, die jeweils eine spezielle
Funktion erfüllen. Dementsprechend werden bei dieser Organisa-
tionsform in jeder Organisationseinheit die für die zu erfüllende
Funktion notwendigen Fachleute zusammengefaßt, wobei dann die
Organisationseinheit ihre "Service"-Funktion für alle gerade
laufenden Projekte erbringt. Typisches Beispiel ist eine Review-
Gruppe, die für alle Projekte den Design- und Implementierungs-
review durchführt.

Von Vorteil ist bei der funktionalen Organisation die höhere
Produktivität der Mitarbeiter - auf Grund ihrer Spezialisierung -
sowie die Möglichkeit, im Bedarfsfall einen Mitarbeiter durch
einen anderen ersetzen zu können (z.B. bei Krankheit, Urlaub).
Andererseits setzt eine funktionale Organsisation eine bestimmte
Anzahl, d.h. kritische Masse von Mitarbeitern voraus. Außerdem
muß ein entsprechende Anzahl von laufenden Projekten existieren,
da sonst die Spezialisten nicht ausgelastet sind.

In der Realität wird man allerdings oftmals eine Mischung beider
Organisationsformen vorfinden, da z.B. auch bei einer projekt-
orientierten Organisationsform oftmals das Rechenzentrum und die
Personalabteilung als funktionale Organisationseinheiten aus-
gegliedert sind.

1.2.2 Mikro-Organisationsformen

Die Mikro-Organisationsform bezieht sich auf die Organisation

eines einzelnen Teams und ist ziemlich unabhängig von der existierenden Makro-Organisationsform. Dabei haben sich im Laufe der
Jahre im wesentlichen drei Mikro-Organisationsformen herausgebil-
det (siehe /Mant81/, /Balz82/):

(i)   die kontrolliert zentralisierte Organisationsstruktur,
(ii)   die demokratisch dezentralisierte Organisationsstruktur, und
(iii) die kontrolliert dezentralisierte Organisationsstruktur.

Bei der Auswahl einer Organisationsstruktur ist dabei zu beachten, daß keine der Strukturen grundsätzlich die beste ist. Vielmehr muß die Wahl der Organisationsstruktur in Abhängigkeit von
einer Vielzahl von Faktoren, wie z.B. Schwierigkeitsgrad und
Umfang des zu entwickelnden Softwareprodukts oder Zeitdauer des
Projektes und Terminrestriktionen (siehe /Mant81/), getroffen
werden.

Nachfolgend werden die drei oben angeführten Organisationsstrukturen kurz beschrieben sowie ihre Vor- und Nachteile diskutiert.

a) Kontrolliert zentralisierte Organisationsstruktur

Die kontrolliert zentralisierte Organisationsstruktur wurde von
Mills (/Mill71/) unter dem Namen "Chief Programmer Team" vorgeschlagen und von Baker (/Bake72/) erstmals in einem größeren Projekt eingesetzt.

Bei dieser Organisationsstruktur wird der Kern des Teams durch
den Chef-Programmierer (chief programmer), den Projektassistenten
(backup programmer) und den Projektsekretär (programming
librarian) gebildet. Der Chef-Programmierer ist für die technische Seite eines Projektes voll verantwortlich (es gibt
außerdem noch einen Projektmanager für die Managementaspekte),
führt den gesamten Design durch und implementiert kritische Teile

des Softwaresystems selbst. Der <u>Projektassistent</u> assistiert dem
Chef-Programmierer bei allen wichtigen Entscheidungen und kann
auf Grund seiner Qualifikation den Chef-Programmierer jederzeit
vertreten oder ersetzen. Der <u>Projektsekretär</u> führt die gesamten
Verwaltungsarbeiten durch und verwaltet eine zentrale Bibliothek
aller aktuellen Versionen der im Rahmen des Projektes erstellten
Programme. Für die Implementierung der vorgegebenen Systemspezi-
fikationen werden zu diesem Kernteam zusätzlich Programmierer
hinzugezogen.

Kennzeichnend für diese Organisationsstruktur ist die in Abb. 1-2
dargestellte hierarchische Kommunikationsstruktur, die zu sehr
wenig Kommunikationspfaden führt.

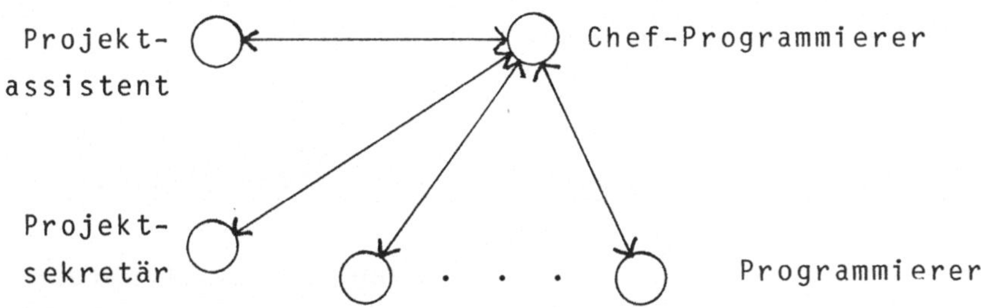

Abb. 1-2: Kommunikationsstruktur bei der kontrolliert
          zentralisierten Organisationsstruktur

Die Nachteile dieser Organisationsstruktur lassen sich wie folgt
zusammenfassen:

- Die Kommunikationsstruktur weist beim Chef-Programmierer einen
  Flaschenhals auf.

- Der Erfolg oder Mißerfolg eines Projektes hängt unmittelbar von
  der Qualifikation des Chef-Programmierers ab, wobei es sicher

Schwierigkeiten bereitet, einen Chef-Programmierer mit der geforderten Qualifikation zu finden (/Mant81/).

- Die hierarchische Struktur wirkt sich negativ auf den Team-zusammenhalt und die Motivation der Programmierer aus.

- Da bei schwierigen Problemstellungen Gruppen bessere Lösungen erarbeiten als Einzelpersonen, wie der Chef-Programmierer, ist das Chef-Programmiererkonzept für derartige Problemstellungen schlecht geeignet.

Andererseits erlaubt die Spezialisierung der Teammitarbeiter eine schnelle Durchführung eines Projektes. So ist der Einsatz der kontrolliert zentralisierten Organisationsstruktur bei gut struk-turierten Problemstellungen, die unter strengen Terminvorgaben zu lösen sind, zu empfehlen (/Shne80/, /Mant81/).

b) Demokratisch dezentralisierte Organisationsstruktur

Die demokratisch dezentralisierte Organisationsstruktur wurde von Weinberg unter dem Namen "Egoless Team" (/Wein71/) vorgeschlagen. Bei dieser Organisationsstruktur gibt es keine vorgegebene Hierarchie und kommuniziert jeder mit jedem (siehe Abb. 1-3).

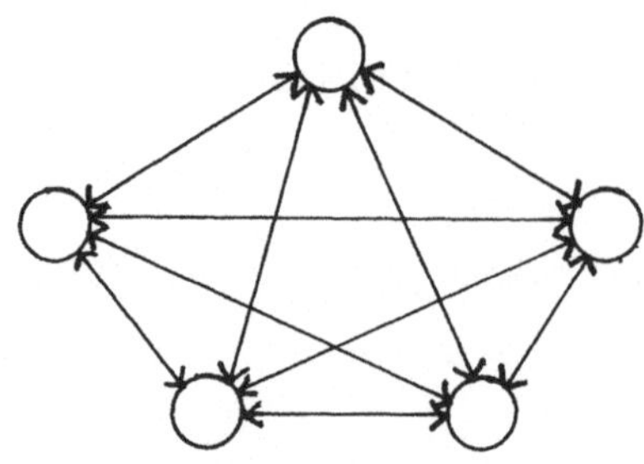

Abb. 1-3: Kommunikationsstruktur bei der demokratisch dezentralisierten Organisationsstruktur

Jeder ist gleichberechtigt und trägt seinen Teil zum Erfolg des Projektes bei. Autorität entsteht nur durch die Kompetenz des Einzelnen in bestimmten Projektphasen oder auf bestimmten Fachgebieten (/Mant81/, /Preu84/).

Nachteile dieser Organisationsstruktur sind

- der hohe Kommunikationsaufwand der Mitarbeiter,

- der hohe Zeitaufwand für Entscheidungsprozesse, der durch den geforderten Gruppenkonsens hervorgerufen wird, sowie

- die schlechte Termineinhaltung.

Von Vorteil sind jedoch die gute Problemlösungsfähigkeit derartiger Teams sowie die allgemeine Zufriedenheit und damit die hohe Motivation der Mitarbeiter.

Die demokratisch dezentralisierte Organisationsstruktur ist demzufolge am besten geeignet für die Lösung schwieriger Problemstellungen über einen längeren Zeitraum hinweg und ohne strenge Terminvorgaben.

c) Kontrolliert dezentralisierte Organisationsstruktur

Als Mischform zwischen den beiden bisher diskutierten Organisationsstrukturen wurde in /Mant81/ die kontrolliert dezentralisierte Organisationsstruktur vorgeschlagen. Bei dieser Struktur setzt sich ein Team aus einem Projektleiter (project leader), mehreren Teilteamleitern (senior programmers) sowie Mitarbeitern (junior programmers) zusammen. Der <u>Projektleiter</u> leitet eine Gruppe von Teilteamleitern und ist verantwortlich für die Festlegung der Teamziele und die Verteilung der Aufgaben auf die Teilteams. Die <u>Teilteamleiter</u> leiten ihrerseits jeweils ein Teilteam,

das in sich demokratisch organisiert ist, und wickeln die Kommunikation mit den anderen Teilteamleitern sowie mit dem Projektleiter ab. Die zugehörige Kommunikationstruktur ist in Abb.
1-4 dargestellt.

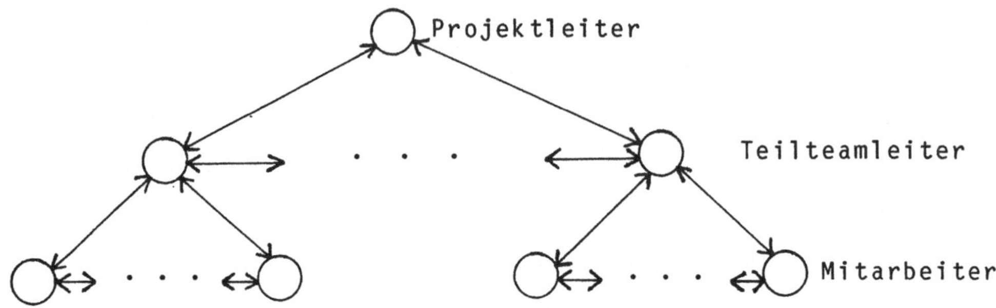

Abb. 1-4: Kommunikationsstruktur bei der kontrolliert
          dezentralisierten Organisationsstruktur

Die Nachteile dieser Organisationsstruktur lassen sich
folgendermaßen zusammenfassen:

- Die dezentrale Organisationsform des Teilteams eignet sich
  schlecht für die Durchführung leichter Aufgaben oder stark
  strukturierter Aufgaben.

- Problemlösungen lassen sich auf der Ebene der Teilteams nur mit
  großem Zeitaufwand erarbeiten.

- Die dezentralisierte Organisationsform des Teilteams wird
  gefährdet durch die Rolle des Teilteamleiters, zumindest auf
  längere Sicht gesehen.

Von Vorteil ist hingegen, daß

- die Teilteams schwierige Aufgaben gut lösen können, und

- durch die Gruppenprozesse in den Teilteams (z.B. Code-Walkthrough) Software von hoher Qualität erstellt wird.

Die kontrolliert dezentralisierte Organisationsstruktur ist demzufolge am besten für die Lösung umfangreicher Problemstellungen
in relativ kurzer Zeit geeignet (/Mant81/).

1.3 Überblick über das weitere Vorgehen

In der vorliegenden Arbeit werden Konzepte für eine verteilte
wissensbasierte Softwareproduktionsumgebung DIKOS (Distributed
Knowledge-Based Software Engineering Environment) vorgestellt.
DIKOS ist speziell darauf ausgerichtet, die Kommunikation und
Kooperation zwischen den Mitarbeitern eines Softwareentwicklungsteams zu unterstützen und enthält dazu ein sogenanntes Benutzerinformationssystem (BIS), das die Projektmitarbeiter mit allen
für sie relevanten Informationen versorgt.

Hierzu wird in Abschnitt 2 einleitend dargestellt, welche
Bedeutung den Kooperations- und Kommunikationsaspekten bei der
Softwareentwicklung zukommt. Außerdem wird die allgemeine
Systemarchitektur von DIKOS vorgestellt (/Stud85b/).

In Abschnitt 3 werden abstrakte Modellierungskonzepte eingeführt,
die die Beschreibung sowohl der in der Wissensbasis von DIKOS
enthaltenen Objekte als auch der Funktionen erlauben, mit denen
diese Objekte manipuliert werden können. Die Modellierungskonzepte führen zu einem Modellierungsansatz, der THM-Netz genannt
wird (/StHo85/, /Stud84c/). THM-Netze vereinigen Modellierungskonzepte des semantischen Datenmodells THM (/Schi84/) mit Konzepten von Prädikat-Transitions-Netzen (/GeLa81/).

Unter Verwendung der THM-Netz-Modellierungskonzepte wird in
Abschnitt 4 die Wissensbasis von DIKOS spezifiziert. Sie
beinhaltet ein Projektmanagementmodell, dessen Organisationsstruktur sich an der kontrolliert dezentralen Organisationsstruktur orientiert. Des weiteren enthält die Wissensbasis eine
Beschreibung der während der Softwareentwicklung erzeugten
Objekte in Form eines Softwareproduktmodells, wobei wir uns auf
die Betrachtung der Entwurfsphase beschränken und voraussetzen,
daß die Spezifikationssprache SLAN-4 (/BeHP82/, /BeHP83/) eingesetzt wird (/Harb84/, /Preu84/).

Die Funktionen des Benutzerinformationssystems im Zusammenhang
mit den Entwurfsaktivitäten der Designer werden in Abschnitt 5
beschrieben. Zur Spezifikation dieser Funktionen werden ebenfalls
THM-Netz-Modellierungskonzepte verwendet.

Die grundlegende Gestaltung der DIKOS-Benutzerschnittstelle sowie
die Dialogfunktionen, die DIKOS für die Designer beinhaltet, werden in Abschnitt 6 beschrieben. Für diese Spezifikation der
Benutzerschnittstelle wird ein abstraktes Dialogmodell eingeführt, das die formale Beschreibung von interaktiven Benutzerschnittstellen erlaubt (/Stud84a/, /Stud84b/, /Stud85a/).

In Anhang A1 wird die Spezifikationssprache SLAN-4 anhand eines
Beispiels vorgestellt.

Anhang A2 beinhaltet ergänzende Spezifikationen für die in Abschnitt 6 gegebene formale Spezifikation der DIKOS-Benutzerschnittstelle.

1.4 Vergleichende Betrachtung existierender Softwareproduktions- umgebungen

In den zurückliegenden Jahren wurden eine Vielzahl von Softwareproduktionsumgebungen (SPUs) sowohl im Forschungsbereich als
auch im industriellen Bereich entwickelt. Nachfolgend werden
einige bekannte SPUs kurz charakterisiert und im Hinblick auf
folgende Kriterien vergleichend betrachtet:

(i)   Verteilungsaspekt:
        Der Verteilungsaspekt bezieht sich auf die allgemeine
        Architektur der SPU und dabei auf die Frage, ob bzw.
        inwieweit die SPU-Architektur eine verteilte Systemarchi-
        tektur darstellt.

(ii)   Softwareproduktionsdatenbank:
        Das zweite Kriterium nimmt auf die in der SPU verwendete
        Datenbank Bezug. D.h. in diesem Zusammenhang ist von
        Interesse, welche Objekte in der Datenbank verwaltet werden
        und welche semantischen Informationen über diese Objekte
        vorhanden sind.

(iii) Benutzerfunktionen:
        Die Benutzerfunktionen werden im Hinblick darauf betrachtet,
        welche Projektmanagementfunktionen die SPU beinhaltet,
        welche Funktionen zur Unterstützung der Kooperation und
        Kommunikation der Projektmitarbeiter untereinander angebo-
        ten werden und welche Hilfefunktionen für die Endbenutzer
        existieren.

Die nachfolgend betrachteten SPUs wurden dabei unter dem
Gesichtspunkt ausgewählt, SPUs zu diskutieren, die zumindest im
Hinblick auf eines der drei Kriterien mit zu den fortschritt-
lichsten SPUs gehören.

---

a) SPS-1

Die SPU SPS-1 (<u>Software Productivity System</u>) wurde bei TRW Anfang
der 80-Jahre entwickelt (/Boeh82/). SPS-1 unterstützt methodisch
das SLCM, wobei spezieller Wert auf die Problemanalyse gelegt
wird. Hierzu wird die Software Requirements Engineering Methodology (SREM) (/Alfo77/, /ScSR84/) eingesetzt.

SPS-1 geht von einer verteilten Systemumgebung aus. Einzelne
Workstations sind über ein lokales Netz miteinander verbunden und
haben damit Zugriff auf zentrale Systemkomponenten wie z.B.
die Druckausgabe oder die Datenbank. Die SPS-1-Datenbank setzt
sich aus drei Einzelkomponenten zusammen: dem UNIX-Dateisystem
zur Speicherung der erzeugten Softwareobjekte, dem Source Code
Control System (SCCS) (/Roch76/) zur Versionsverwaltung sowie dem
relationalen Datenbanksystem INGRES (/Held76/) zur Repräsentation
der zwischen den verschiedenen Objekten bestehenden Beziehungen,
d.h. Beziehungen werden durch entsprechende Relationen in der
INGRES-Datenbank modelliert.

Zur Unterstützung des Projektmanagements und zur Entwicklung
einer einheitlichen Dokumentation für alle (Software-)Produkt-
komponenten wird der sogenannte "Unit Development Folder"
(/Ingr78/) eingesetzt, der über jede Systemkomponente in standar-
disierter Form u.a. Angaben über Anforderungendefinition, Design,
Testpläne und Meilensteine sowie über den (die) zuständigen
Mitarbeiter enthält. Um den Endbenutzer von SPS-1 beim Umgang
mit dem System zu unterstützen, wird eine HELP-Funktion
angeboten, die den Endbenutzer über die in SPS-1 zur Verfügung
stehenden Tools sowie ihre geeignete koordinierte Anwendung
informiert.

Wenn wir SPS-1 im Hinblick auf die eingangs erwähnten Kriterien
analysieren, lassen sich folgende Feststellungen treffen:

- Die Hardware- und Softwarearchitektur geht von einer verteilten Systemumgebung aus. Dieser Verteilungsaspekt findet aber bei der Gestaltung der Endbenutzerfunktionen keine Berücksichtigung.

- Zur Modellierung der in SPS-1 verwalteten Objekte werden vollkommen unterschiedliche Konzepte verwendet, so daß dem Endbenutzer keine einheitliche Beschreibung aller Objekte zur Verfügung steht. Insbesondere ist auch die Modellierung von Metainformationen über die Objekte nur schwach ausgeprägt.

b) ARGUS

Die SPU ARGUS (/StWa81/, /Stuc83/) wird seit mehreren Jahren im Rahmen eines Forschungsprojektes der Boeing Computer Services Inc. entwickelt. Ziel des Projektes ist die Entwicklung einer SPU, die das SLCM unterstützt und zusätzlich entsprechende Managementfunktionen beinhaltet. So können in ARGUS über eine homogene Benutzerschnittstelle vier Gruppen von Benutzerfunktionen aktiviert werden: Projektmanagement-, Systementwurfs-, Implementierungs- und Verifikationsfunktionen.

Alle diese Benutzerfunktionen greifen auf eine zentrale relationale Datenbank zu, in der zusammen mit einem konventionellen File-System alle Informationen verwaltet werden. Für den Systementwurf werden in ARGUS Datenflußdiagramme und Strukturdiagramme entsprechend der Yourdon-Constantine Entwurfsmethode (/YoCo75/) verwendet. Datenflußdiagramme können dabei mit Hilfe des STRADA Subsystems interaktiv erstellt werden. Gleichzeitig führt STRADA automatisch eine Analyse des erstellten Datenflußdiagramms durch und speichert alle Datenelemente in der relationalen Datenbank ab.

Als Verifikationshilfsmittel steht in ARGUS das Subsystem DYNA zur Verfügung, das eine dynamische Überwachung und Analyse von

FORTRAN-Programmen durchführt. Die Managementfunktionen erlauben die Erstellung graphischer Übersichtsinformationen zur Projektkontrolle, wie z.B. Balkendiagramme mit Meilensteinen. Zur Unterstützung der Endbenutzer bei der Eingabe von Informationen wird eine formularorientierte Dialogschnittstelle verwendet.

Zusammenfassend läßt sich sagen, daß ARGUS als zentrales System realisiert ist und keine Benutzerfunktionen anbietet, die die Kooperation der Projektmitarbeiter direkt unterstützt. Managementfunktionen sind nur in einfachster Form realisiert, wobei keine einheitliche integrierte Beschreibung von technischen Informationen und Managementinformationen sowie zugehörigen Metainformationen vorhanden ist.

c) EPOS

Die SPU EPOS (Entwicklungs- und Projektmanagement-Orientiertes Spezifikationssystem) (/BGLS79/, /LaLe83/, /IRP84/) wurde in den vergangenen Jahren am Institut für Regelungstechnik und Prozeßautomatisierung der Universität Stuttgart entwickelt. EPOS zielt darauf ab, die eng miteinander verbundenen Aufgabenbereiche Systementwicklung, Projektmanagement und (Zwischen-)Produktverwaltung zu unterstützen.

Im Hinblick auf die Systementwicklung werden die Phasen Problemanalyse, Entwurf und Implementierung abgedeckt. In der Problemanalysephase wird die Beschreibungssprache EPOS-R zur Beschreibung der Aufgabenstellung und der fachtechnischen Lösungskonzeption verwendet. Für die Entwurfsphase steht die Spezifikationssprache EPOS-S zur Verfügung, die sowohl die Beschreibung des Software- als auch des Hardware-Entwurfs eines Systems ermöglicht. EPOS-S basiert dabei auf einer vordefinierten Menge von Entwurfsobjekten wie z.B. Aktion, Modul oder Ereignis. Zur Analyse der in EPOS-R und EPOS-S gegebenen Systembeschreibungen wird die Analysekomponente EPOS-A verwendet.

Projektmanagementinformationen können mit Hilfe der Spezifikationssprache EPOS-P definiert werden. Dabei können insbesondere Projektstrukturpläne, Projektorganisationspläne sowie Netzpläne definiert werden. Zur Unterstützung des Projektmanagements steht die Systemkomponente EPOS-M zur Verfügung, die die mit EPOS-P beschriebenen Informationen auswertet und in geeignete Projektmanagementinformationen umsetzt, z.B. Zuständigkeitsmatrizen oder Balkendiagramme.

Rechnerunterstützte Dokumentation in Form von Texten und graphischen Darstellungen kann aus den mit EPOS-R und EPOS-S erstellten Spezifikationen automatisch erzeugt werden. Dabei können z.B. zur Dokumentation des Systementwurfs u.a. Datenstrukturdiagramme oder Struktogramme generiert werden. Alle mit EPOS erzeugten bzw. von EPOS verwalteten Informationen werden in einem zentralen Filesystem, der EPOS-Datenbank verwaltet.

Eine Bewertung von EPOS in Bezug auf die vorgegebenen Vergleichskriterien zeigt, daß

- EPOS bisher als zentrales System konzipiert ist und keine Unterstützung für die Kooperation der Projektmitarbeiter untereinander anbietet,

- die Projektmanagementfunktionen sehr umfangreich und mit den Systementwicklungsfunktionen gut integriert sind,

- die EPOS-Datenbank keine logische Beschreibungsebene für die verwalteten Informationen enthält.

d) DSEE

Die SPU DSEE (DOMAIN Software Engineering Environment) (/LeCh84/) unterstützt bisher speziell die Implementierungsphase aus dem

SLCM.

DSEE ist als ein verteiltes System auf einem Netz von
Arbeitsplatzrechnern realisiert. Zur Verwaltung der während des
Softwareentwicklungsprozesses erzeugten Informationen wird ein
verteiltes Datenbanksystem verwendet. Im wesentlichen setzt sich
DSEE aus folgenden Systemkomponenten zusammen:

- Der "History Manager" stellt eine Versions- und Varianten-
  kontrolle für Quellcodeobjekte zur Verfügung.

- Der "Configuration Manager" verwaltet benutzerdefinierte
  Systemmodelle auf Quellcodeebene, wobei Systemmodelle aus
  verschiedenen Komponenten unter Verwendung unterschiedlicher
  Komponentenversionen aufgebaut werden dürfen.

- Der "Task Manager" unterstützt das Projektmanagement durch die
  Beschreibung bereits durchgeführter bzw. noch durchzuführender
  Entwicklungsaktivitäten, wobei für jede durchgeführte Entwicklungsaktivität vermerkt wird, wer diese Aktivität wann durchgeführt hat.

- Der "Advice Manager" sammelt und verwaltet Informationen über
  durchgeführte Entwicklungsaktivitäten und stellt generische
  Aktivitätenstrukturen zur Verfügung, die beschreiben, aus
  welchen Einzelaktivitäten eine komplexere Entwicklungsaktivität
  zusammengesetzt ist. Aus diesen generischen Aktivitätenstrukturen können dann spezifische Aktivitätenbeschreibungen abgeleitet werden, die dem Systementwickler angeben, wie er eine
  bestimmte Aufgabe durchzuführen hat.

- Der "Monitor Manager" verwaltet benutzerdefinierte Abhängig-
  keitsbeziehungen zwischen einzelnen Systemkomponenten. Hierzu
  werden sogenannte Monitore für diese Systemkomponenten definiert. Wenn ein Systementwickler A einen Monitor für eine

Systemkomponente X definiert hat, so wird er je nach
Monitordefinition entweder vor jeder Änderung von X darüber
unterrichtet, daß X geändert werden soll (damit kann A
überprüfen, ob die Änderung zulässig ist), oder darüber informiert, daß eine Änderung von X durchgeführt wurde. Der "Monitor
Manager" unterstützt auf diese Art und Weise die Mitglieder
eines Softwareentwicklungsteams bei der schwierigen Aufgabe,
die verschiedenen Systemkomponenten zueinander konsistent zu
halten.

Im Hinblick auf die oben aufgeführten Vergleichskriterien läßt
sich DSEE wie folgt charakterisieren:

- DSEE berücksichtigt sowohl durch seine Architektur als auch
  durch die angebotenen Benutzerfunktionen die Tatsache, daß
  größere Softwareentwicklungsprojekte in einer dezentral organisierten Entwicklungsumgebung durchgeführt werden. Insbesondere
  unterstützt der "Monitor Manager" die Kooperation zwischen den
  Mitarbeitern eines Softwareentwicklungsteams.

- Projektmanagementaufgaben werden von DSEE nur schwach unterstützt. Die Unterstützung beschränkt sich auf die vom "Task
  Manager" angebotenen Funktionen.

- DSEE beinhaltet keine einheitlichen Beschreibungskonzepte für
  die in der Datenbank verwalteten Informationen und zugehörigen
  Metainformationen.

e) Die Programmierumgebung für Cedar

Die Cedar-Programmierumgebung wurde im Rahmen des Cedar-Projektes
im Xerox Palo Alto Research Center entwickelt (/DeTa80/). Sie
basiert auf leistungsfähigen Arbeitsplatzrechnern, die über ein
lokales Netzwerk miteinander gekoppelt sind. In unserem Zusammen-

hang ist von der Cedar-Programmierumgebung die "System Modeller" genannte Systemkomponente von Bedeutung (/Schm82/, /LaSc83/). Der "System Modeller" stellt Unterstützung für den Programmentwick- lungszyklus "Editieren-Übersetzen-Debuggen-Freigabe" zur Verfü- gung und automatisiert Teile der in diesem Zyklus anfallenden Aktivitäten. Auf diese Weise können automatisch Systemkonfigura- tionen verwaltet werden. Der "System Modeller" verwendet ein Systemmodell, das folgende Informationen enthält:

- die Versionen aller Module, aus denen eine Systemkonfiguration gebildet ist,

- verschiedene Typen von Beziehungen, die zwischen den Modulen existieren, wie z.B. eine Benutzungsbeziehung, die angibt, welcher Modul welche anderen Module verwendet,

- Hilfsinformation für das Übersetzen und Laden eines Systems,

- Zugriffsinformation für das Auffinden eines Moduls in einem verteilten File-System.

Im Cedar-System wird das Systemmodell auf Quellcodeebene defi- niert, wobei ein Systemmodell aus beliebigen Versionen der Module zusammengesetzt sein darf, d.h. es können auch alte Systemver- sionen wiederhergestellt werden. Zusätzlich ist der "System Modeller" in der Lage, ein Systemmodell aus Moduln zusammenzuset- zen, die auf beliebigen Knoten des verteilten File-Systems gespeichert sind, d.h. für die Bildung eines Systemmodells ist die verteilte Systemumgebung transparent. Eine direkte Verbindung zwischen dem Cedar-Editor und dem "System Modeller" stellt sicher, daß der "System Modeller" automatisch eine neue Systemkonfigura- tion erzeugt, sobald ein Modul innerhalb eines Systemmodells modifiziert wurde.

Im Hinblick auf die eingangs festgelegten Vergleichskriterien ist
die Cedar-Programmierumgebung zum einen in Bezug auf den Verteilungsaspekt von Interesse, da der "System Modeller" eine automatische Konfigurations- und Versionskontrolle für eine verteilte
Programmentwicklungsumgebung bereitstellt. Zum andern bietet die
Cedar-Programmierumgebung umfangreiche Hilfefunktionen für den
Endbenutzer an.

f) Das Projektdatenbankmodell

Das in /Olum83/ vorgestellte Projektdatenbankmodell (Project Data
Base (PDB) Entity Model) beschreibt ein logisches Datenbankschema
für eine PASCAL-Programmierumgebung. Für die Schemabeschreibung
wird das in /Wied83/ definierte Strukturmodel (Structural Model)
verwendet. Die Schemabeschreibung beinhaltet eine Modellierung
der Programmsystemkomponenten, wie z.B. Teilsysteme, externe
Prozeduren oder Datenstrukturen, sowie der zwischen den Komponenten bestehenden Beziehungen, wie z.B. die Beziehung "Calls"
zwischen Moduln und externen Prozeduren oder die Beziehung
"Called With" zwischen Prozeduren und Parametern.

Das Projektdatenbankmodell bildet die Grundlage für Benutzerfunktionen, die es dem Programmierer gestatten, sich Informationen über die Eigenschaften der Systemkomponenten zu verschaffen,
d.h. der Programmierer kann sich z.B. darüber informieren, welche
externen Datenstrukturen ein Modul benützt oder welche Module
eine bestimmte externe Prozedur aufrufen.

Das Projektdatenbankmodell stellt im Hinblick auf das Vergleichs-
kriterium "Softwareproduktionsdatenbank" ein gutes Beispiel dafür
dar, daß in der Softwareproduktionsdatenbank nicht nur die
Softwareobjekte selbst, sondern auch Metainformationen über die
gespeicherten Objekte verwaltet werden. Auf diese Weise lassen
sich die Eigenschaften der verwalteten Objekte sehr präzise
beschreiben und können auch entsprechende Endbenutzerfunktionen
realisiert werden, die Informationen über die Semantik der

gespeicherten Objekte zur Verfügung stellen. Allerdings finden in
dem Projektdatenbankmodell die u.a. im Bereich der semantischen
Datenmodelle (siehe z.B. /BrMS84/) entwickelten Abstraktions- und
Strukturierungskonzepte keine Verwendung und werden auch nur die
rein statischen Aspekte betrachtet, d.h. die Funktionen zur
Manipulation der Objekte finden keine Berücksichtigung.

2. Die Architektur von DIKOS

Ehe wir in diesem Abschnitt die allgemeine Systemarchitektur von
DIKOS einführen, werden wir zunächst die organisatorischen Rahmenbedingungen für Softwareentwicklungsprojekte betrachten, da
diese unmittelbare Auswirkungen auf die zu entwickelnde Systemarchitektur haben. Dabei werden wir uns im Hinblick auf die oben
definierte Zielsetzung insbesondere mit der sich aus den organisatorischen Rahmenbedingungen ergebenden Kommunikationsbezie-
hungen der Mitglieder eines Softwareentwicklungsprojektes befas-
sen.

2.1 Organisatorische Rahmenbedingungen für Softwareentwicklungs-
projekte

Bei der Analyse der organisatorischen Rahmenbedingungen für Softwareentwicklungsprojekte muß berücksichtigt werden, welche
Komplexität das zu entwickelnde Softwaresystem aufweist, da die
Organisationsstruktur des zugehörigen Softwareentwicklungsprojektes mit davon abhängig ist. Für die nachfolgenden Ausführungen
wollen wir davon ausgehen, daß im Rahmen eines großen Softwareentwicklungsprojektes ein komplexes Softwaresystem entwickelt
wird.

Wenn wir die organisatorische Grundstruktur eines derartigen
Softwareentwicklungsprojektes betrachten, so ist leicht zu erkennen, daß diese Softwareentwicklungsprojekte dezentral organisiert
sind, d.h. aus Teilprojektgruppen aufgebaut sind, die oftmals an
verschiedenen Orten tätig sind und sich zur Erreichung des Gesamt-
projektziels untereinander entsprechend koordinieren müssen. Für
diese grundlegende Struktur sind verschiedene Ursachen maßgebend:

(i)   Im allgemeinen sind Auftraggeber und Auftragnehmer an
       verschiedenen Orten angesiedelt.

(ii)   Innerhalb eines Softwareentwicklungsprojektes können
       mehrere Unternehmen Auftragnehmer sein.

(iii) Innerhalb eines Unternehmens können mehrere Abteilungen an
       einem Softwareentwicklungsprojekt beteiligt sein.

(iv)   Jede einzelne beteiligte Abteilung kann sich wiederum gemäß
       einer gewählten Mikro-Organisationsform aus entsprechenden
       Untergruppen zusammensetzen.

Typisches Beispiel für die Fälle (ii) bzw. (iii) ist die Vergabe
der Funktions- und Leistungsüberprüfungsaufgaben an ein Unternehmen, das nicht selbst den Design und die Implementierung
durchgeführt hat (Fall (ii)) oder die Einrichtung verschiedener
Abteilungen innerhalb eines Unternehmens für Design/Implemen-
tierung auf der einen sowie Funktions- und Leistungsüberprüfung
auf der anderen Seite (Fall (iii)).

Aus dieser dezentralen Organisationsstruktur ergibt sich einerseits, daß die einzelnen Teilprojektgruppen eng miteinander
kooperieren müssen, da sonst die für den Projekterfolg zwingend
notwendige Koordinierung der Teilaufgaben nicht erreicht werden
kann. Andererseits beschränkt die dezentrale Organisationsstruktur jedoch die direkte persönliche Kommunikation der Projektmitglieder auf kleine Teilgruppen. Für die Kommunikation der
Teilprojektgruppen untereinander ist deswegen die Abhaltung von
Meetings an zentralen Orten sowie die damit verbundene Durchführung von Reisen notwendig.

Gerade um diesen Kommunikationsmangel (teilweise) zu beseitigen,
d.h. um gewährleisten zu können, daß notwendige Kommunikation

tatsächlich stattfindet, wird in DIKOS das sogenannte Benutzerinformationssystem eingeführt, um durch die SPU die Kooperation der
Projektmitglieder untereinander zu unterstützen und damit zu ver-
bessern.

2.2 Die Systemarchitektur von DIKOS

Wenn wir davon ausgehen, daß die durch DIKOS zu unterstützenden
Softwareentwicklungsprojekte eine dezentrale Organisationsstruktur haben, die die direkte persönliche Kommunikation der Projektmitglieder untereinander auf kleine Teilprojektgruppen beschränkt,
ergibt sich folgende grundlegende Anforderung an DIKOS:

Anforderung 2.1:

Zur Sicherstellung der in einem Softwareentwicklungsprojekt
notwendigen Kooperation und Kommunikation muß DIKOS Systemfunk-
tionen beinhalten, die die Kommunikation der Projektteammitglieder untereinander unterstützt oder sogar automatisiert.

Ein Beispiel hierfür ist die gezielte Information der Projektteammitglieder über durchgeführte Schnittstellenänderungen.

Damit DIKOS überhaupt in der Lage ist, derartige Unterstützungsfunktionen anzubieten, benötigt DIKOS natürlich Informationen
über das durchzuführende Softwareentwicklungsprojekt:

Anforderung 2.2:

Für die Unterstützung der Kommunikation und Kooperation der
Projektteammitglieder untereinander muß DIKOS Informationen
über das Softwareentwicklungsprojekt besitzen. Diese Informationen stellen dabei sowohl Informationen über das Softwareentwicklungsprojekt an sich, sogenannte Metainformationen,
dar als auch Informationen, die während des Softwareentwicklungsprojektes erzeugt werden, sogenannte Exemplarinformationen.

Im Hinblick auf die Möglichkeit, daß an einem Softwareentwicklungsprojekt verschiedene Unternehmen beteiligt sind, die normalerweise unterschiedliche Managementstrukturen und -regeln
anwenden, andererseits jedoch innerhalb eines Softwareentwicklungsprojektes einheitliche Managementregeln gelten sollten,
müssen in DIKOS auch Projektmanagementfunktionen realisiert
werden:

Anforderung 2.3:

   Zur Gewährleistung eines einheitlichen projektweiten Projektmanagements muß DIKOS Projektmanagementinformationen besitzen.

Aus den Anforderungen 2.2 und 2.3 ergibt sich, daß DIKOS eine
Vielzahl unterschiedlicher Informationen über das Softwareentwicklungsprojekt verwalten muß, um die gewünschten Benutzerfunktionen anbieten zu können. Daraus ergibt sich folgende Anforderung an DIKOS:

Anforderung 2.4:

   Um eine homogene Darstellung und einheitliche Manipulation
   aller in DIKOS zu handhabenden Informationen gewährleisten zu
   können, ist DIKOS als ein wissensbasiertes System zu konzipieren, in dessen Wissensbasis alle von DIKOS verwalteten
   Informationen abgelegt sind, d.h. die Wissensbasis von DIKOS
   enthält sowohl alle technisch orientierten als auch alle
   Management-orientierten Informationen.

Indem alle Informationen in einer Wissensbasis verwaltet werden,
ist auch eine unmittelbare Verknüpfung der technischen Informationen mit den Managementinformationen möglich, so daß die
benötigten Querbeziehungen zwischen diesen beiden Arten von
Informationen problemlos definiert werden können.

Da die Benutzer einer SPU, d.h. die Mitglieder eines Projektteams, nicht an der technischen Realisierung der SPU interessiert
sind, sondern vielmehr an den Benutzerfunktionen, die die SPU
anbietet, ist die Frage, ob DIKOS als zentrales oder verteiltes
System zu realisieren ist, für unsere Zielsetzung nicht von
Bedeutung. Gleichwohl bietet es sich im Hinblick auf die
dezentrale Organisationsstruktur des Softwareentwicklungsprojektes an, DIKOS als ein verteiltes System auf leistungsfähigen
Arbeitsplatzrechnern zu realisieren, die über ein Netzwerk
miteinander verbunden sind. Dabei können die Arbeitsplatzrechner
zu Gruppen zusammengefaßt sein, innerhalb derer die Arbeitsplatzrechner über ein lokales Netzwerk miteinander kommunizieren.
Die verschiedenen Arbeitsplatzrechnergruppen sind dann über entsprechende Gateways zu nichtlokalen Netzwerken untereinander verbunden. Jeder Arbeitsplatzrechner unterstützt dabei ein einzelnes
Projektteammitglied oder kleine Gruppen von Projektteammitgli-
edern, die eng zusammengehörende Aufgaben durchführen. Auf diese
Weise sind die von DIKOS angebotenen Benutzerfunktionen direkt am
Arbeitsplatz verfügbar.

Eine derartige Arbeitsplatzrechnerkonfiguration ist in Abb. 2-1
zu sehen, wobei wir uns auf die Darstellung von zwei Arbeitsplatzrechnergruppen beschränkt haben. Aus Abb. 2-1 ist auch ersichtlich, daß die direkte persönliche Kommunikation der Projektteammitglieder untereinander auf kleine Teilprojektgruppen
beschränkt ist.

Auch wenn wir von einer verteilten DIKOS-Systemarchitektur ausgehen, muß gewährleistet sein, daß DIKOS eine projektweite homogene Wissensbasis besitzt gleichgültig, ob diese Wissensbasis (i)
partiell auf jedem einzelnen Arbeitsplatzrechner gehalten wird,
oder (ii) auf einem speziellen Server innerhalb jeder Arbeits-
platzrechnergruppe oder (iii) als zentrale Wissensbasis. D.h.
jedes Mitglied des Softwareentwicklungsprojektes hat (entsprechend seiner Autorisierung) Zugang auf alle in der Wissensbasis

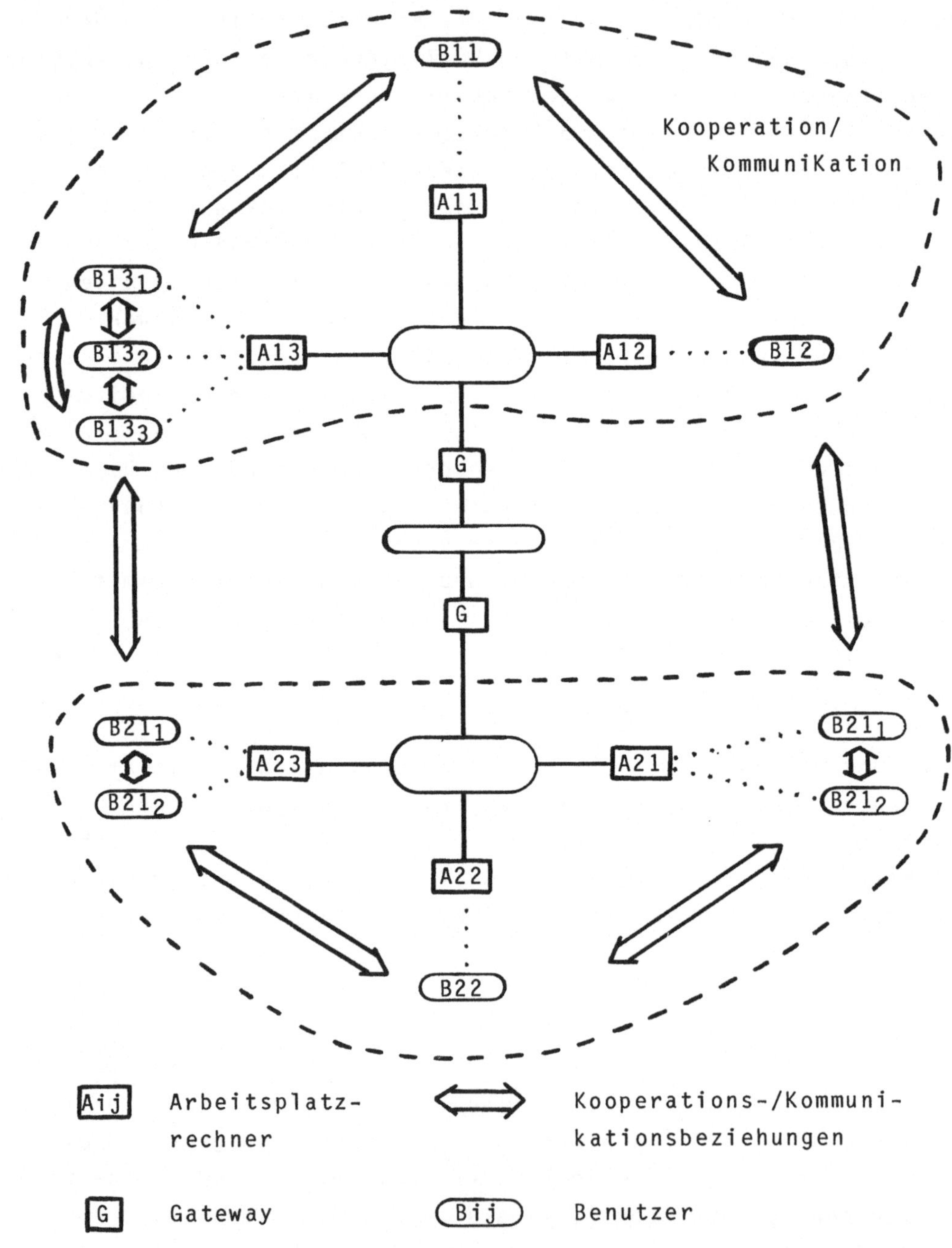

Abb. 2-1: Eine DIKOS-Arbeitsplatzrechnerkonfiguration und die
damit zusammenhängenden Kommunikationsstrukturen

Wissensbasis verfügbaren Informationen unabhängig davon, an
welcher Stelle diese Informationen gespeichert sind.

Im Hinblick auf die gerade aufgestellten Anforderungen an DIKOS
wurde die nachfolgend beschriebene <u>logische Systemarchitektur</u> von
DIKOS entwickelt (siehe Abb. 2-2). Diese Systemarchitektur definiert die logischen Systemkomponenten von DIKOS unabhängig davon,
ob DIKOS als ein zentrales oder verteiltes System realisiert wird.

a) Der Benutzerassistent

Zur Abwicklung der gesamten Kommunikation mit den Benutzern von
DIKOS enthält DIKOS eine Benutzerassistentenkomponente
(vergleiche /BuFä84/). Aufgabe des Benutzerassistenten ist es,
eine einheitliche Benutzeroberfläche für alle DIKOS-Tools zur
Verfügung zu stellen, so daß die Benutzer von DIKOS bei der Verwendung verschiedener DIKOS-Tools nicht mit unterschiedlichen
Dialogkonzepten konfrontiert werden. Hierzu nimmt der Benutzerassistent einerseits alle Eingabeinformationen vom Benutzer
entgegen und leitet sie an die entsprechenden DIKOS-Tools weiter,
anderseits werden ihm von allen Tools die erzeugten Ausgabeinformationen übergeben, so daß er sie entsprechend den Erfordernissen
des Benutzers an den Benutzer ausgeben kann. Für die Anpassung
des Dialogs an die spezifischen Benutzerbedürfnisse kann der
Benutzerassistent auf die im Benutzermodell (siehe unten) abge-
legten Informationen über den Benutzer zurückgreifen und so z.B.
auf Grund eines Benutzerprofils die Ausführlichkeit des Dialogs
am Kenntnisstand des Benutzers ausrichten. Derartige Dialogan-
passungsstrategien sind jedoch nicht Gegenstand dieser Arbeit
(vergleiche z.B. /GuLa83/).

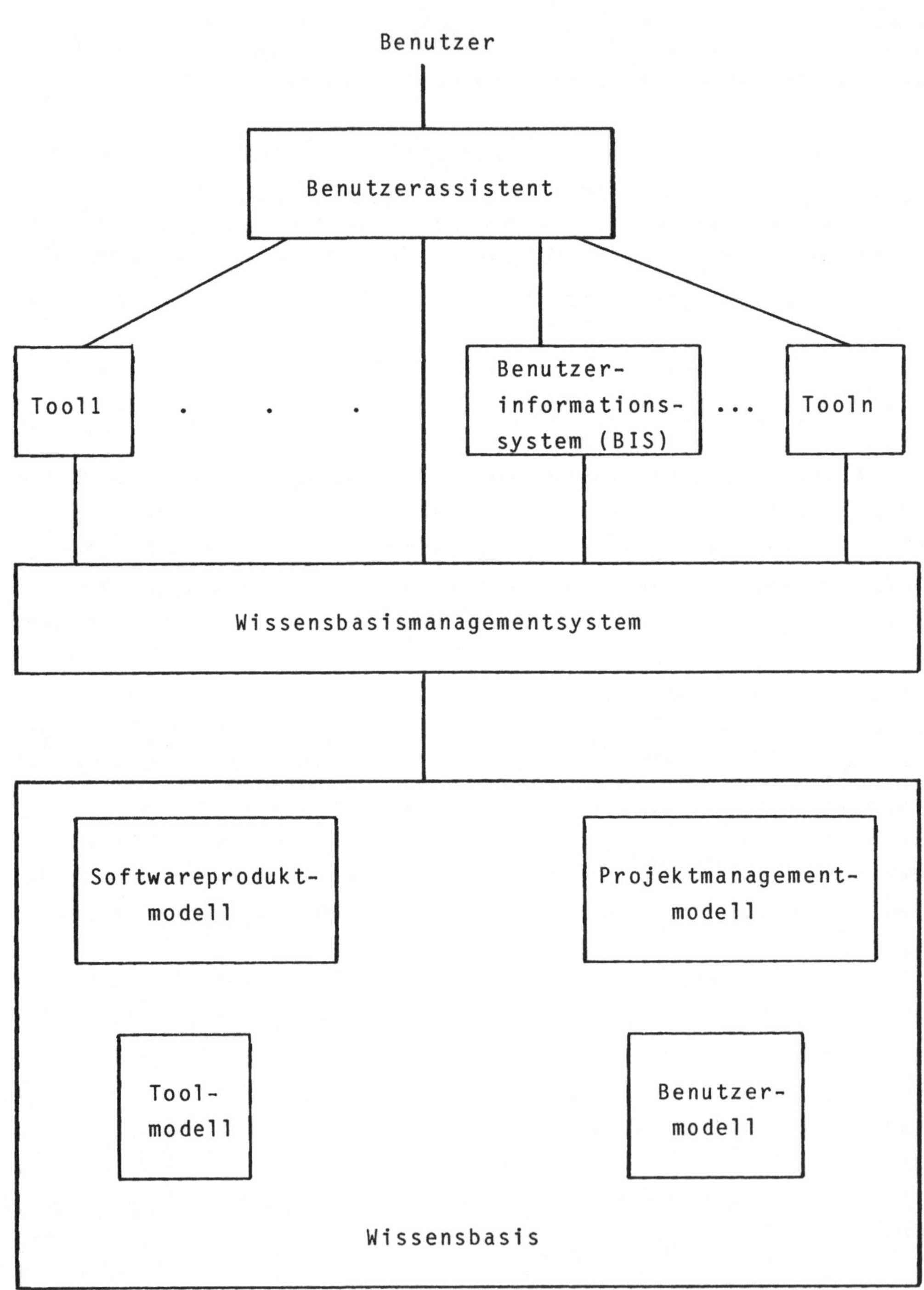

Abb. 2-2: Die logische Systemarchitektur von DIKOS

b) Die Tools

Jedes DIKOS-Tool ist als eine Menge von eng zusammenhängenden Funktionen zu sehen, die in ihrer Gesamtheit jeweils die Durchführung bestimmter Aufgaben im Rahmen des Softwareentwicklungsprojektes unterstützen, wie z.B. die Entwicklung eines Systemgrobdesigns oder die Durchführung von Systemintegrationstests. Ein DIKOS-Tool wird dabei jeweils unter Verwendung der Operationen definiert, die vom Wissensbasismanagementsystem zur Manipulation der Wissensbasisobjekte angeboten werden.

Von den Tools werden wir im Rahmen dieser Arbeit nur das <u>Benutzerinformationssystem (BIS)</u> betrachten. Das BIS ist ein partiell aktives Tool und hat die Aufgabe, die Kommunikation und Kooperation der Projektteammitglieder untereinander zu unterstützen. Hierzu verwendet das BIS die in den Wissensbasiskomponenten "Softwareproduktmodell" und "Projektmanagementmodell" bereitgestellten Informationen, wobei ein Teil der dort gespeicherten Informationen gerade vom BIS gesammelt und in der Wissensbasis abgelegt werden. Das BIS werden wir in Abschnitt 5 dieser Arbeit detailliert betrachten.

c) Das Wissensbasismanagementsystem

Das Wissensbasismanagementsystem (WBMS) ist für die Manipulation aller Informationen verantwortlich, die in der Wissensbasis verwaltet werden. Unter dem Begriff Manipulation sind dabei die Basisoperationen Lesen, Einfügen, Löschen und Modifizieren zusammengefaßt. Im Hinblick auf die Eigenschaften von Softwareentwicklungsprojekten muß das WBMS folgenden Anforderungen genügen:

(i)   Da die im Laufe des Softwareentwicklungsprojektes erzeugten
        (Zwischen-)Softwareprodukte meistens Objekte mit komplexer
        interner Struktur darstellen, muß das WBMS in der Lage
        sein, beliebig komplexe Objekte zu handhaben.

(ii)   Das WBMS muß ein Transaktionskonzept unterstützen, um
        gewährleisten zu können, daß Benutzerfunktionen, die die
        Wissensbasis manipulieren, als atomare Wissensbasis-
        operationen behandelt werden, d.h. entweder vollständig
        oder überhaupt nicht ausgeführt werden. Andernfalls kann
        die Konsistenz der in der Wissensbasis verwalteten Infor-
        mationen nicht erhalten werden. Ferner wird das Transak-
        tionskonzept auch zur Realisierung der Concurrency-Control-
        Mechanismen für die DIKOS-Mehrbenutzerumgebung benötigt.

(iii)   Die Transaktionsmanagementmechanismen des WBMS müssen in
        der Lage sein, langlebige Transaktionen zu handhaben. Dies
        ist eine zwingende Folge der speziellen Eigenschaften von
        Softwareentwicklungsaktivitäten. Für die Durchführung
        dieser Aktivitäten, wie z.B. die Definition eines Moduls,
        wird oftmals ein längerer Zeitraum benötigt, z.B. mehrere
        Stunden. Trotzdem müssen diese Entwicklungsaktivitäten im
        Hinblick auf die Erhaltung der Konsistenz der Informationen
        der Wissensbasis als eine Transaktion behandelt werden.

(iv)   Sofern DIKOS als ein verteiltes System realisiert wird, muß
        das WBMS Mechanismen beinhalten, die die Transaktionsaus-
        führung in einer verteilten Systemumgebung ermöglichen.

d) Die Wissensbasis

Die Wissensbasis enthält grundsätzlich zwei Arten von Informationen. Zum einen sogenannte Meta- oder Schemainformation, die
die Eigenschaften der in der Wissensbasis verwalteten Objekte

definiert, zum andern die konkreten Ausprägungen der in der Schemainformation definierten Objekte, sogenannte <u>Exemplarinformation</u>. So würde die Schemainformation über einen Modul z.B. die Struktur eines Moduls sowie die zwischen seinen Komponenten bestehenden Beziehungen beschreiben, während eine zugehörige Ausprägung gerade einem Modul diesen Typs entsprechen würde.

Obwohl wir eine einheitlich strukturierte Wissensbasis voraussetzen, wollen wir im folgenden als logische Sicht vier Wissensbasiskomponenten unterscheiden, um besser charakterisieren zu können, welche Arten von Informationen in der Wissensbasis enthalten sind.

(1) Das Softwareproduktmodell

Das <u>Softwareproduktmodell</u> beschreibt die während des Softwareentwicklungsprozesses erzeugten (Zwischen-)Softwareprodukte, d.h. die technisch orientierten Informationen der Wissensbasis. Dieser Teil der Wissensbasis entspricht damit im Prinzip der Projektbibliothek anderer SPUs, stellt jedoch im Vergleich zu diesen SPUs mehr semantische Information über die verwalteten Objekte zur Verfügung. Natürlich ist das Softwareproduktmodell abhängig von der gewählten Softwareentwicklungsmethode, da jede dieser Methoden spezielle Entwicklungskonzepte verwendet, die zu methodenspezifischen (Zwischen-)Softwareprodukten führen.

(2) Das Projektmanagementmodell

Das <u>Projektmanagementmodell</u> beinhaltet die Gesamtheit aller Managementinformationen. Hierzu gehört insbesondere die Organisationsstruktur des Projektteams, die Beschreibung der Zuständigkeitsbereiche für jeden Projektmitarbeiter sowie Planungsinformationen für das Projekt.

Da DIKOS nicht die Verwendung des als Teil der Wissensbasis
vordefinierten Projektmanagementmodells erzwingen soll,
bietet DIKOS Benutzerfunktionen an, mit denen ein spezielles
Projektmanagementmodell definiert werden kann.

Das Softwareproduktmodell und das Projektmanagementmodell bilden
die Grundlage für die Funktionen des BIS. Konkrete Softwareprodukt-
bzw. Projektmanagementmodelle werden wir in Abschnitt 4 dieser
Arbeit definieren.

(3) Das Toolmodell

Das _Toolmodell_ stellt eine standardisierte und homogene
Beschreibung aller von DIKOS angebotenen Tools zur Verfügung.
Diese Beschreibungen beinhalten sowohl Beschreibungen über
die Funktionen, die Bestandteil der einzelnen Tools sind, als
auch über die Objekte der Wissensbasis, die von den verschiedenen Funktionen manipuliert werden. Das Toolmodell bildet
die Grundlage für ein HILFE-System, das die DIKOS-Benutzer
bei der Handhabung der verschiedenen DIKOS-Tools unterstützt.
Auf diese Weise wird auch Benutzern, die mit DIKOS nicht
vertraut sind, ein leichter Zugang zu DIKOS ermöglicht, d.h.
diese Benutzer sind auch ohne großen Lernaufwand in der Lage,
DIKOS zu benutzen.

(4) Das Benutzermodell

Im _Benutzermodell_ der Wissensbasis werden alle Informationen
über die DIKOS-Benutzer abgelegt, die vom Benutzerassistenten
benötigt werden, um die Dialogführung an die speziellen
Bedürfnisse und Erwartungen des Benutzers anpassen zu können.
Zu diesen Angaben gehören z.B. Angaben über die Vertrautheit
der Benutzer im Umgang mit DIKOS oder Informationen über die
vom Benutzer gewünschten Interaktionsformen (siehe z.B.
/GuLa83/).

Das Toolmodell sowie das Benutzermodell werden wir im Rahmen
dieser Arbeit nicht näher betrachten.

Nachdem wir nun die logische Systemarchitektur von DIKOS festge-
legt haben, wollen wir im folgenden Abschnitt dieser Arbeit
Modellierungskonzepte zur Beschreibung der Wissensbasis und des
BIS von DIKOS definieren.

3. Statische und dynamische Wissensrepräsentationskonzepte

In diesem Abschnitt wollen wir einen Modellierungsansatz
einführen, mit dem sowohl die in einer Wissensbasis verwalteten
Informationen als auch die Operationen zur Manipulation dieser
Informationen auf einer rein logischen Ebene beschrieben werden
können. Dabei muß dieser Modellierungsansatz im Rahmen dieser
Arbeit zwei Funktionen erfüllen:

(i)   Der Modellierungsansatz muß Modellierungskonzepte anbieten,
      mit denen die in dieser Arbeit betrachteten Systemkomponen-
      ten von DIKOS spezifiziert werden können.

(ii) Da die unter Verwendung des Modellierungsansatzes zu ent-
      wickelnde DIKOS-Wissensbasisspezifikation genau der in der
      DIKOS-Wissensbasis verwalteten Schemainformation entspricht,
      die die Grundlage für die Definition von DIKOS-Benutzer-
      funktionen bildet, muß der Modellierungsansatz benutzer-
      orientierte Modellierungskonzepte verwenden.

Aus der unter (i) beschriebenen funktionalen Aufgabenstellung
ergeben sich unmittelbar Anforderungen an den zu entwickelnden
Modellierungsansatz, da die Modellierungskonzepte den speziellen
Anforderungen genügen müssen, die sich aus dem Anwendungsbereich
Softwareentwicklung ergeben. Dabei zeigt sich, daß diese Anforderungen sich weitgehend mit den Anforderungen decken, die allgemein für Modellierungsansätze für Büroinformationssysteme gelten
(siehe /BrPe84/).

Betrachten wir zunächst die grundlegenden Anforderungen an die zu
entwickelnden Modellierungskonzepte:

(i)   Da die während des Softwareentwicklungsprozesses erzeugten (Zwischen-)Softwareprodukte komplexe Objekte darstellen, müssen die Modellierungskonzepte die Definition beliebig komplexer Objekte erlauben.

(ii)   Zur Beschreibung der Softwareentwicklungsaktivitäten müssen Operationen zur Manipulation der Objekte definiert werden können.

(iii) Zur Beschreibung der dynamischen Abläufe und der wechselseitigen Abhängigkeiten zwischen den verschiedenen Softwareentwicklungsaktivitäten müssen Synchronisations- und Parallelitätsaspekte darstellbar sein.

(iv)   Der Modellierungsansatz muß die Beschreibung von verschiedenen Zeitaspekten erlauben, da u.a. ein Versionskonzept sowie die zeitabhängige Aktivierung von Operationen modelliert werden können muß.

(v)   Da für die Durchführung von Softwareentwicklungsaktivitäten eine Interaktion mit der DIKOS-Systemumgebung notwendig ist, müssen die Modellierungskonzepte die Beschreibung der Interaktion des modellierten Systems mit seiner Umgebung erlauben.

Im Hinblick auf diese Anforderungen wurde der nachfolgend beschriebene Modellierungsansatz entwickelt, der <u>THM-Netz</u> genannt wird (/Stud84c/, /StHo85/, /Stud86/). Das THM-Netz-Modell basiert auf der Idee, Modellierungskonzepte aus zwei unterschiedlichen Modellierungswelten miteinander zu integrieren.

Zum einen werden zur Beschreibung der statischen Aspekte, d.h. der Semantik der betrachteten Objekte, Konzepte aus dem Bereich der semantischen Datenmodelle (siehe z.B. /BrMS84/) verwendet, wobei THM-Netze Modellierungskonzepte aus einem speziellen semantischen Datenmodell verwenden, dem Temporal-Hierarchic Data Model (THM) (/Schi83/, /Schi84/). Grundsätzlich hätte jedoch auch ein anderes auf dem Entity-Relationship-Ansatz (/Chen76/) basierendes semantisches Datenmodell verwendet werden können; THM weist jedoch einige spezielle Modellierungskonzepte auf, wie z.B. spezielle Typen von Beziehungen (relationships) (s.u.) oder die Möglichkeit, Zeitaspekte zu beschreiben, wodurch es für unsere Anwendung besonders geeignet ist.

Zum anderen werden in THM-Netzen Modellierungskonzepte aus dem Bereich der Petri-Netze verwendet. Dabei finden Konzepte von Prädikat-Transitions-Netzen (PrT-Netzen) (/GeLa81/) Verwendung, die einen speziellen Typ von höheren Petri-Netzen darstellen. PrT-Netze wurden von uns gewählt, da sie als Petri-Netze eine sehr gute Darstellung von Parallelitäts- und Synchronisationsaspekten ermöglichen und außerdem PrT-Netze durch die Verwendung von Prädikaten zur Definition der Netzstellen zu einer sehr kompakten Netzmodelldarstellung führen.

Ehe wir nun die Modellierungskonzepte von THM-Netzen im Detail betrachten, wollen wir zunächst die grundlegenden Modellierungskonzepte von THM und von PrT-Netzen betrachten und den THM-Netz-Ansatz mit anderen Modellierungsansätzen vergleichen.

3.1 Die Basismodellierungsansätze für THM-Netze

Von den beiden Basismodellierungsansätzen für THM-Netze, dem semantischen Datenmodell THM sowie den PrT-Netzen, werden wir nur die Konzepte betrachten, die für das spätere Verständnis des THM-Netz-Modells notwendig sind.

3.1.1 Das Temporal-Hierarchic Data Model (THM)

Das semantische Datenmodell THM (/Schi83/, /Schi84/) basiert auf

dem Entity-Relationship-Ansatz (/Chen76/) und beinhaltet
Modellierungskonzepte sowohl zur Beschreibung von statischen als
auch dynamischen Aspekten. Im Rahmen dieser Arbeit sind jedoch
nur die statischen Modellierungskonzepte von THM von Bedeutung.

Ausgangspunkt ist dabei der Begriff der Entität (entity). Eine
Entität repräsentiert dabei ein Objekt der realen Welt in der
Modellwelt. So ist in unserem Zusammenhang z.B. ein einzelner
Projektmitarbeiter oder ein einzelner Modul als eine Entität zu
betrachten. In einem Abstraktionsprozeß können dann Entitäten mit
den gleichen relevanten Eigenschaften zu einer Entitätsklasse
(entity class) zusammengefaßt werden. So bilden z.B. alle
Projektmitarbeiter die Entitätsklasse "Projektmitarbeiter".

Zur Beschreibung von Beziehungen, die zwischen Objekten der
realen Welt existieren, kann in THM eine Beziehung (relationship)
bzw. entsprechend eine Beziehungsklasse (relationship class)
definiert werden. Dabei besteht in THM die Möglichkeit, zwei
verschiedene Arten von Beziehungen zu definieren (siehe Abb. 3-1).
Eine sogenannte Element-Elemente-Beziehung (member-member-rela-
tionship) beschreibt eine Beziehung zwischen Entitäten von
Entitätsklassen. Wenn wir z.B. annehmen, daß eine Beziehungsklasse "hat-Name" zwischen den Entitätsklassen "Projektmitarbeiter" und "Personenname" definiert ist, beschreibt eine Beziehung
aus dieser Beziehungsklasse "hat-Name" gerade die Zuordnung eines
Namens zu einem einzelnen Projektmitarbeiter.

Zusätzlich beinhaltet THM das Konzept einer Klassen-Elemente-
Beziehung (class-member-relationship), mit der Beziehungen
zwischen ganzen Entitätsklassen und Entitäten spezifiziert werden
können. So legt z.B. die Definition der Klassen-Elemente-Bezie-
hungsklasse "hat-Vorsitzenden" zwischen den Entitätsklassen
"Projektmeeting" und "Vorsitzender" fest, daß alle Elemente der
Klasse "Projektmeeting", d.h. alle Projektmeetings, denselben
Vorsitzenden haben.

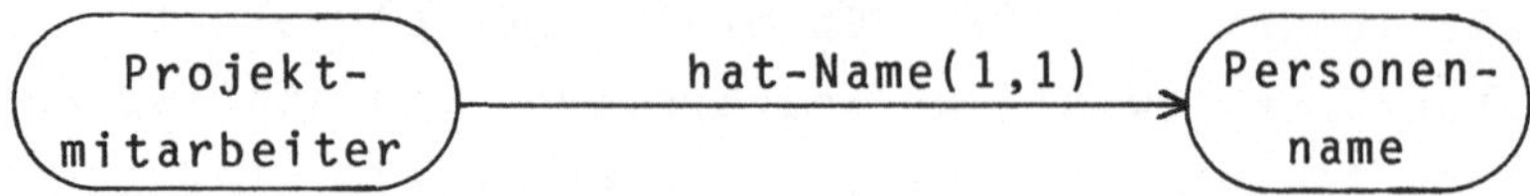

Abb. 3-1a: Graphische Darstellung der Elemente-Elemente-Beziehungsklasse "hat-Name"

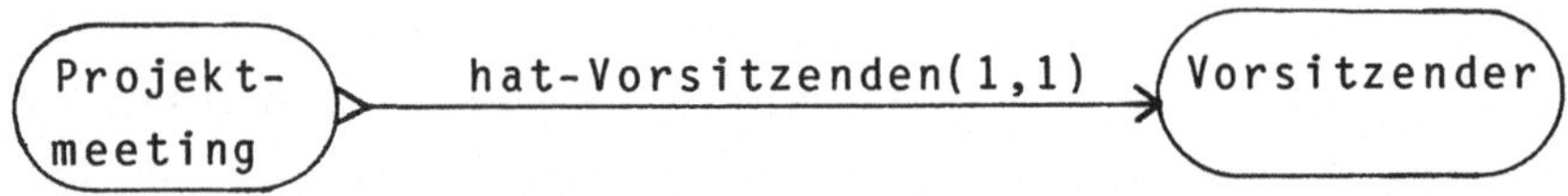

Abb. 3-1b: Graphische Darstellung der Klassen-Elemente-Beziehungsklasse "hat-Vorsitzenden"

Die Definition einer Beziehungsklasse wird jeweils mit einer
Kardinalitätsangabe ergänzt, die festlegt, mit wievielen
Entitäten der anderen Entitätsklasse eine Entität in Beziehung
stehen muß bzw. darf. Die Kardinalitätsangabe (1,1) für die
Beziehungsklasse "hat-Name" legt z.B. fest, daß ein Projektmitarbeiter genau eine Beziehung "hat-Name" zu einem Personenname
haben darf, d.h. ein Projektmitarbeiter darf nicht zwei Namen
besitzen.

Außer diesen Basismodellierungskonzepten bietet THM noch die drei
Abstraktions- bzw. Strukturierungskonzepte Generalisierung,
Aggregierung und Gruppierung an. Das Konzept der Generalisierung
erlaubt die Zusammenfassung von Entitätsklassen mit gleichen
Eigenschaften zu allgemeineren Entitätsklassen. Wenn wir z.B. zum
Ausdruck bringen wollen, daß Projektmeetings, Reviewmeetings und
Auftraggebermeetings jeweils Meetings darstellen, die durch Datum

und Raumangabe beschrieben sind, so können wir mit Hilfe der
Generalisierung die Entitätsklassen "Projektmeeting", "Reviewmeeting" und "Auftraggebermeeting" zur Entitätsklasse "Meeting"
zusammenfassen (siehe Abb. 3-2).

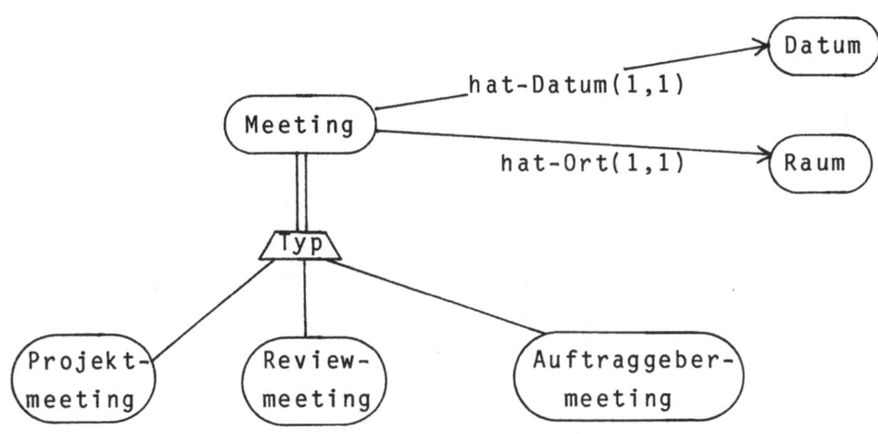

Abb. 3-2: Die Generalisierungsstruktur für Meetings

Dabei beinhaltet die Generalisierungsstruktur zusätzlich, daß
Eigenschaften der allgemeinen Entitätsklasse (hier der Klasse
"Meeting") top-down an die sogenannten Subklassen (hier die Klassen "Projektmeeting" usw.) vererbt werden. Dies hat den Vorteil,
daß Beziehungsklassen in Generalisierungsstrukturen nicht mehrfach spezifiziert werden müssen, sondern jeweils nur für die all-
gemeinste Entitätsklasse, für die sie gültig sind. In unserem
Beispiel sind damit die Beziehungsklassen "hat-Datum" und "hat-
Ort" auch für die drei Subklassen "Projektmeeting", "Reviewmeeting" und "Auftraggebermeeting" implizit definiert.

Das Konzept der Aggregierung bietet die Möglichkeit, Entitäten
aus komplexen Entitäten zusammenzufassen. Wollen wir z.B. zum
Ausdruck bringen, daß eine Modulbeschreibung sich aus einer funktionalen Beschreibung, einer Schnittstellenspezifikation sowie
der eigentlichen Modulspezifikation zusammensetzt, so können wir

die Entitätsklassen, die die Komponenten einer Modulbeschreibung
repräsentieren, zu einer aggregierten Klasse Modul zusammenfassen
(siehe Abb. 3-3) Eine Modulentität ist damit eine komplexe

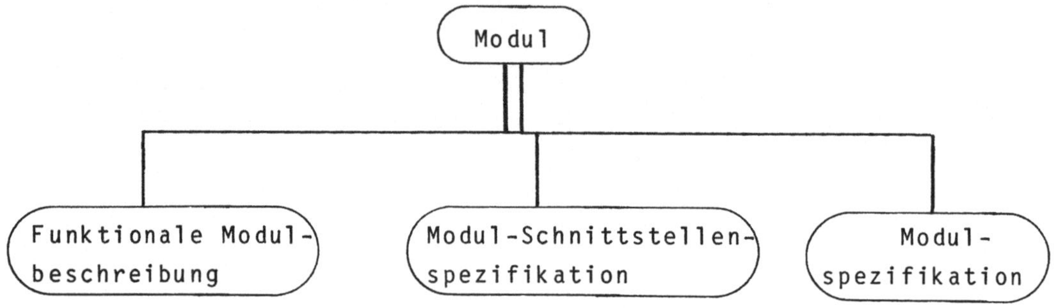

Abb. 3-3: Die Aggregierungsstruktur für Module

Entität mit drei Komponenten, wobei jede Komponente einer Entität
aus den Entitätsklassen "Funktionale Modulbeschreibung", "Modul-
Schnittstellenspezifikation" bzw. "Modulspezifikation" ist.

Die _Gruppierung_ ermöglicht schließlich die Zusammenfassung von
Teilmengen von Entitäten einer Entitätsklasse zu neuen Entitäten.
So läßt sich z.B. die Tatsache, daß sich ein einzelnes Projektteam aus einer Menge von Projektmitarbeitern zusammensetzt,
dadurch beschreiben, daß man die Entitätsklasse "Projektteam" als
Gruppierung der Entitätsklasse "Projektmitarbeiter" definiert
(siehe Abb. 3-4).

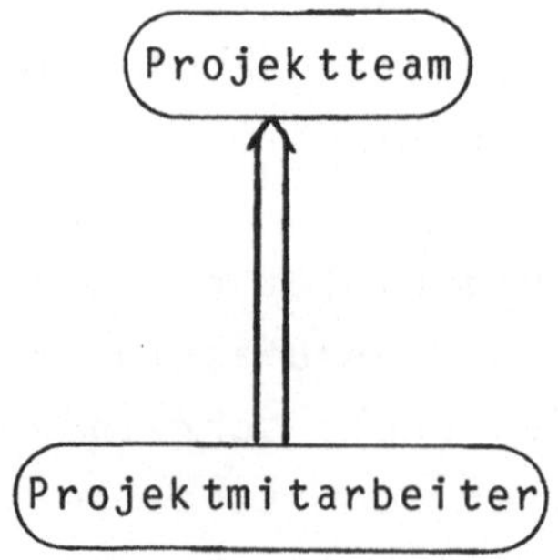

Abb. 3-4: Die Gruppierungsstruktur für Projektteams

Die Zeitmodellierungskonzepte für THM werden wir am Ende dieses
Abschnitts betrachten, wenn wir die Zeitmodellierungskonzepte von
THM-Netzen definieren.

3.1.2 Prädikat-Transitions-Netze (PrT-Netze)

Prädikat-Transitions-Netze (/GeLa81/) sind höhere Petri-Netze,
die wie folgt charakterisiert werden können:

(i)   PrT-Netze sind Petri-Netze, bei denen die Stellen durch
        Prädikate definiert sind.

(ii)   Aus der Definition der Stellen durch Prädikate ergibt
        sich, daß die Markierung der Stellen definiert ist durch
        die Menge der Elemente, die zur Extension der entsprechen-
        den Stellenprädikate gehören.

(iii)   Um die Semantik der Transition präzise zu definieren, wer-
        den in PrT-Netzen die Transitionen mit logischen Formeln be-
        schriftet.

(iv)   Die Beschriftung der Kanten, die die Stellen und die Transi-
        tionen miteinander verbinden, durch Variable ermöglicht
        die präzise Beschreibung, welche Elemente zwischen den
        Stellen und Transitionen beim Schalten der Transitionen
        fließen.

In Abb. 3-5 ist ein einfaches PrT-Netz zu sehen, in dem die
Stellen mit Buchstaben(tupeln) markiert sind, für die die
übliche lexikographische Ordnung gelten soll. Für eine Bindung
der Elemente aus der Markierung der Stelle an die Variablen in
der Form y ← b und z ← c kann die Transition schalten. Durch das
Schalten der Transition verändert sich die Markierung der Stellen
in der in Abb. 3-5 gezeigten Art und Weise.

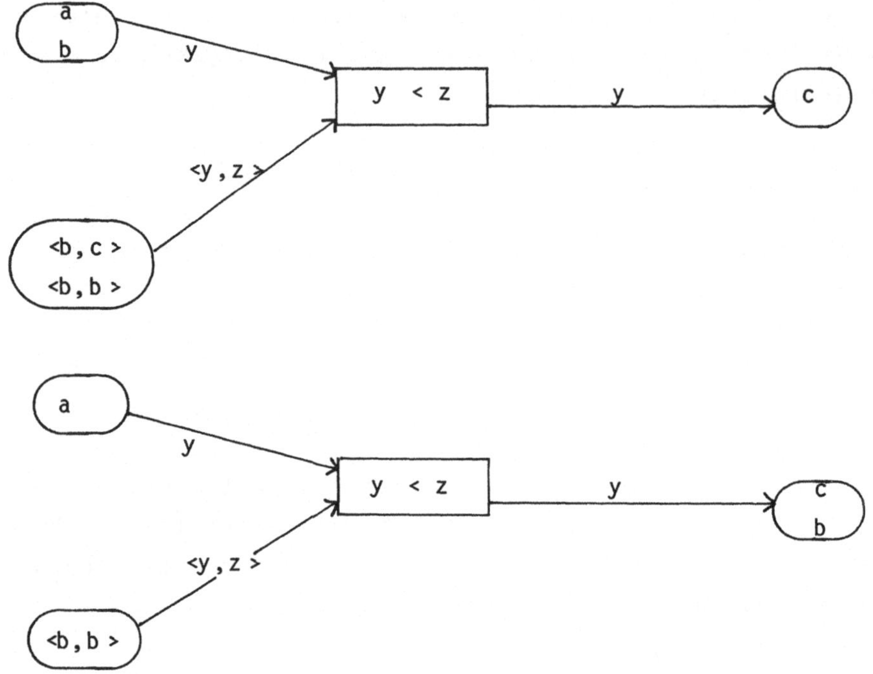

Abb. 3-5: Veränderung der Markierung von PrT-Netz-Stellen
durch das Schalten einer Transition

Wenn wir die THM-Konzepte sowie die PrT-Netz-Konzepte vor Augen
haben, so lassen sich THM-Netze als Netze charakterisieren, die
das Erzeugen bzw. Verbrauchen von Entitäten sowie das Etablieren
bzw. Zerstören von Beziehungen zu beschreiben erlauben. Wie wir
später noch sehen werden, bieten die Modellierungskonzepte von
THM-Netzen zusätzlich die Möglichkeit, die Interaktion eines
modellierten Systems mit seiner Umgebung zu beschreiben sowie
verschiedene Zeitaspekte darzustellen.

3.2 Vergleichbare Modellierungsansätze

Nachfolgend wollen wir kurz verschiedene andere Modellierungsansätze charakterisieren, die ebenfalls auf erweiterten

Petri-Netz-Konzepten basieren.

a) Erweiterte Petri-Netze nach Zisman (SCOOP)

Der erste Modellierungsansatz, der versuchte, Petri-Netze um
zusätzliche Modellierungskonzepte zu erweitern, ist der in
/Zism77/ beschriebene, SCOOP (System for Computerization of Office
Procedures) genannte Ansatz, der Bedingungs-Ereignis-Netze verwendet. Zisman identifiziert jede Transition seines Netzes mit
einem Prozeß und spezifiziert die Semantik eines Prozesses durch
ein Produktionensystem (siehe z.B. /NeSi72/), das der entsprechenden Transition zugeordnet ist. Auf diese Weise ist Zisman in
der Lage, ein System konkurrierender Prozesse zu modellieren.

Wenn wir Zismans Ansatz mit dem THM-Netz-Ansatz vergleichen, so
zeigt sich, daß (i) die Verwendung elementarer Petri-Netze mit
uninterpretierten Tokens keine Möglichkeit bieten, komplexe
Objekte darzustellen und (ii) keine Konzepte zur Modellierung von
Zeitaspekten vorhanden sind.

b) Generalized Information Control Nets

Generalized Information Control Nets (ICNs) (/Elli79/, /Elli83/)
wurden entwickelt, um die statischen und dynamischen Aspekte von
Büroinformationssystemen modellieren zu können. Die Modellierungskonzepte von ICNs erlauben die Beschreibung komplexer Objekte und
die Darstellung des Flusses dieser Objekte durch das Netzmodell.
Die Manipulation der Objekte wird durch die Aktivitäten-Komponen-
ten eines ICN beschrieben. Zur Erfassung von Zeitaspekten können
Aktivitäten zu bestimmten Zeitpunkten gestartet und eine Zeitdauer für Aktivitäten definiert werden.

Wenn wir ICNs mit THM-Netzen vergleichen, so ist zu erkennen, daß
beide Modellierungsansätze teilweise gemeinsame Konzepte aufweisen, andererseits jedoch auch Konzepte beinhalten, die im

jeweils anderen Modell nicht vorhanden sind. Im Rahmen dieser
Arbeit ist von Bedeutung, daß ICNs im Gegensatz zu THM-Netzen
keine Modellierungskonzepte zur Beschreibung der Interaktion
eines Systems mit seiner Umgebung anbieten und keine Modellierung
historischer Informationen über die verwalteten Objekte erlauben.

c) IML-beschriftete höhere Petri-Netze

IML-beschriftete höhere Petri-Netze (/RiDu82/) integrieren
PrT-Netze mit den Modellierungskonzepten des Information
Management Concept (IMC) (/DuRi76/) genannten Ansatzes zur
logischen Modellierung von Objekten. Die Information Management
Language (IML) (/Rich81/) bietet dabei Sprachkonstrukte zur
Manipulation der mit IMC beschriebenen Objekte an. Durch die
Integration von IMC in PrT-Netze entstand ein Modellierungsansatz,
der sehr gut in der Lage ist, statische und dynamische Aspekte
von (Büro-)Informationssystemen zu beschreiben. Insbesondere
können durch IMC die durch das PrT-Netz manipulierten Objekte
modelliert werden.

Ein Vergleich dieses Ansatzes mit dem THM-Netz-Modell zeigt, daß
(i) IMC im Gegensatz zu THM kein Generalisierungskonzept beinhaltet, (ii) in IML-beschrifteten Netzen keine speziellen Konstrukte
zur Modellierung der Interaktion eines Systems mit seiner Umgebung existieren und (iii) die IML-beschrifteten Netze keine Modellierungskonzepte zur Darstellung von Zeitaspekten besitzen.

3.3 Die Modellierungskonzepte von THM-Netzen

Im folgenden wollen wir nun die verschiedenen Modellierungskonzepte von THM-Netzen im Detail betrachten. Dabei werden wir die
einzelnen Modellierungskonzepte der Reihe nach vorstellen und
jeweils Beispiele aus unserem Anwendungsbereich "Softwareentwicklung" verwenden, um die Modellierungskonzepte zu verdeutlichen.

Um eine Basis für spätere Definitionen zu haben, führen wir
zunächst den Begriff eines gerichteten Netzes ein:

Definition 3.0.1

    Ein gerichtetes Netz N ist ein Netz (P,T;F), bei dem
    (i)   P eine Menge von Prädikaten (Stellen) ist,
    (ii)   T eine Menge von Transitionen, die zu P disjunkt ist, und
    (iii) F $\subseteq$ (P x T) ∪ (T x P) eine Relation,die die (gerichteten)
          Kanten des Netzes N repräsentiert.

Nachfolgend werden wir nun Einschränkungen für die Prädikate,
Transitionen und Kanten definieren, so daß wir aus dem allgemeinen
gerichteten Netz N das THM-Netz-Modell erhalten.

3.3.1 Das Konzept der Stellenprädikate

Entsprechend dem PrT-Netz-Ansatz, bei dem Prädikate die Stellen
des Netzes repräsentieren, werden auch in THM-Netzen Prädikate
zur Definition der THM-Netz-Stellen verwendet. Dabei müssen die
Prädikate in der Weise festgelegt werden, daß sie die Beschreibung der Arten von Informationen erlauben, die in THM-Netzen
manipuliert werden sollen. Wie wir oben bereits ausgeführt haben,
basiert der THM-Netz-Ansatz auf der grundlegenden Idee, das
Erzeugen bzw. Verbrauchen von Entitäten sowie das Etablieren bzw.
Zerstören von Beziehungen zu beschreiben. Dementsprechend müssen
die Stellenprädikate zu THM-Netzen die Beschreibung folgender
Sachverhalte ermöglichen:

(i)   Eine Entität ist Element einer bestimmten Entitätsklasse.
       Hierzu wird ein sogenanntes Klassenprädikat verwendet.

(ii)   Eine Beziehung existiert zwischen einer Entitätsklasse und
       einem Element einer Entitätsklasse. Diese Art von Beziehungen
       werden durch sogenannte Klassen-Elemente-Beziehungs-Prädikate
       beschrieben.

(iii) Eine Beziehung existiert zwischen Elementen von Entitäts-
      klassen. Für die Beschreibung dieser Art von Beziehungen
      werden sogenannte Elemente-Elemente-Beziehungs-Prädikate
      verwendet.

Damit können wir nun die Stellenprädikate von THM-Netzen definieren. (In allen nachfolgenden Definitionen werden wir jeweils auf
das in Definition 3.0.1 definierte gerichtete Netz N - definiert
durch das Tripel (P,T;F) - Bezug nehmen).

Definition 3.1.1:

   Die Menge P der Stellenprädikate (Stellen) eines THM-Netzes
   setzt sich aus drei disjunkten Teilmengen zusammen, d.h.
   P = KP ∪ KEP ∪ EEP, wobei
   (i)   KP die Menge der Klassenprädikate ist,
   (ii)   KEP die Menge der Klassen-Elemente-Beziehungs-Prädikate,
   (iii) EEP die Menge der Elemente-Elemente-Beziehungs-Prädikate.

   Stellenprädikate können entsprechend folgender Syntax definiert
   werden:
   <Stellen-P> ::= <Prädikat-Def> <Stellentyp>
   <Stellentyp> ::= intern | extern
                            (Der Begriff <Stellentyp> wird in Ab-
                            schnitt 3.3.4 erklärt werden.)
   <Prädikat-Def> ::= <Klassen-P> | <Klassen-El-P> | <El-El-P>
   <Klassen-P> ::= <Klassenname>(<Entitäts-Var>)
                            (Ein Klassenprädikat wird durch einen
                            eindeutigen Klassennamen spezifiziert.)
   <Klassen-El-P> ::= <Beziehungsname>[. <Klassenname>]
                            (<Entitäts-Var>)
                            (Ein Klassen-Elemente-Beziehungs-Prädi-
                            kat wird durch einen Beziehungsnamen
                            spezifiziert. <Entitäts-Var> bezieht
                            sich dabei auf Elemente der Entitäts-

klasse, deren Elemente durch die
Klassen-Elemente-Beziehung in Beziehung
zu einer gesamten Entitätsklasse gesetzt
werden. Sofern der Beziehungsname nicht
selbst oder aus dem Kontext eindeutig
ist, kann der Klassenname der Entitätsklasse, für die die Klassen-Elemente-
Beziehung definiert ist, hinzugefügt
werden.)

<El-El-P> ::= <Beziehungsname>
          [.(<Klassenname1>, <Klassenname2>)]
          (<Entitäts-Var1>, <Entitäts-Var2>)
                    (Ein Elemente-Elemente-Beziehungs-Prädi-
                    kat wird durch einen Beziehungsnamen
                    spezifiziert. <Entitäts-Var1> und
                    <Entitäts-Var2> beziehen sich auf die
                    Elemente der Entitätsklassen, die durch
                    die Elemente-Elemente-Beziehung
                    zueinander in Beziehung gesetzt werden.
                    Sofern der Beziehungsname nicht selbst
                    oder aus dem Kontext eindeutig ist,
                    können die Klassennamen der Entitäts-
                    klassen, für die die Elemente-Elemente-
                    Beziehung definiert ist, hinzugefügt
                    werden.)

Zur Verdeutlichung des Konzepts der Stellenprädikate wollen wir
zunächst ein paar Beispiele betrachten:

(1) Durch die Definition des Klassenprädikats "Projektmitarbei-
    ter(pm)" wird in ein THM-Netz eine Stelle zur Darstellung der
    Mitarbeiter eines Projektes eingefügt.

(2) Durch die Definition des Klassen-Elemente-Beziehungs-Prädikats
    "hat-Vorsitzenden.Projektmeeting(vors)" (siehe Abb. 3-1b)

wird eine Stelle definiert, die festlegt, wer der Vorsitzende
der Projektmeetings ist.

(3) Durch die Definition des Elemente-Elemente-Beziehungs-Prädi-
    kats "hat-Ort.(Meeting,Raum)(m,r)" wird eine THM-Netz-Stelle
    definiert, die die Beziehungen zwischen Meeting-Entitäten und
    Raum-Entitäten spezifiziert.

Aus der Definition der Stellenprädikate ergibt sich auch, daß die
in THM definierten Abstraktions- und Stukturierungskonzepte in
THM-Netzen nicht direkt dargestellt werden, sondern vielmehr über
die Standardbeziehungen "is-a" für die Generalisierung, "is-part-
of" für die Aggregierung und "is-elem-of" für die Gruppierung.
Die Abstraktions- und Strukturierungskonzepte finden nur im sogenannten THM-Objekteschema (siehe Abschnitt 3.3.7) Verwendung, das
für jedes THM-Netz definiert ist.

Für spätere Definitionen benötigen wir noch den Begriff der
Eingabe- und Ausgabestellen:

Definition 3.1.2:

    Für eine Transition $t \in T$ ist die Menge der Eingabestellen defi-
    niert durch
    $INP_t = \{ p \mid p \in P \wedge (p,t) \in ((P \times T) \cap F) \}$,
    die Menge der Ausgabestellen ist definiert durch
    $OUTP_t = \{ p \mid p \in P \wedge (t,p) \in ((T \times P) \cap F) \}$.

Nachdem wir die Struktur der in THM-Netzen zulässigen Stellenprädikate festgelegt haben, können wir nun das Markierungskonzept
für THM-Netz-Stellen definieren. Dabei übernehmen wir das für
PrT-Netze geltende Markierungskonzept in unser THM-Netz-Modell:

Definition 3.1.3:

    Die Markierung M einer Stelle p ist definiert durch die Menge der Elemente, d.h. Entitäten oder Entitätentupel, die zur Extension des Stellenprädikats p gehören, d.h.

$$M(p) = \{ e \mid p(e) \} \quad .$$

Da in THM jede Entität (jede Beziehung) eindeutig identifizierbar ist und höchstens einmal in einer Entitätsklasse (Beziehungsklasse) auftreten darf, ist die <u>Kapazität</u> jeder THM-Netz-Stelle gleich 1, d.h. kein Element darf mehrmals in der Markierung derselben THM-Netz-Stelle auftreten.

Wenn wir im vorhergehenden Beispiel davon ausgehen, daß die Stelle "Projektmitarbeiter(pm)" mit zwei Projektmitarbeitern, die durch die Personalnummern 1111 und 2222 identifiziert werden, markiert ist, ist die Markierung der Stelle "Projektmitarbeiter(pm)" wie folgt definiert:

$$M(Projektmitarbeiter(pm)) = \{ (1111),(2222) \} \quad ,$$

wenn wir die in /Schi84/ definierte Notation verwenden und Entitäten durch ihren Schlüssel repräsentieren.

Ein wesentlicher Vorteil der auf Petri-Netzen basierenden Modellierungstechniken ist die graphische Darstellungsmöglichkeit für Petri-Netze, die die Erfassung der modelllierten Sachverhalte sehr erleichtert. Dies ist auch mit ein Grund, weshalb der hier vorgestellte Modellierungsansatz auf Petri-Netzen basiert. Die graphische Darstellung der THM-Netz-Grundkonzepte orientiert sich an der für PrT-Netze eingeführten graphischen Darstellung und ist wie folgt definiert:

<u>Definition 3.1.4:</u>

(1) Eine Transition $t \in T$ wird graphisch durch ein Rechteck folgender Art dargestellt (siehe Abschnitt 3.3.3 für Einzelheiten):

Name(t)

(2) Ein Stellenprädikat p ϵ P wird graphisch durch eine Ellipse
dargestellt, die mit p beschriftet ist. Die Markierung M(p)
wird neben der Ellipse angegeben:

(3) Die Kante, die eine Eingabestelle p (Ausgabestelle p') mit
einer Transition t ϵ T verbindet, wird graphisch durch einen
Pfeil von p nach t (von t nach p') dargestellt:

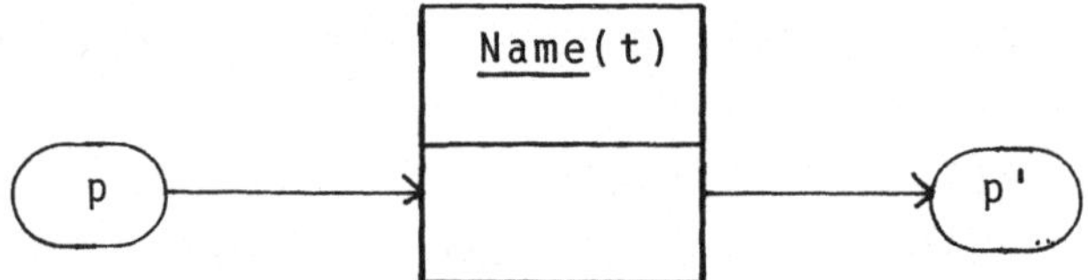

Wenn wir unser Beispiel mit der Stelle "Projektmitarbeiter(pm)"
betrachten, so erhalten wir die in Abb. 3-6 gezeigte graphische
Darstellung der Stelle.

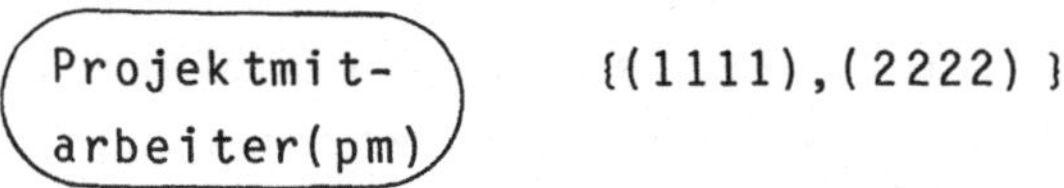

Abb. 3-6: Graphische Darstellung des Stellenprädikats "Projekt-
mitarbeiter(pm)" mit zugehöriger Markierung

3.3.2 Die Beschriftung der Kanten

Wie wir bei der Beschreibung der PrT-Netz-Konzepte gesehen haben,
dient die Kantenbeschriftung zur Beschreibung des Elementeflusses
in PrT-Netzen. In gleicher Weise werden wir auch den Fluß der

Elemente in THM-Netzen durch geeignete Kantenbeschriftungen definieren. Dabei sind die Elemente in THM-Netzen entweder Entitäten oder Tupel von Entitäten, die Beziehungen repräsentieren. Wahlweise kann durch die Kantenbeschriftung entweder der Fluß eines einzelnen Elementes oder einer Menge von Elementen spezifiziert werden kann.

Definition 3.2.1:

Sei KB die Menge der Kantenbeschriftungen gemäß der unten angegebenen Syntax und B (Beschriftung) eine Funktion, die Kanten auf Kantenbeschriftungen abbildet, d.h.

$$B: F \rightarrow KB \quad .$$

Für jedes $f \in F$ definiert B(f) die Kantenbeschriftung von f.

Kantenbeschriftungen können gemäß folgender Syntax gebildet werden:

```
<Kantenbeschriftung> ::= <Beschriftungsel-Liste>
<Beschriftungsel-Liste> ::= <Beschriftungsel> |
                    <Beschriftungsel>, <Beschriftungsel-Liste>
                    (Eine Kante wird mit einer (eventuell
                     einelementigen) Beschriftungselemente-
                    Liste beschriftet.)
<Beschriftungsel> ::= <Element> | <Elementetupel>
<Element> ::= <Entitäts-Var> | <Mod-Entitäts-Var>
<Mod-Entitäts-Var> ::= <Entitäts-Var>*
<Elementetupel> ::= ' <' <Element>, <Element-Liste>' >'
<Element-Liste> ::= <Element> |
                    <Element>, <Element-Liste>
                    (Ein Beschriftungselement ist entweder
                     eine einfache Variable, eine modifi-
                     zierte Variable (modifizierte Variable
                     werden benützt, um eine Menge von Ele-
                     menten an eine Variable zu binden (siehe
                     Abschnitt 3.3.6) oder ein Tupel von
                     Elementen.)
```

Wenn eine Kante f eine Stelle p mit einer Transition t verbindet, so wird sie mit einem <Element> (einem <Elementetupel>
der Länge n) beschriftet, wenn p die Stelligkeit 1 (n) besitzt.

Zur Verdeutlichung dieses Konzeptes zur Kantenbeschriftung wollen
wir die partielle Spezifikation einer Transition betrachten, die
einem Projektmeeting eine Tagesordnung zuordnet (siehe Abb. 3-7).
In unserem Beispiel sind "Projektmeeting(pmeet)" und "Tagesord-
nung(tord)" einstellige Klassenprädikate. Dementsprechend sind
die Kanten, die diese Stellen mit der Transition "Tagesordnung
für Projektmeeting festlegen" mit <Entitäts-Var>'s beschriftet,
in unserem Beispiel mit den Variablen "pmeet" und "tord". Da "hat-
Tagesordnung(pmeet,tord)" ein zweistelliges Elemente-Elemente-
Beziehungs-Prädikat darstellt, ist die Kante zu dieser Stelle mit
einem <Elementetupel> der Länge 2 beschriftet, hier mit dem Tupel
<pmeet,tord>. Durch das Schalten der Transition (siehe Abschnitt
3.3.6) werden Entitätstupel in die Markierung der Stelle "hat--
Tagesordnung" eingefügt, die spezifizieren, welches Projektmeeting welche Tagesordnung hat.

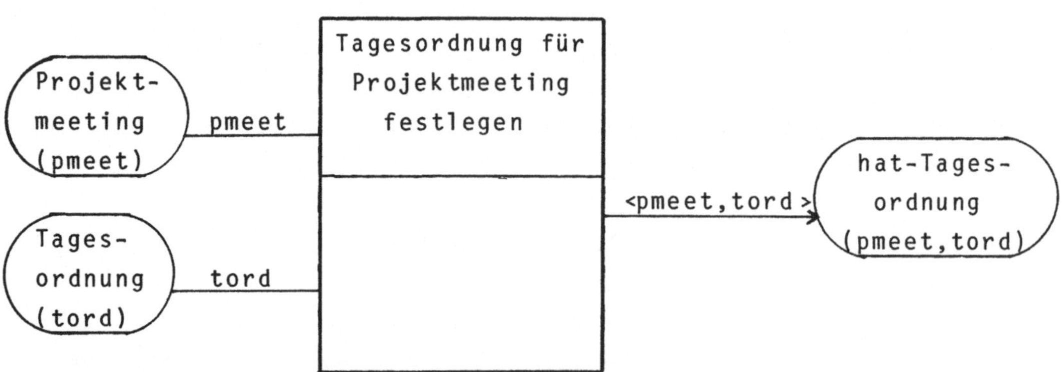

Abb. 3-7: Partielle Spezifikation der Transition "Tagesordnung
          für Projektmeeting festlegen"

In Abb. 3-7 haben wir ungerichtete Kanten zur Verbindung der
Transition mit den Stellen "Projektmeeting(pmeet)" und "Tages-
ordnung(tord)" verwendet. Diese ungerichteten Kanten repräsentieren einen sogenannten Lesezugriff (/RiDu82/) auf die zugehörigen Stellen. Ein derartiger Lesezugriff wird in unserem Beispiel
benötigt, da durch das Schalten der Transition und damit dem Aufbau der Elemente-Elemente-Beziehung "hat-Tagesordnung" zwischen
Projektmeetings und Tagesordnungen die zugehörigen Projektmeeting-
bzw. Tagesordnung-Entitäten nicht aus der Markierung der Stellen
"Projektmeeting(pmeet)" bzw. "Tagesordnung(tord)" entfernt werden
sollen. In analoger Weise werden wir später auch noch einen modifizierenden Zugriff (/RiDu82/) - repräsentiert durch einen doppel-
gerichteten Pfeil - auf eine Stelle verwenden, um darstellen zu
können, daß eine Transition beim Schalten ein Element aus der
Markierung der zugehörigen Stelle entnimmt und das modifizierte
Element wieder in die Markierung der Stelle einfügt.

Lesezugriff und modifizierender Zugriff sind formal wie folgt
definiert (siehe /RiDu82/):

Definition 3.2.2:

   Gegeben sei eine Transition $t \in T$ und eine Stelle $p \in P$.
   (1) Ein Lesezugriff von t auf p wird in THM-Netzen graphisch
       wie folgt dargestell:

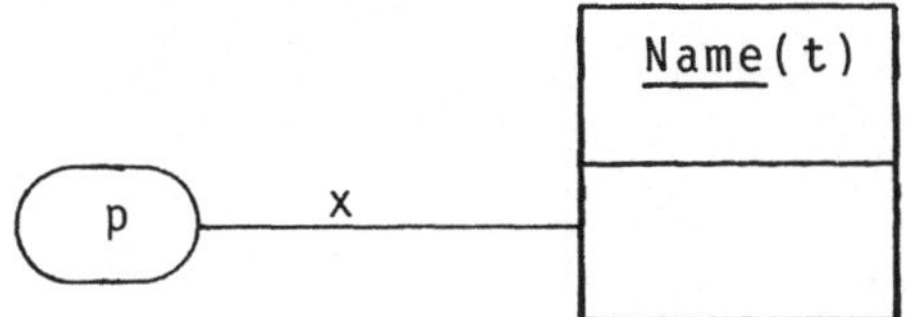

Dabei stellt die ungerichtete Kante zwischen p und t eine
abkürzende Schreibweise für folgendes Petri-Netz dar:

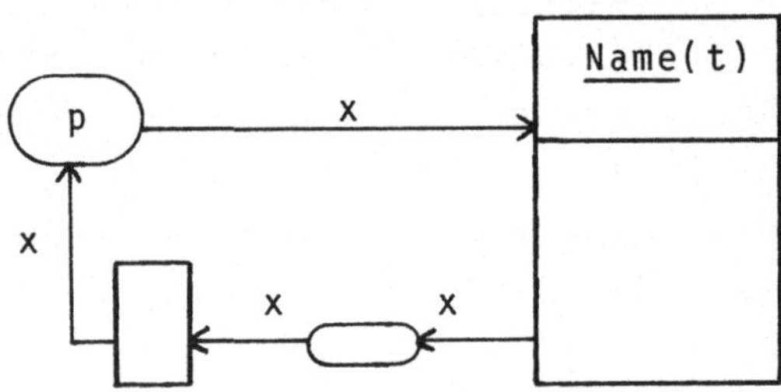

(2) Ein <u>modifizierender Zugriff</u> von t auf p wird graphisch in
folgender Weise dargestellt:

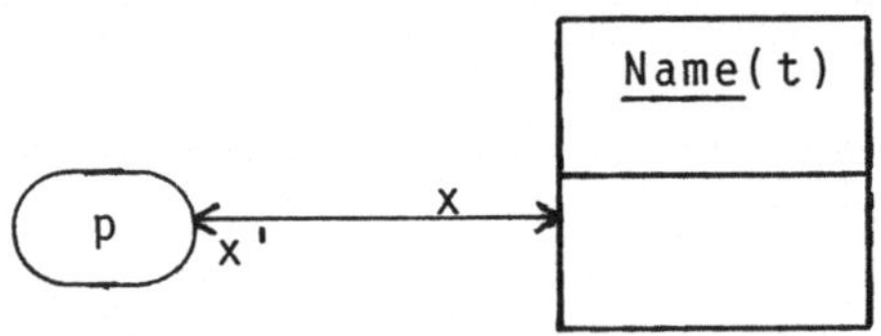

Die doppelt gerichtete Kante zwischen p und t ist dabei wie
folgt definiert:

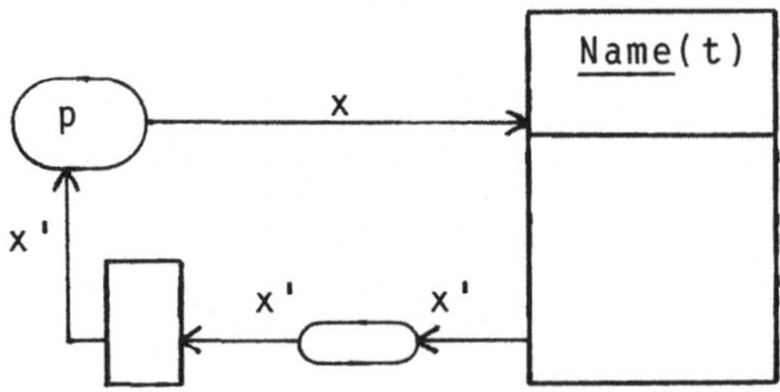

Wie aus der Definition des Lesezugriffs und des modifizierenden
Zugriffs ersichtlich ist, werden durch die abkürzende Schreib-

weise implizit eine Stelle sowie eine Transition repräsentiert,
die dazu dienen, das aus der Markierung von p entnommene Element
(gegebenenfalls in modifizierter Form) wieder in die Markierung
von p einzufügen. Die Notwendigkeit, auch beim Lesezugriff das an
x gebundene Element aus der Markierung von p zu entfernen, ergibt
sich aus der Definition der Schaltregel für Petri-Netz-Transitio-
nen, die zwingend vorschreibt, daß beim Schalten einer Transition
Elemente aus der Markierung der Eingabestellen der Transition
entfernt werden.

3.3.3 Die Beschriftung von Transitionen

Wie wir oben bei der Beschreibung der PrT-Netze gesehen haben,
werden in PrT-Netzen Transitionen mit logischen Formeln beschriftet, um die Semantik der Transition zu definieren. Dieses Konzept
wollen wir auch in THM-Netzen verwenden und zusätzlich jeder
Transition einen Namen zuordnen.

Definition 3.3.1:

   Sei TN die Menge der Transitionennamen und $\underline{Name}$ eine Funktion,
   die Transitionen auf Transitionennamen abbildet, d.h.
$$\underline{Name}: T \to TN \ .$$
   Für jedes $t \in T$ definiert $\underline{Name}(t)$ den (eindeutigen) $\underline{Namen\ von\ t}$.

Üblicherweise wird der Name einer Transition in der Weise
gewählt, daß er informal die Semantik der Anwendungsfunktion
beschreibt, die durch die Transition repräsentiert wird. Ein
Beispiel hierzu zeigt Abb. 3-7, in der der Transition der Name
"Tagesordnung für Projektmeeting festlegen" zugeordnet wurde.

Die logischen Formeln, die in PrT-Netzen zur Beschriftung der
Transition verwendet werden, sind Prädikate gemäß dem
Prädikatenkalkül erster Ordnung. Diese grundlegende Annahme
wollen wir auch für die logischen Formeln - $\underline{Transitionsformeln}$

genannt - treffen, die den Transitionen in THM-Netzen als
Beschriftung zugeordnet werden. Ferner muß natürlich der Aufbau
der logischen Formeln so festgelegt werden, daß wir mit Hilfe der
logischen Formeln Einschränkungen an die Entitäten und Beziehungen
festlegen können, die in den THM-Netzen manipuliert werden.
Daraus ergibt sich, daß wesentliche Grundlemente für den Aufbau
der logischen Formeln sich an den semantischen Datenmodellkon-
zepten orientieren, die wir in THM-Netzen verwenden. Dementsprechend übernehmen wir auch Konstrukte aus der in /Schi84/
gegebenen Prädikatdefinition für THM. (In der nachfolgend gegebenen Definition werden die einzelnen Transitionsformelkonstrukte
durch Text in (...) erläutert).

Definition 3.3.2

Eine **Transitionsformel** ist ein Prädikat, dessen Basiskonstrukte
Terme darstellen. Eine Transitionsformel ist gemäß den nachfolgend definierten Syntaxregeln aufgebaut:

(T1) Eine Entität, ein <Element> (gemäß Definition 3.2.1) bzw.
ein <Elementetupel> ist ein Term.

(T2) Ist für $i = 1,\ldots,n$ v_i eine Entität oder eine <Entitäts-
Var>, dann ist $\{v_1,\ldots v_n\}$ ein Term. Ist v eine
<Entitäts-Var> und p ein Prädikat (s.u.), dann ist
$\{v \mid p(v)\}$ ein Term.
    (Mengen, die entweder explizit oder implizit
    definiert werden können, sind Terme.)

(T3) Ist R der Name einer Elemente-Elemente-Beziehungsklasse
und t ein Term, so ist $R(t)$ ein Term.
    ($R(t)$ repräsentiert die Menge der Elemente, zu
    denen t durch R in Beziehung steht.)

(T4) Ist R der Name einer Klassen-Elemente-Beziehungsklasse, so ist R( ) ein Term.

       (R( ) repräsentiert das Element, mit dem eine
Entitätsklasse durch R in Beziehung steht).

(T5) Ausdrücke, die aus Termen und Mengenoperationen bestehen,
sind Terme.

(T6) Ausdrücke, die aus Termen und arithmetischen Operationen
bestehen, sind Terme.

(T7) Ist t ein Term, so ist min(t), max(t), d(t) bzw.
kard(t) ein Term.

       (min, max, d bzw. kard repräsentieren die Stan-
dardfunktionen Minimum, Maximum, Durchschnitt
bzw. Kardinalität.)

(T8) Ist t ein Term gemäß (T2) oder eine <Mod-Entitäts-Var> ,
dann ist grp(t) ein Term.

       (Die Standardfunktion grp baut eine gruppierte
Entität aus einer Menge von Entitäten auf. Dabei werden implizit die entsprechenden Beziehungen is-elem-of zu der gruppierten Entität
aufgebaut.)

(T9) Ist für $i = 1,\ldots,n$ v_i eine Entität oder ein <Element>,
dann ist $agg(v_1,\ldots,v_n)$ ein Term.

       (Die Standardfunktion agg erzeugt aus einzelnen
Entitäten eine neue aggregierte Entität. Implizit werden hierzu die entsprechenden Beziehungen
is-part-of aufgebaut.)

(T10) Ist t ein Term gemäß (T2) oder eine <Mod-Entitäts-Var>
sowie p ein Prädikat (s.u.), dann ist grp*(t):(p) ein
Term.

       (Die Standardfunktion grp* erzeugt eine Menge
von gruppierten Entitäten aus der durch t repräsentierten Menge von Elementen; dabei werden

alle Elemente der Potenzmenge der durch t repräsentierten Menge zu gruppierten Entitäten zusammengefaßt, die das Prädikat p erfüllen.)

(T11) Ist für $i = 1,\ldots,n$ t_i ein Term gemäß (T2) oder eine <Mod-Entitäts-Var>, dann ist $\underline{\text{agg}}\,{}^*(t_1,\ldots,t_n):(p)$ ein Term.

       (Die Standardfunktion $\underline{\text{agg}}\,{}^*$ generiert eine Menge von aggregierten Entitäten; dabei werden aus allen Elementen des kartesischen Produkts der durch t_i repräsentierten Mengen, die das Prädikat p erfüllen, aggregierte Entitäten erzeugt.)

Sind t_1 und t_2 Terme, so kann eine Transitionsformel nach folgenden Regeln definiert werden:

(P1) Ist C ein <Klassenname>, dann ist "t_1 $\underline{\text{in}}$ C" eine Transitionsformel.

       (Diese Transitionsformel spezifiziert, daß t_1 in der Entitätsklasse C enthalten sein muß.)

(P2) Ist R der Name eines Klassen-Elemente-Beziehungs-Prädikats und v eine Entität oder eine <Entitäts-Var>, dann ist R(v) eine Transitionsformel.

       (Diese Transitionsformel legt fest, daß die Entitätsklasse, für die R definiert ist, durch R mit v in Beziehung steht.)

(P3) Ist R der Name eines Elemente-Elemente-Beziehungs-Prädikats und v1 und v2 Entitäten bzw. <Entitäts-Var>'s, dann sind R(v1,v2), R(v1,*) und R(*,v2) Transitionsformeln.

       (Durch die Transitionsformel wird festgelegt, daß v1 und v2 durch R in Beziehung stehen. Die beiden letzten Terme können verwendet werden, wenn nur von Bedeutung ist, daß für v1 bzw. v2

die Beziehung R definiert ist, aber nicht von
Interesse ist, zu welchem anderen Element diese
Beziehung existiert.)

(P4) Ist '$*$' einer der Vergleichsoperatoren =, $\neq$, <, >, $\leq$, $\geq$
      oder der Mengenvergleichsoperator "$\subseteq$", dann ist $t_1 * t_2$
      eine Transitionsformel.
              (In den Transitionsformeln können die üblichen
              Vergleichsausdrücke verwendet werden.)

(P5) Ist p eine Transitionsformel, dann ist <u>not</u>(p) eine
      Transitionsformel.

(P6) Sind p1 und p2 Transitionsformeln, dann sind "p1 $\vee$ p2"
      und "p1 $\wedge$ p2" Transitionsformeln.
              (Komplexe Transitionsformeln können in der üb-
              lichen Weise aus einfachen Transitionsformeln
              aufgebaut werden.)

Innerhalb der Transitionsformeln können die folgenden <u>let</u>-
Konstrukte verwendet werden:

(L1) Ist t ein Term und x ein <Element>, das nicht in t auf-
      tritt, dann ist "<u>let</u> x <u>be</u> t" ein <u>let</u>-Konstrukt.
              (Durch dieses Konstrukt wird die Variable x
              an t gebunden; damit kann t in nachfolgenden
              Ausdrücken über x angesprochen werden (ver-
              gleiche die <u>let</u>-Klausel in VDM (/BjJo82/)).)

(L2) Ist x eine <Entitäts-Var>, die eine aggregierte Entität
      repräsentiert, und ist für i = 1,...,n v_i ein <Element>,
      dann ist "<u>let</u> v_1,...,v_n <u>be</u> <u>part-of</u> x" ein <u>let</u>-Konstrukt.
              (Dieses <u>let</u>-Konstrukt legt fest, daß für
              i = 1,...,n die Beziehung "v_i <u>is-part-of</u> x"
              gilt, und führt damit Namen für die Komponenten
              von x ein.)

(L3) Ist x eine <Entitäts-Var>, die eine gruppierte Entität
repräsentiert, und ist für i = 1,...,n v_i eine
<Entitäts-Var>, dann ist "<u>let</u> v_1,...,v_n <u>be</u> <u>elem-of</u> x" ein
<u>let</u>-Konstrukt.

(Dieses <u>let</u>-Konstrukt spezifiziert, daß für
i = 1,...,n die Beziehung "v_i <u>is-elem-of</u> x"
gilt, und führt Namen für die Elemente von
x ein.)

Sofern möglich werden Transitionsformeln in einen <u>Eingabeteil</u>
und einen <u>Ausgabeteil</u> aufgeteilt. Der Eingabeteil spezifiziert
dabei die Einschränkungen für die Elemente, die aus der Markierung der Eingabestellen entnommen werden, der Ausgabeteil
die Einschränkungen für die Elemente, die in die Markierung
der Ausgabestellen eingefügt werden.

Freie Variable, die in den Transitionsformeln auftreten,
müssen als Variable in den Kantenbeschriftungen der Kanten
enthalten sein, die mit der Transition verbunden sind.

Nachdem wir nun die Struktur der Transitionsformeln definiert
haben, können wir die Transitionsbeschriftung mit Transitionsformeln wie folgt definieren:

<u>Definition 3.3.3:</u>

Sei TF die Menge der Transitionsformeln gemäß Definition 3.3.2
und Fb (Formelbeschriftung) eine Funktion, die Transitionen auf
Transitionsformeln abbildet, d.h.

$$Fb: T \rightarrow TF .$$

Für jedes $t \in T$ definiert Fb(t) die <u>Transitionsformel von t</u>.

Zur Verdeutlichung der eingeführten Transitionsformelkonstrukte

wollen wir nachfolgend einige Beispiele betrachten (dabei werden
wir jeweils auf die entsprechenden Klauseln aus Definition 3.3.2
verweisen):

- (T2)(P3): Ist v eine <Entitäts-Var>, die Projektmeetings
  repräsentiert, und (312) die Repräsentation des durch die
  Raumnummer 312 identifizierten Raumes, so ist
  $$\{ v \mid \text{hat-Ort}(v,(312)) \}$$
  ein Term, der alle Projektmeetings repräsentiert, die im Raum
  312 stattfinden.
  "hat-Ort(v,(312))" ist dabei ein Beispiel für eine Transitionsformel gemäß (P3).

- (T4)(P2): Wenn wir annehmen, daß für die Entitätsklasse "Projektmeeting" die Klassen-Elemente-Beziehungsklasse "hat-Vorsitzenden" definiert ist, ist "hat-Vorsitzenden( )" ein Term,
  der den Vorsitzenden der Projektmeetings repräsentiert. Ist
  (1111) der durch die Personalnummer 1111 repräsentierte Projektmitarbeiter, so ist "hat-Vorsitzenden((1111))" eine Transitionsformel, die festlegt, daß der durch die Personalnummer
  1111 identifizierte Projektmitarbeiter Vorsitzender der Projektmeetings ist.

- (T8): Repräsentieren die <Entitäts-Var>'s $v_1,...,v_n$ Projektmitarbeiter, so erzeugt der Term $\underline{\text{grp}}(\{v_1,...,v_n \})$ eine gruppierte Entität, die ein Projektteam darstellt, wenn wir anneh-
  men, daß die Entitätsklasse "Projektteam" als Gruppierung der
  Entitätsklasse "Projektmitarbeiter" definiert ist.

- (T9): Wenn wir annehmen, daß fmb, mss, ms <Entitäts-Var>'s
  sind, die eine funktionale Modulbeschreibung, eine Modulschnitt-
  stellenbeschreibung bzw. eine Modulspezifikation repräsentieren
  (siehe Abb. 3-3), dann erzeugt der Term $\underline{\text{agg}}(\text{fmb},\text{mss},\text{ms})$ eine
  aggregierte Entität, die einen Modul mit den oben genannten
  Komponenten repräsentiert.

Nachdem wir das Beschriftungskonzept für Transitionen definiert haben, können wir nun die in Definition 3.1.4 gegebene Festlegung der graphischen Darstellung von Transitionen weiter präzisieren:

Definition 3.3.4:

(1) Eine Transition $t \in T$, deren Name $\underline{Name}(t)$ ist und die mit der Transitionsformel Fb(t) beschriftet ist, wird graphisch wie folgt dargestellt:

<table>
<tr><td>$\underline{Name}(t)$</td></tr>
<tr><td>Fb(t)</td></tr>
</table>

.

(2) Sofern die Transitionsformel in einen Eingabe- und einen Ausgabeteil zerlegt ist, wird folgende Darstellung gewählt:

<table>
<tr><td>$\underline{Name}(t)$</td></tr>
<tr><td><Eingabeteil.</td></tr>
<tr><td><Ausgabeteil.</td></tr>
</table>

.

(3) Reduziert sich die Transitionsformel zu $\underline{TRUE}$, wird sie in der graphischen Darstellung weggelassen.

Zur Erhöhung der Lesbarkeit von Netzspezifikationen wird für Transitionsformeln und Kantenbeschriftungen folgende Konvention verwendet: Ist für i = 1,2 v_i ein <Element>, so wird eine Transi-

72

Abb. 3-8: Verlagerung von Transitionsformelkomponenten in die
Kantenbeschriftung

tionsformelkomponente "$v_1{=}v_2$" weggelassen und stattdessen die
gleiche Kantenbeschrifung für die zugehörigen Kanten verwendet
(siehe Abb. 3-8) (/Rich84/). Diese Transformation basiert auf der
PrT-Netz-Eigenschaft, daß jedes Auftreten einer Variablen, die
mehrfach an den Kanten einer Transition auftritt, immer an
dasselbe Element beim Schalten der Transition gebunden wird
(siehe Abschnitt 3.3.6 unten).

Das Beschriftungskonzept wollen wir anhand des folgenden
Beispiels noch weiter illustrieren (siehe Abb. 3-9). Die
Transition "Reviewteamleiter auswählen" beschreibt den Vorgang,

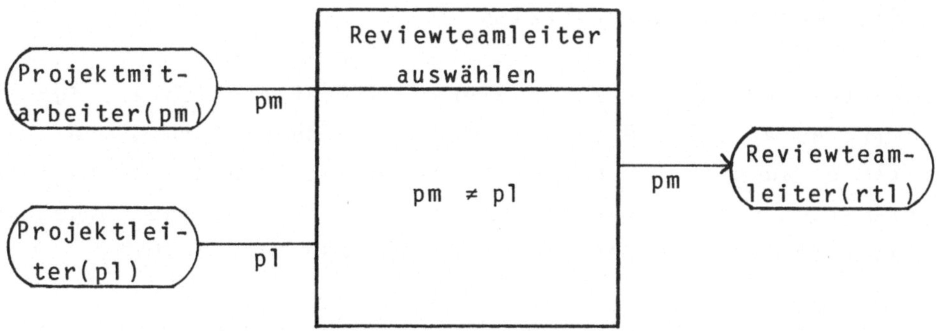

Abb. 3-9: (Partielle) Spezifikation der Transition "Reviewteamleiter auswählen"

daß ein Projektmitarbeiter als Reviewteamleiter ausgewählt wird,
wobei die Restriktion zu beachten ist, daß der Reviewteamleiter
nicht gleichzeitig Projektleiter sein darf. Diese Restriktion
wird durch die Transitionsformel "pl≠pm" definiert, die
sicherstellt, daß nicht dieselbe Entität an die Variablen "pm"
und "pl" gebunden wird. Die Spezifikation der Transition basiert
auf der Annahme, daß die Entitätsklasse "Projektmitarbeiter" eine
Generalisierung der Entitätsklassen "Reviewteamleiter" und
"Projektleiter" darstellt und damit die Auswahl des Reviewteam-
leiters einfach durch das Einfügen einer Projektmitarbeiter-Entität
in die Klasse "Reviewteamleiter" modelliert werden kann.

3.3.4 Die Modellierung der Interaktion eines Systems mit seiner Systemumgebung

Die bisher betrachteten Modellierungskonzepte von THM-Netzen
stellen Konzepte zur Verfügung, mit denen ein abgeschlossenes
System modelliert werden kann, d.h. ein System, das nicht mit
seiner Umgebung kommuniziert. Wie wir einleitend jedoch festgestellt haben, erfordert die Durchführung von Softwareentwicklungsaktivitäten eine Interaktion mit der DIKOS-Systemumgebung.
Infolgedessen müssen auch die THM-Netz-Modellierungskonzepte die
Möglichkeit bieten, die Interaktion des modellierten Systems mit
seiner Systemumgebung darzustellen.

Da THM-Netze auf Petri-Netzen basieren, bietet es sich an, für
Petri-Netze entwickelte Grundstrukturen zur Modellierung von
Interaktionen auch in THM-Netzen zu verwenden. Grundsätzlich kann
in Petri-Netzen die Interaktion eines Systems mit seiner Umgebung
wie folgt modelliert werden (/Genr79/) (siehe Abb. 3-10):

(i)   Das Einbringen von Eingabeinformationen in das System wird
      durch das Erzeugen von neuen Tokens beschrieben. Hierzu wer-
      den Transitionen verwendet, die keine Eingabestellen besit-
      zen und damit beliebig schalten können, solange ihre

Ausgabestellen neue Tokens in ihre Markierung aufnehmen
können.

(ii) Das Abgeben von Ausgabeinformationen an die Systemumgebung
wird durch das Verbrauchen existierender Tokens modelliert.
Dieser Sachverhalt wird durch Transitionen dargestellt, die
keine Ausgabestellen besitzen und damit Tokens aus der
Markierung ihrer Eingabestellen beliebig entfernen können.

In beiden Fällen werden diese Transitionen mit der Transitionsformel TRUE beschriftet, um zum Ausdruck zu bringen, daß keine
Bedingungen erfüllt sein müssen, damit diese Transitionen schalten können. Damit wird auch der Tatsache Rechnung getragen, daß
Zustandsveränderungen der realen Welt, die zu Zustandsveränderungen des modellierten Systems führen, von Bedingungen abhängig
sind, die außerhalb des modellierten Systembereiches liegen
(siehe /Gust82/).

Die in Abbildung 3-10 dargestellte Transitionsstruktur läßt sich
auf zwei Arten interpretieren: entweder werden durch die Transition t_1 Eingabeinformationen bzw. Steuerinformationen (im Sinne
von SADT (/Ross77/)) erzeugt und in den Ausgabestellen p_i von
t_1 abgelegt - wir sprechen dann von einer Eingabestruktur - oder
werden durch die Transition t_2 Ausgabeinformationen aus dem
System, d.h. aus den Eingabestellen p_i von t_2 entfernt - wir
sprechen dann von einer Ausgabestruktur.

Diese Konzepte zur Modellierung von Interaktionen werden in THM-
Netzen wie folgt dargestellt:

Definition 3.4.1:

(1) Die Menge T der Transitionen ist aus zwei disjunkten
Teilmengen zusammengesetzt, d.h.
T = IT ∪ EET, wobei
(i) IT die Menge der internen Transitionen ist, die die im

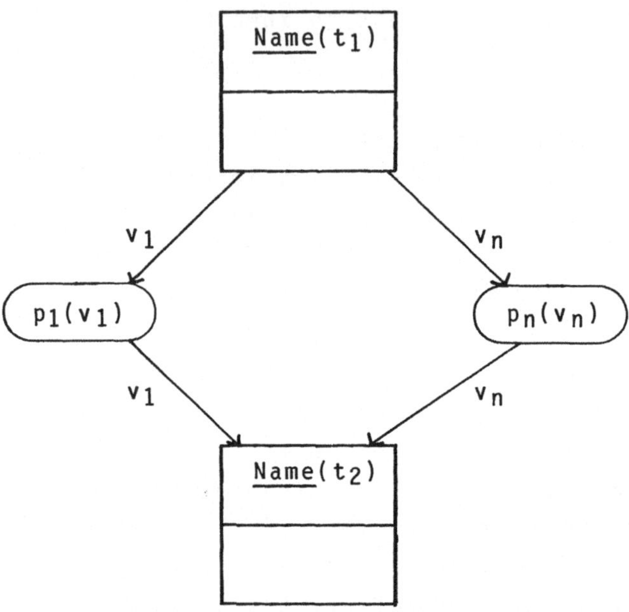

p_i (i = 1,...,n): Stellenprädikat, das entweder Eingabe-/
Steuerinformation oder Ausgabeinformation
repräsentiert

Abb. 3-10: Transitionstruktur zur Darstellung der Interaktion
eines Systems mit seiner Systemumgebung

modellierten System enthaltenen (Anwendung-)Funktionen
repräsentieren, und

(ii) EET die Menge der externen Ereignistransitionen, die
Zustandsveränderungen der realen Welt, sogenannte
externe Ereignisse, repräsentieren, die zu Zustandsveränderungen des modellierten Systems führen.

(2) Für die externen Ereignistransitionen gelten folgende
Restriktionen:

(i)   Die Transitionsformel von externen Ereignistransitionen ist TRUE.

(ii)   Eine externe Ereignistransition, die keine Einga-
       bestellen besitzt, repräsentiert zusammen mit ihren
       Ausgabestellen eine <u>Eingabestruktur</u> (siehe Abb.
       3-11a).

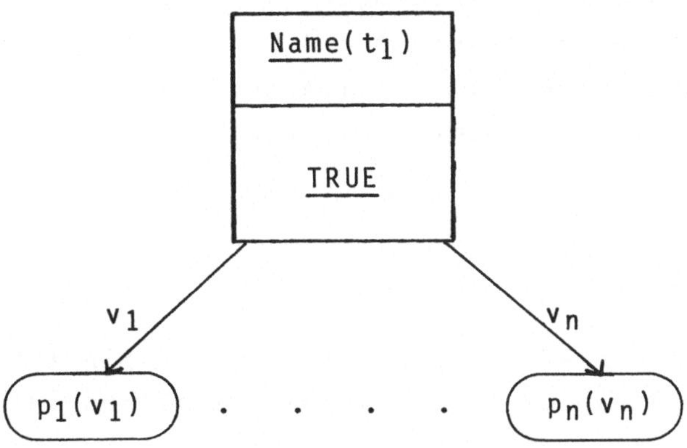

Abb. 3-11a: Eine Eingabestruktur (die Stellen p_i repräsentieren
            Eingabe- bzw. Steuerinformationen)

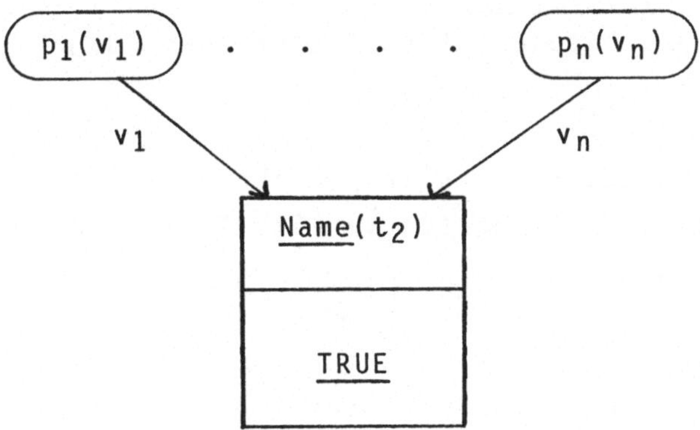

Abb. 3-11b: Eine Ausgabestruktur (die Stellen p_i repräsentieren
            Ausgabeinformationen)

(iii) Eine externe Ereignistransition, die keine Aus-
      gabestellen besitzt, repräsentiert zusammen mit ihren
      Eingabestellen eine <u>Ausgabestruktur</u> (siehe Abb.
      3-11b).

Um die THM-Netz-Stellen, die Eingabe-/Steuerinformationen bzw.
Ausgabeinformationen repräsentieren, von den Stellen zu unterscheiden, die die intern im modellierten System verwalteten Informationen repräsentieren, führen wir den Begriff der externen Stellenprädikate ein:

<u>Definition 3.4.2:</u>

(1) Jedes Stellenprädikat $p \in P$ ist entweder ein internes
    Stellenprädikat oder ein externes Stellenprädikat.

(2) Ein <u>internes Stellenprädikat</u> repräsentiert Informationen,
    d.h. Entitäten und Beziehungen, die intern im modellierten
    System manipuliert werden.

(3) Ein <u>externes Stellenprädikat</u> repräsentiert entweder
    Eingabe- bzw. Steuerinformationen oder Ausgabeinfor-
    mationen.

(4) Interne und externe Stellenprädikate werden durch die in
    Definition 3.1.1 eingeführte <Stellentyp>-Angabe
    unterschieden.

Um in der graphischen Repräsentation von THM-Netzen eine klare
Darstellung der Interaktion des modellierten Systems mit seiner
Systemumgebung zu erreichen, werden zur graphischen Darstellung
von Ereignistransitionen und externen Stellenprädikaten spezielle
graphische Symbole verwendet:

Definition 3.4.3:

(1) Ein externes Stellenprädikat $p \in P$ wird graphisch durch ein Parallelogramm dargestellt, das mit p beschriftet ist:

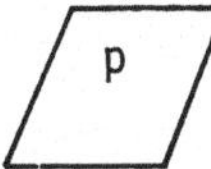

(2) Für eine externe Ereignistransition $t \in EET$ existieren zwei unterschiedliche graphische Darstellungen in Abhängigkeit davon, ob t innerhalb einer Eingabe- oder innerhalb einer Ausgabestruktur verwendet wird:

Eingabestruktur:

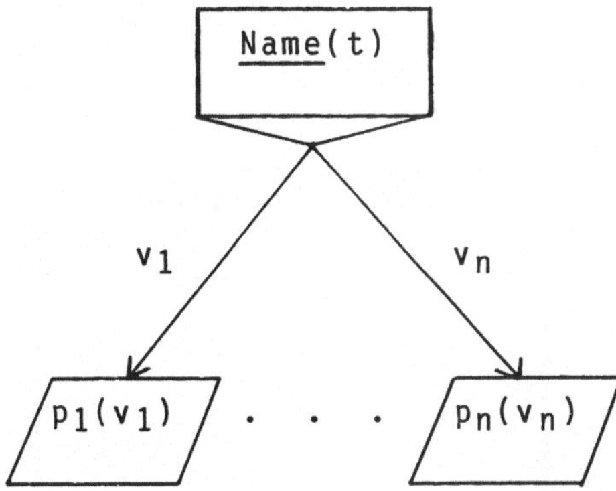

Ausgabestruktur:

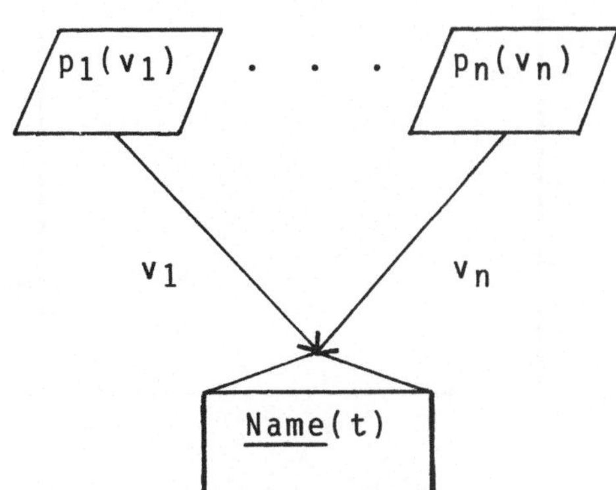

Als Beispiel wollen wir einen THM-Netz-Ausschnitt betrachten, der
den Einstellungsvorgang für einen Projektmitarbeiter (vereinfacht)

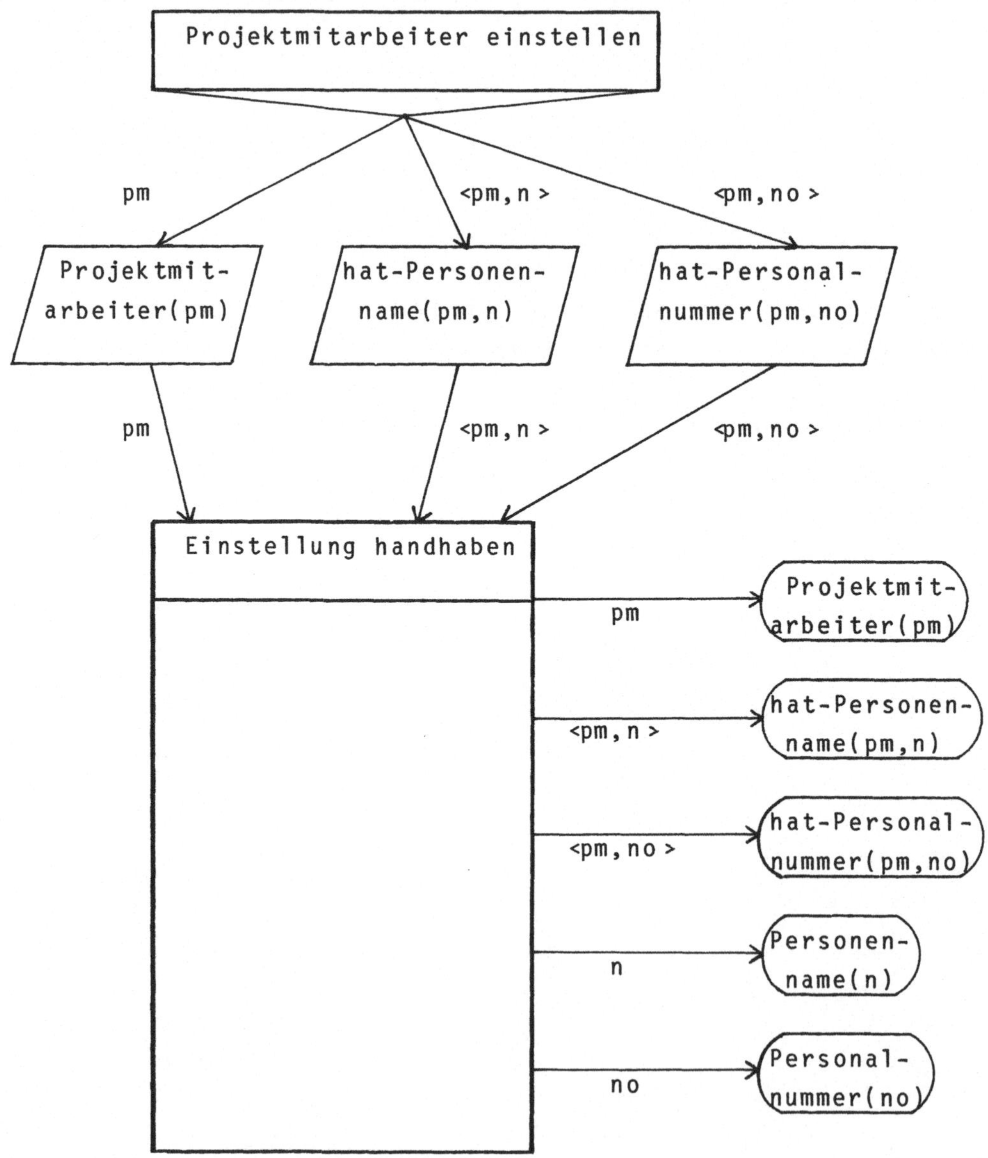

Abb. 3-12: Modellierung der Einstellung eines Projektmitarbeiters

darstellt (siehe Abb. 3-12). Die externe Ereignistransition "Projektmitarbeiter einstellen" erzeugt als Eingabeinformationen Angaben über den Namen und die Personalnummer des einzustellenden Projektmitarbeiters. Die (interne) Transition "Einstellung handhaben" entnimmt die Eingabeinformationen aus der Markierung der externen Stellen "Projektmitarbeiter(pm)", "hat-Personenname(pm,n)" und "hat-Personalnummer(pm,no)" und legt diese Informationen in den zugehörigen internen Stellen ab.

Abschließend können wir nun präzise festlegen, wie das Eintreten eines externen Ereignisses in unserem Modellierungsansatz dargestellt wird.

<u>Definition 3.4.4:</u>

   Das <u>Eintreten eines externen Ereignisses</u> wird durch das
   Schalten der zugehörigen externen Ereignistransition repräsentiert. Durch das Schalten werden entweder Elemente (Eingabe-/
   Steuerinformationen) in die Markierung der Ausgabestellen der
   Ereignistransition eingefügt oder Elemente (Ausgabeinformationen) aus der Markierung der Eingabestellen der Ereignistransition entfernt.

Wenn wir unser Beispiel aus Abb. 3-12 betrachten, so wird das Ereignis, einen neuen Projektmitarbeiter einzustellen, durch das Schalten der Ereignistransition "Projektmitarbeiter einstellen" repräsentiert. Durch das Schalten werden entsprechende Elemente in die Markierung der externen Stellenprädikate "Projektmitarbeiter(pm), "hat-Personenname(pm,n)" und "hat-Personalnummer (pm,no)" eingefügt.

3.3.5 Zusätzliche Modellierungskonzepte

In diesem Abschnitt wollen wir noch zwei weitere Modellierungskonzepte einführen, die die Ausdruckskraft von THM-Netzen nicht grundsätzlich erweitern, aber oftmals eine kompaktere Darstellung von bestimmten Sachverhalten ermöglichen.

a) Kontrollprädikate als Stellenprädikate

Die Übergabe von Informationen von einer Transition t_1 an eine Transition t_2 wird in unserem THM-Netz-Modell dadurch dargestellt, daß die Transition t_1 Elemente in die Markierung der Ausgabestellen einfügt, die zugleich auch Eingabestellen der Transition t_2 sind. Damit kann t_2 die von t_1 in die Markierung der Stellen eingefügten Elemente wieder aus der Markierung entnehmen.

Entsprechend dem in Abschnitt 3.1.1 eingeführten Konzept für Stellenprädikate muß für jede Übergabeinformationsart ein eigenes Klassen- oder Beziehungsprädikat definiert werden. Um eine kompaktere Darstellung dieser Übergabeinformationen zu erreichen, führen wir sogenannte Kontrollprädikate ein, die als n-stellige Prädikate definiert sind und damit die integrierte Repräsentation verschiedener Übergabeinformationen durch ein Prädikat ermöglichen.

Definition 3.5.1:

(1) Die Menge P der Stellenprädikate wird um eine weitere Menge KOP von Kontrollprädikaten erweitert, d.h.
P = KP ∪ KEP ∪ EEP ∪ KOP (siehe Definition 3.1.1).
Kontrollprädikate sind interne Stellenprädikate.

(2) Kontrollprädikate werden nach folgender Syntaxregel definiert:

<Prädikat-Def> ::= ... | <Kontroll-P>
                       (siehe Definition 3.1.1)

<Kontroll-P > ::= <Prädikatname >(<Entitäts-Var1 >, ... ,
<Entitäts-Varn >)
(Kontrollprädikate sind n-stellige
Prädikate.)

(3) Die Variablen, die in der Kantenbeschriftung einer Kante
auftreten, die mit einem Kontrollprädikat verbunden sind,
müssen als Kantenbeschriftungen von Kanten auftreten, die
mit Klassen- oder Beziehungsprädikaten verbunden sind.
Diese Klassen- bzw. Beziehungsprädikate definieren den Typ
der Elemente, die an die Variablen des Kontrollprädikats
gebunden sind.

(4) Ein Kontrollprädikat kop ϵKOP wird graphisch durch ein
Parallelogramm folgender Art dargestellt:

Wie wir bei der Beschreibung des BIS später sehen werden, können
Kontrollprädikate sehr gut zur Beschreibung der Informationen
verwendet werden, die durch das BIS verschickt werden sollen.
Wenn wir z.B. annehmen, daß eine vom BIS an den Projektleiter zu
verschickende Botschaft sich aus einer Bezugsinformation und dem
eigentlichen Inhalt der Botschaft zusammensetzt, und wenn wir des
weiteren den Sender der Botschaft vermerken wollen, so können wir
ein Kontrollprädikat "Zu Verschicken an Projektleiter(pname, bez,
inh)" verwenden, um diesen Sachverhalt darzustellen ("pname"
wird an den Sender, "bez" an die Bezugsinformation und "inh" an
den Botschaftsinhalt gebunden).

b) Das Konzept der hemmenden Kanten

Bei der Analyse von Anwendungssituationen zeigt sich, daß eine
Voraussetzung für das Schalten einer Transition manchmal nicht
das Erfülltsein von Prädikaten ist, sondern gerade das Nicht-

Erfülltsein von Prädikaten. Um diese Situationen direkt darstellen zu können, übernehmen wir in unser THM-Netz-Modell das in
/LeLu81/ beschriebene Konzept der sogenannten hemmenden Kanten.

Definition 3.5.2:

(1) Die Menge der Kanten F setzt sich aus zwei disjunkten
    Teilmengen zusammen, d.h.
    F = NF ∪ IF, wobei
    (i) NF die Menge der <u>normalen Kanten</u> ist und
    (ii) IF die Menge der <u>hemmenden Kanten</u> (<u>inhibitory arcs</u>),
         wobei IF ⊊ (F ∩ (P ×T)) ist.

(2) In der graphischen Darstellung von THM-Netzen werden nor-
    male Kanten gemäß Definition 3.1.4 dargestellt. Hemmende
    Kanten werden in gleicher Weise dargestellt mit dem ein-
    zigen Unterschied, daß eine gestrichelte Linie anstelle
    einer durchgehenden Linie verwendet wird.

Wenn wir unser Beispiel aus Abb. 3-9 betrachten, so können wir
die Einschränkung, daß der Reviewteamleiter nicht gleichzeitig
Projektleiter sein darf, auch mit Hilfe einer hemmenden Kante zur
Stelle "Projektleiter(pl)" darstellen (siehe Abb. 3-13). Indem

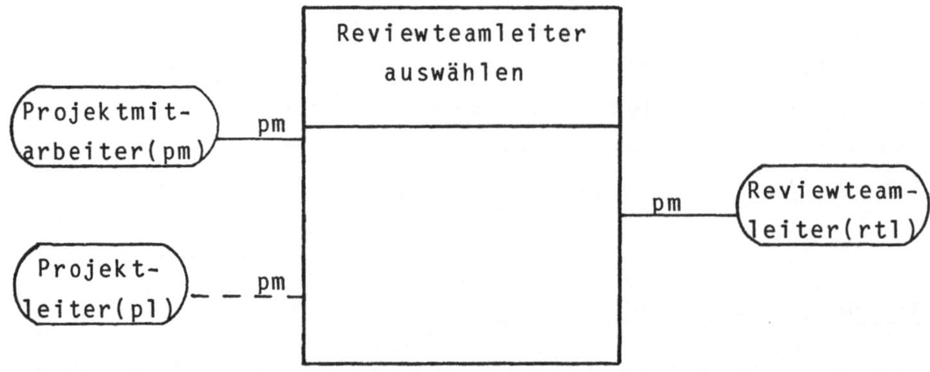

Abb. 3-13: Spezifikation der Transition "Reviewteamleiter aus-
           wählen" unter Verwendung einer hemmenden Kante
           (vergleiche Abb. 3-9)

die hemmende Kante mit derselben Variablen beschriftet ist wie
die Kante zum Stellenprädikat "Projektmitarbeiter(pm)", wird
festgelegt, daß die <Entitäts-Var> "pm" nicht an ein Element
gebunden werden darf, das in der Markierung des Stellenprädikats
"Projektleiter(pl)" enthalten ist.

3.3.6 Die Schaltregel für Transitionen

Nachdem wir nun die verschiedenen Modellierungskonzepte von THM-
Netzen eingeführt haben, müssen wir noch abschließend die Schaltregel für THM-Netz-Transitionen festlegen. Da diese Schaltregel
wesentlich von den Kantenbeschriftungen abhängig ist, werden wir
jedoch zunächst die Handhabung der Kantenbeschriftungen definieren.

Definition 3.6.1:

Beim Schalten einer Transition $t \in T$ (siehe Definition 3.6.2)
wird die Beschriftung l einer Kante, die t mit einer Stelle $p \in P$
verbindet, wie folgt gehandhabt:

(1) Wenn die Beschriftung l eine <Entitäts-Var> ($l=v$) oder ein
    <Elementetupel> ist, das aus <Entitäts-Var>'s besteht
    ($l = \langle v_1,\ldots,v_n \rangle$), wird l an ein Element aus der Markierung
    von p gebunden. Sofern l ein <Elementetupel> ist, werden
    die Variablen v_i an Werte in der Reihenfolge gebunden, die
    durch die Reihenfolge der Argumente des n-stelligen Prädi-
    kats definiert ist.

(2) Wenn die Beschriftung l eine <Mod-Entitäts-Var> ist ($l=v^*$),
    dann wird l an eine Menge von Elementen aus der Markierung
    von p gebunden, d.h. l ist an eine Menge E gebunden mit
    $E \subseteq M(p)$.

(3) Wenn die Beschriftung l ein <Elementetupel> ist, das eine

<Mod-Entitäts-Var> enthält ($l = \langle v_1, \ldots, v_{i-1}, v_i^*, \ldots, v_n \rangle$),
dann wird l an eine Menge von Elementen aus der Markierung
von p gebunden. Dabei unterscheiden sich die Elemente
jeweils nur in der i-ten Komponente voneinander. D.h. l
wird an eine Menge E mit

$$E = \{ \langle e_1, \ldots, e_n \rangle \mid p(e_1, \ldots, e_n) \}$$

gebunden, die folgender zusätzlicher Einschränkung R
genügen muß (dabei nehmen wir $e = \langle e_1, \ldots, e_n \rangle$ und
$e' = \langle e_1', \ldots, e_n' \rangle$ an):

$$R \equiv (E \subseteq M(p)) \wedge (\forall e, e' \in E: e \neq e' \supset (e_i \neq e_i' \wedge$$
$$(\forall j \in \{1, \ldots, i-1, i+1, \ldots, n\}: e_j = e_j'))) .$$

Sofern das an l gebundene <Elementetupel> mehrere
<Mod-Entitäts-Var>'s enthält, wird die Menge E in
entsprechend verallgemeinerter Form bestimmt.

Durch das Schalten von t werden aus der Markierung der Eingabestellen die Elemente entfernt, die an die zugehörigen Kantenbeschriftungen gemäß (1) - (3) gebunden sind. Entsprechend
werden in die Markierung der Ausgabestellen die an die zugehörigen Kantenbeschriftungen gebundenen Elemente eingefügt. D.h.
sei (i) $f = (p, t)$ ($f' = (t, p')$) eine normale Kante, die mit l (l')
beschriftet ist, (ii) E (E') die an l (l') gebundene Menge von
Elementen und (iii) $M_i(p)$ ($M_i(p')$) die aktuelle Markierung von
p (p'), dann ergibt sich durch das Schalten von t die neue Markierung von p bzw. p' zu

$$M_{i+1}(p) \;\; = M_i(p) \setminus E \qquad\qquad \text{bzw.}$$
$$M_{i+1}(p') = M_i(p') \cup E'.$$

In dem in Abb. 3-12 dargestellten Beispiel wird die Variable "pm"
aus der Beschriftung der Kante, die die Transition "Einstellung
handhaben" mit der externen Stelle "Projektmitarbeiter(pm)" verbindet, an die Projektmitarbeiter-Entität gebunden, die durch die
Ereignistransition "Projektmitarbeiter einstellen" in die
Markierung der externen Stelle "Projektmitarbeiter(pm)" eingefügt

worden ist. In gleicher Weise wird das Tupel <pm,no >, mit dem die
Kante beschriftet ist, die die Transition "Einstellung handhaben"
mit der Stelle "hat-Personalnummer(pm,no)" verbindet, an ein
Tupel gebunden, dessen erste Komponente gerade den Projektmitarbeiter und dessen zweite Komponente seine Personalnummer repräsentiert.

Unter Verwendung der Definition 3.6.1 können wir nun die
Schaltregel für die THM-Netz-Transitionen definieren:

<u>Definition 3.6.2:</u>

Das Schalten einer Transition $t \in T$ wird durch die Regeln (i)-(vi)
definiert:

(i)   Die Variablen der Transitionsformel von t sowie die
        Variablen der Kantenbeschriftungen der Kanten, die mit t
        verbunden sind, werden an Elemente aus der Markierung der
        Eingabe-/Ausgabestellen von t in der Weise gebunden, daß
        die Transitionsformel den Wert <u>TRUE</u> erhält und außerdem
        die in Definition 3.6.1 festgelegten Vorschriften für die
        Handhabung der Kantenbeschriftungen erfüllt sind. Eine
        Variable, die mehrfach in der Transitionsformel und/oder
        in den Kantenbeschriftungen der Kanten auftritt, die mit
        t verbunden sind, wird immer an dasselbe Element gebun-
        den.

(ii)   Jede Eingabestelle von t, die mit t durch eine normale
        Kante verbunden ist, ist mit den Elementen markiert, die
        auf Grund der zugehörigen Kantenbeschriftung benötigt
        werden.

(iii) Keine Ausgabestelle von t ist mit einem Element markiert,
        das an die Kantenbeschriftung der zugehörigen Kante
        gebunden ist.

(iv) Keine Eingabestelle von t, die mit t durch eine hemmende
      Kante verbunden ist, ist mit einem Element markiert, das
      an die Kantenbeschriftung der zugehörigen Kante gebunden
      ist.

(v)   Die Transition t <u>kann schalten</u> für <u>alle</u> Bindungen von
      Variablen an Elemente, die den Vorschriften aus (i)-(iv)
      genügen.

(vi) Durch das Schalten von t werden die Markierungen der
      Eingabe- bzw. Ausgabestellen von t gemäß Definition 3.6.1
      verändert.

Regel (iii) aus Definition 3.6.2 garantiert, daß die für THM-
Netz-Stellen geltende Kapazitätsbeschränkung (siehe Definition
3.1.3) nicht verletzt wird. In Regel (v) ist zu beachten, daß
eine Transition natürlich nur für all die Bindungen von Variablen
an Elemente schalten kann, die nicht zueinander in Konflikt
stehen. Dabei stehen zwei Wertebelegungen zueinander in Konflikt,
wenn wenigstens eine Variable in beiden Wertebelegungen an
dasselbe Element gebunden ist.

Den Abschnitt über die grundlegenden Modellierungskonzepte von
THM-Netzen wollen wir mit einem Beispiel abschließen, in dem die
wichtigsten bisher eingeführten Modellierungskonzepte verwendet
werden (siehe Abb. 3-14). Das Beispiel beschreibt die Einberufung
eines Projektmeetings durch den Projektleiter. Die externe Ereignistransition "Projektmeeting einberufen" stellt als Eingabeinformation Zeitpunkt ("hat-Datum"), Ort ("hat-Ort") und Tagesordnung ("hat-Tagesordnung") des Projektmeetings zur Verfügung (es
wird angenommen, daß entsprechende Beziehungsklassen für die Entitätsklasse "Projektmeeting" definiert sind). Die Transition "Projektmeeting bekanntmachen" hat die Aufgabe, die durch die externe
Ereignistransition bereitgestellten Eingabeinformationen in den
Stellen, die durch die zugehörigen internen Stellenprädikate

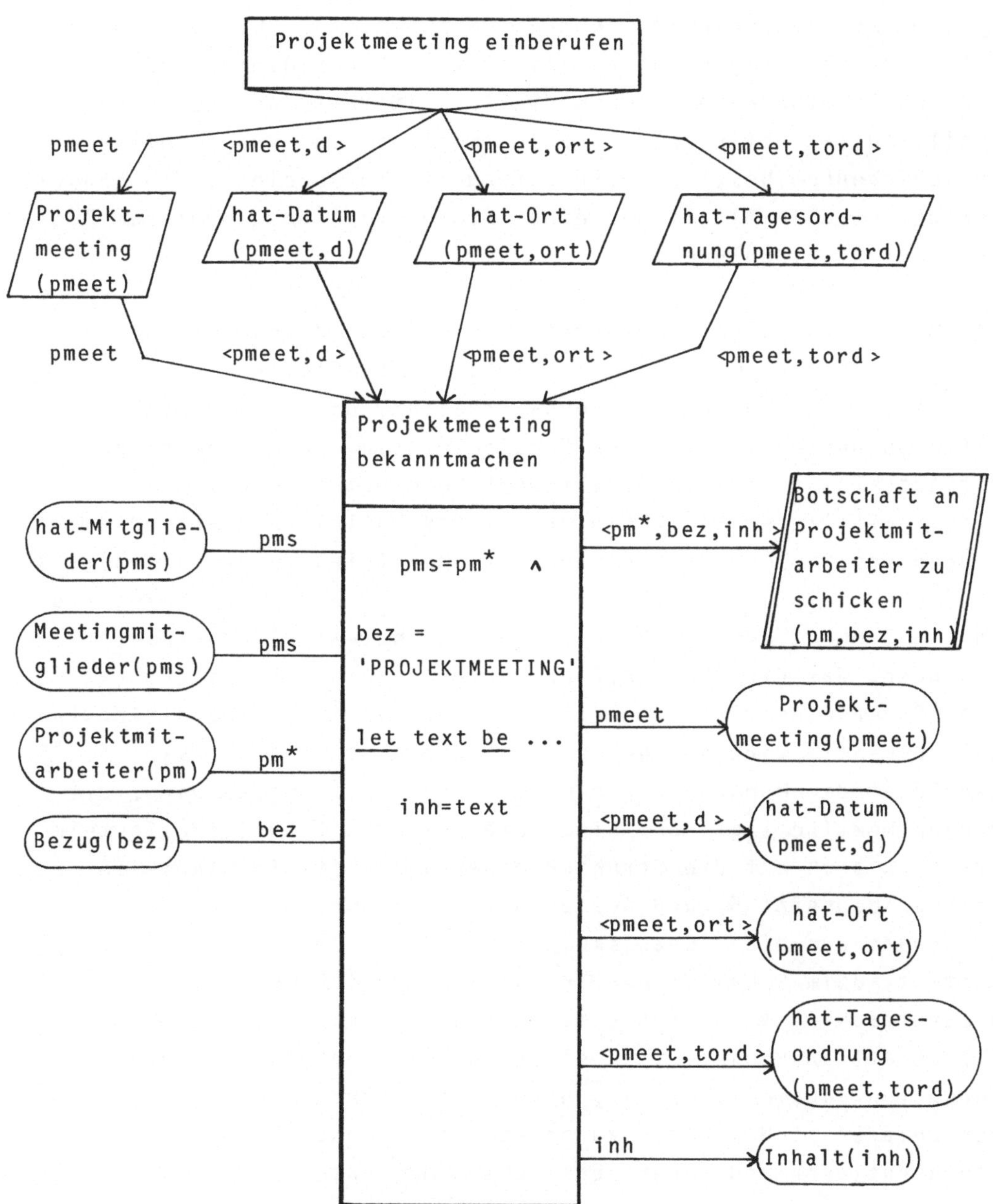

Abb. 3-14: Bekanntmachung eines Projektmeetings

"Projektmeeting(pmeet)", "hat-Datum(pmeet,d)", "hat-Ort(pmeet,
ort)" und "hat-Tagesordnung (pmeet,tord)" definiert sind, abzulegen. Zusätzlich werden durch die Transition in der durch das Kontrollprädikat definierten Stelle "Botschaft an Projektmitarbeiter
zu schicken(pm,bez,inh)" die Informationen abgelegt, die benötigt
werden, um alle Mitglieder eines Projektmeetings zu diesem Projektmeeting einzuladen.

Die Mitglieder eines Projektmeetings werden durch die Stelle
"hat-Mitglieder(pms)" repräsentiert. "hat-Mitglieder(pms)" ist
ein Klassen-Elemente-Beziehungs-Prädikat, das eine Beziehung
zwischen der Entitätsklasse "Projektmeeting" und Elementen der
Entitätsklasse "Meetingmitglieder" beschreibt, wobei
Meetingmitglieder-Entitäten gruppierte Entitäten sind und aus
Mengen von Projektmitarbeitern bestehen (siehe auch Abschnitt 4).
Die <Entitäts-Var> "pms" wird also beim Schalten der Transition
an ein Element aus der Markierung von "hat-Mitglieder(pms)"
gebunden, das die Menge der Projektmitarbeiter repräsentiert, die
Mitglieder eines Projektmeetings sind. Durch die Transitionsformel "pms=pm*" wird festgelegt, daß die <Mod-Entitäts-Var> "pm*"
gerade an die Menge der Projektmitarbeiter gebunden wird, die
Projektmeetingmitglieder sind. Die weiteren Transitionsformeln
beziehen sich auf die Struktur einer Botschaft im DIKOS-BIS
(siehe Abschnitt 5) und basieren auf der Annahme, daß jede
Botschaft aus einer Bezugskomponente "bez" und einem Inhalt "inh"
besteht. Beim Schalten der Transition "Projektmeeting
bekanntmachen" wird in die Markierung des Kontrollprädikats
"Botschaft an Projektmitarbeiter zu schicken(pm,bez,inh)" eine
Menge von Tupeln eingefügt, deren erste Komponenten jeweils
verschieden sind und die zu benachrichtigenden Projektmitarbeiter
repräsentieren und deren restliche Komponenten jeweils identisch
sind und die zu verschickende Botschaft repräsentieren (siehe
Abschnitt 5 für Einzelheiten).

Unter Bezugnahme auf die bisher eingeführten Definitionen lassen sich THM-Netze wie folgt definierten:

Definition 3.6.3:

Ein <u>THM-Netz</u> ist ein gerichtetes Netz N=(P,T;F), bei dem
(i)   die Menge der Prädikate P den Definitionen 3.1.1, 3.1.2,
        3.1.3, 3.4.2 und 3.5.1 genügt,
(ii)   die Menge T der Transitionen gemäß den Definitionen
        3.3.1, 3.3.2, 3.3.3, 3.4.1, 3.4.4 und 3.6.2 gebildet ist,
        und
(iii)   die Menge F der Kanten die in den Definitionen 3.2.1,
        3.2.2, 3.5.2 und 3.6.1 festgelegten Bedingungen erfüllt.

Die <u>graphische Darstellung eines THM-Netzes</u> ist durch die Definitionen 3.1.4, 3.3.4, 3.4.3, 3.5.1 und 3.5.2 festgelegt.

3.3.7 Das Objekteschema eines THM-Netzes

Die Modellierungskonzepte von THM-Netzen beschreiben primär die
dynamischen Aspekte einer Wissensbasis, d.h. die Operationen, mit
denen die in einer Wissensbasis verwalteten Informationen manipuliert werden können. Um die bereits durch das Konzept der Stellenprädikate bereitgestellten semantischen Beschreibungsinformationen
über die in der Wissensbasis verwalteten Objekte zu vervollstän-
digen, werden THM-Netze um ein sogenanntes <u>Objekteschema</u> ergänzt.
Ein Objekteschema spezifiziert gerade die statischen Aspekte
einer Wissensbasis und wird mit Hilfe der Datendefinitionssprache
von THM (/Schi84/) definiert.

Im Hinblick auf die speziellen Anforderungen unseres Anwendungs-
bereiches, der Softwareentwicklung, werden die in /Schi84/
eingeführten statischen Modellierungskonzepte um zwei Aspekte
erweitert:

(i) Das in /Schi84/ definierte Aggregierungskonzept legt fest, daß eine Entität einer Aggregierungsklasse ein Element des kartesischen Produkts der zugehörigen Komponentenklassen ist. Daraus ergibt sich, daß eine aggregierte Entität genau _ein_ Element aus jeder Komponentenklasse als Komponente besitzt. Wir werden im folgenden jedoch auch eine Menge von Elementen einer Komponentenklasse als Komponenten zulassen (vergleiche das "multivalued constituent concept" in /GiTs84/), um so die Einführung einer zusätzlichen Gruppierungsstruktur für diese Komponente zu vermeiden.

Ferner werden wir einführen, daß eine aggregierte Entität eine optionale Komponente haben kann, um dadurch alternative Strukturen modellierter Objekte innerhalb einer Aggregierungsstruktur darstellen zu können.

(ii) Das Gruppierungskonzept von THM basiert auf dem Begriff der Menge, d.h. für die Elemente einer gruppierten Entität ist keine Ordnung definiert. Da die Ordnungseigenschaft oftmals eine relevante Eigenschaft modellierter Objekte darstellt, wollen wir bei der Spezifikation einer Gruppierungsstruktur wahlweise die Definition einer Ordnung auf den gruppierten Elementen zulassen. Auf diese Weise wird ein Modellierungskonzept erreicht, das dem "Tupel-Konzept" aus VDM (siehe /BjJo82/) entspricht.

Diese zusätzlichen statischen Modellierungskonzepte sind wie folgt definiert:

<u>Definition 3.7.1:</u>

(1) Ist die Entitätsklasse X eine Aggregierung der Entitätsklassen $Y_1,...,Y_n$, so ist die Menge der Elemente von X eine Teilmenge des kartesischen Produkts
   (i)   der Menge der Elemente der Entitätsklassen $Y_1,...,Y_n$, oder

(ii) der Menge der Elemente der Entitätsklassen $Y_1,\ldots,Y_n$
      jeweils erweitert um das spezielle Symbol NIL (NIL
      wird dazu verwendet, eine nicht auftretende optionale
      Komponente zu repräsentieren), oder

(iii) der Potenzmenge der Menge der Elemente der Entitäts-
      klassen $Y_1,\ldots,Y_n$.

Innerhalb einer Aggregierungsstruktur dürfen die Fälle
(i) - (iii) gemischt auftreten.

(2) Ist die Entitätsklasse X eine Gruppierung der Entitäts-
    klasse Y, so ist die Menge der Entitäten von X
    (i) eine Teilmenge der Potenzmenge der Menge der Entitäten
         von Y oder
    (ii) eine Menge von Entitäten gemäß (i), wobei zusätzlich
         für die Elemente der Entitäten von X eine Ordnungs-
         relation definiert ist.
         Diese Ordnungsrelation für die Elemente ist entweder
         explizit definiert oder implizit über eine Elemente-
         Elemente-Beziehungsklasse R zwischen Y und einer
         Entitätsklasse Z, wobei für die Elemente von Z eine
         Ordnungsrelation definiert sein muß.
         Entitäten, die gemäß Fall (ii) gebildet wurden, können
         mit den üblichen Listenoperationen manipuliert werden.

Um in der graphischen Darstellung eines Objekteschemas auch die
zusätzlichen Modellierungskonzepte aus Definition 3.7.1 darstellen zu können, werden die in Abschnitt 3.1.1 eingeführten graphischen Darstellungskonzepte wie folgt erweitert:

Definition 3.7.2:

(1) Wenn in einer Aggregierung gemäß Definition 3.7.1 (1) für
    die Bildung der j-ten Komponente Fall (ii) verwendet wird,
    so wird die Kante, die die Entitätsklasse X mit der
    Entitätsklasse Y_j verbindet, gestrichelt dargestellt:

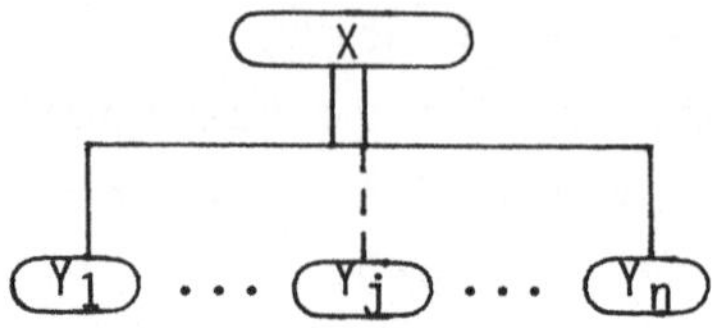

Wird für die Bildung der j-ten Komponente Fall (iii) verwendet, wird die zugehörige Kante mit einem "*"
beschriftet:

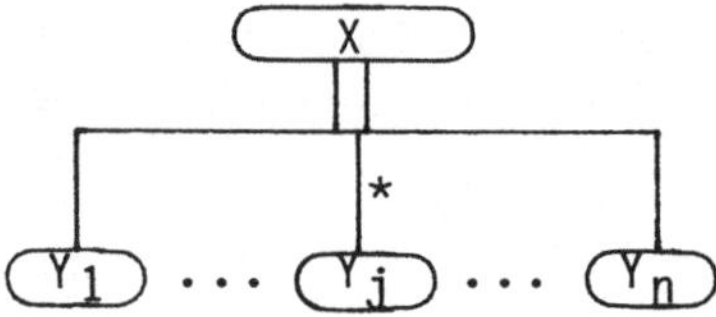

(2) Wenn die Entitätsklasse X eine Gruppierung der Entitäts-
    klasse Y gemäß Fall (ii) aus Definition 3.7.1(2) ist, wird
    folgende graphische Darstellung verwendet:

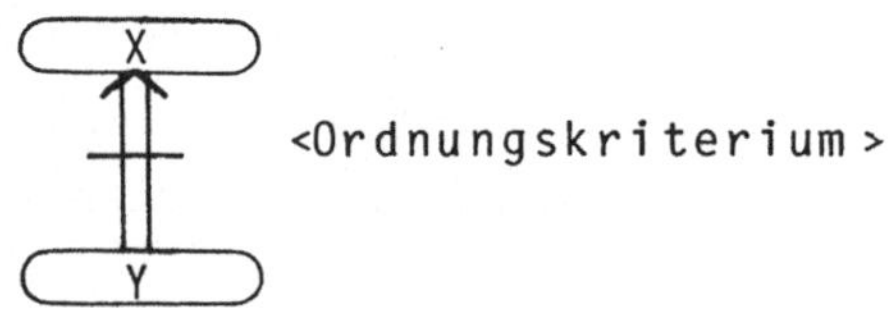

>Ordnungskriterium< ist entweder gleich dem Schlüsselwort
'EXPLIZIT' oder gleich R, d.h. gleich dem Namen der
Elemente-Element-Beziehungsklasse, mit deren Hilfe die
Ordnungsrelation definiert ist.

Wie wir später bei der Definition unseres Softwareproduktmodells
sehen werden, kann die Möglichkeit, optionale Komponenten innerhalb einer Aggregierungsstruktur zu definieren, dazu verwendet
werden, optionale Komponenten eines Konstruktes, wie z.B. einer
SLAN4-Klasse (siehe Abschnitt 4), darzustellen.

Ein Beispiel für eine Gruppierung mit Ordnungsrelation ist in

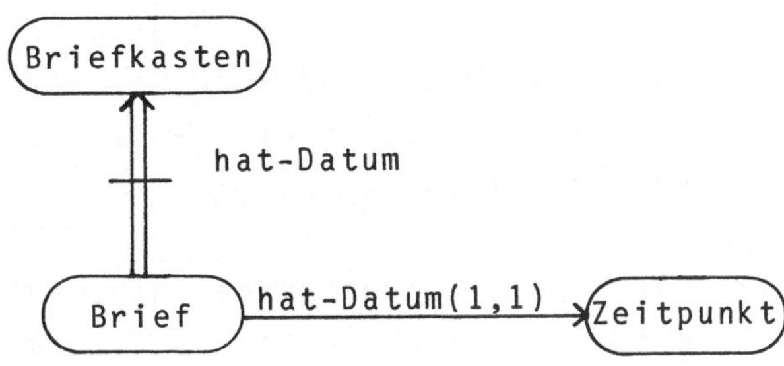

Abb. 3-15: Die Gruppierungsstruktur für die Entitätsklasse
"Briefkasten"

Abb. 3-15 zu sehen. In diesem Beispiel gehen wir davon aus, daß
die Entitätsklasse "Briefkasten" als Gruppierung der Entitätsklasse "Brief" definiert ist und außerdem die Elemente-Elemente-
Beziehungsklasse "hat-Datum" zwischen den Entitätsklassen "Brief"
und "Zeitpunkt" existiert. Durch die Angabe des Ordnungskrite-
riums "hat-Datum" für die Gruppierungsstruktur wird festgelegt,
daß die Briefe innerhalb eines Briefkastens nach ihrem Datum sortiert sein sollen.

Nachdem mit den hier eingeführten Erweiterungen sowie den bereits
in Abschnitt 3.1.1 beschriebenen THM-Modellierungskonzepten fest-
liegt, welche Modellierungskonzepte innerhalb eines Objekteschemas
verwendet werden dürfen, können wir nun die Beziehung zwischen
einem THM-Netz und dem zugehörigen Objekteschema definieren. Auf-
grund der Definition der Stellenprädikate für THM-Netze (siehe
Abschnitt 3.3.1) ergibt sich dabei natürlicherweise eine direkte
1:1-Beziehung zwischen THM-Netz-Stellen und THM-Klassen:

Definition 3.7.3:

Das <u>Objekteschema eines THM-Netzes</u> steht mit dem zugehörigen
THM-Netz wie folgt in Beziehung:

(i)   Für jedes interne Klassenprädikat $p \in$ KP existiert im
        Objekteschema genau eine Entitätsklasse. Der Name des
        Klassenprädikats (<Klassenname>) ist der Name der
        Entitätsklasse.

(ii)   Für jedes interne Beziehungsprädikat $p \in$ (KEP $\cup$ EEP)
        existiert im Objekteschema genau eine Beziehungsklasse.
        Ist $p \in$ KEP ($p \in$ EEP), so ist die Beziehungsklasse eine
        Klassen-Elemente-Beziehungsklasse (Elemente-Elemente-
        Beziehungsklasse). Der Name des Beziehungsprädikats
        (<Beziehungsname>) ist der Name der Beziehungsklasse.

(iii)   Den Beziehungsprädikaten, die die Standardbeziehungen
        "is-a", "is-part-of" und "is-elem-of" repräsentieren,
        entsprechen im Objekteschema die Abstraktions- und Struk-
        turierungskonzepte Generalisierung, Aggregierung und
        Gruppierung (Vorgehensweisen zur systematischen Ableitung
        dieser Abstraktions- und Strukturierungskonzepte sind in
        /HoSY85/ als Bestandteil einer Schemaentwurfsmethodik
        beschrieben und nicht Gegenstand dieser Arbeit).

(iv)   Für jede Beziehungsklasse des Objekteschemas ist
        zusätzlich eine Kardinalitätsangabe definiert.

Aus Definition 3.7.3 ist ersichtlich, daß das Objekteschema die
THM-Netz-Darstellung um weitere Modellierungskonzepte ergänzt und
zudem eine rein statische Betrachtungsweise der in einem THM-Netz
verwalteten Objekte ermöglicht.

In Abb. 3-16 ist das Objekteschema abgebildet, das zu dem in Abb.
3-14 dargestellten THM-Netz gehört. Die im Objekteschema auftretenden Entitäts- und Beziehungsklassen entsprechen genau den im
THM-Netz auftretenden Stellenprädikaten. Zusätzlich sind im
Objekteschema entsprechende Kardinalitätsangaben enthalten. Z.B.
spezifiziert die Kardinalitätsangabe (1,1) für die Elemente-
Elemente-Beziehungsklasse "hat-Datum", daß für jedes Projekt-

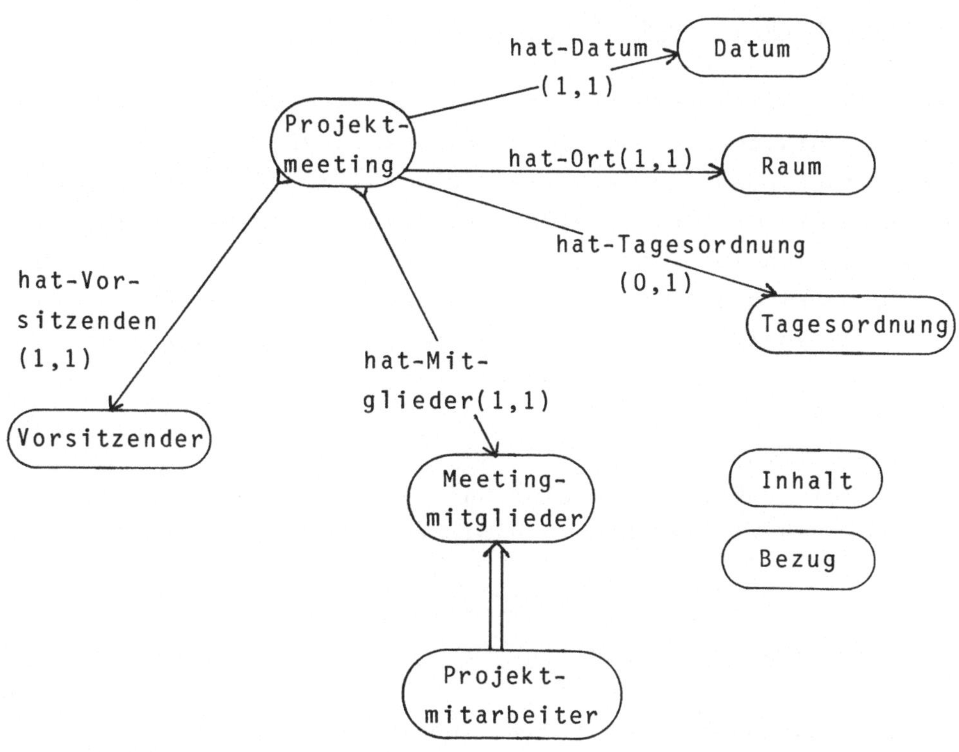

Abb. 3-16: Das Objekteschema zu dem THM-Netz aus Abb. 3-14

meeting der Zeitpunkt definiert sein muß, zu dem es stattfindet.

Damit haben wir die Beschreibung der THM-Netz-Modellierungskonzepte bis auf die Betrachtung von Zeitaspekten abgeschlossen und damit einen Modellierungsansatz eingeführt, der die einheitliche Modellierung statischer und dynamischer Aspekte ermöglicht. Nachfolgend werden wir nun zusätzliche Modellierungskonzepte definieren, die die Beschreibung verschiedener Zeitaspekte ermöglichen und damit THM-Netze zu "THM-Netzen mit Zeit" erweitern.

3.3.8 Modellierung von Zeitaspekten in THM-Netzen

Wie wir einleitend gesehen haben, muß der für unseren Anwendungsbereich zu entwickelnde Modellierungsansatz die Möglichkeit
bieten, verschiedene Zeitaspekte darzustellen. Insofern besteht
die Notwendigkeit, den bisher definierten THM-Netz-Modellierungsansatz in geeigneter Weise zu erweitern, so daß die in unserem
Anwendungsbereich auftretenden Zeitaspekte beschrieben werden
können. Eine Analyse unseres Softwareentwicklungsanwendungs-
bereiches zeigt, daß die folgenden Zeitaspekte in unserem Zusammenhang von Bedeutung sind:

(i)   Der Zeitpunkt, zu dem eine Softwareentwicklungsaktivität
        durchgeführt wird bzw. ein externes Ereignis eintritt,

(ii)   die einmalige bzw. periodische Aktivierung von Aktivitäten
        zu bestimmten Zeitpunkten,

(iii)   zeitliche Abhängigkeiten zwischen verschiedenen Software-
        entwicklungsaktivitäten,

(iv)   historische Informationen über die im THM-Netz manipulier-
        ten Objekte.

Nachfolgend wollen wir zunächst den grundlegenden Ansatz zur
Einführung eines Zeitbegriffes in THM-Netzen vorstellen und
anschließend aufzeigen, wie die oben aufgeführten Zeitaspekte
(i) - (iv) in THM-Netzen dargestellt werden können.

3.3.8.1 Der Zeitbegriff in THM-Netzen

In THM-Netzen gehen wir von einem diskreten Zeitbegriff -
basierend auf dem Begriff des Zeitpunktes - aus. Dementsprechend
wird der Zeitverlauf als eine Folge von äquidistanten Zeitpunkten
angesehen, wobei die Zeitpunktgranularität, d.h. die minimale

zeitliche Distanz zwischen zwei Zeitpunkten, in Abhängigkeit von
den Anforderungen gewählt wird, die sich aus dem betrachteten
Anwendungsbereich ergeben.

Unter Verwendung der semantischen Datenmodellkonzepte lassen sich
Zeitpunkte als Entitäten einer Entitätsklasse "Zeitpunkt" dar-
stellen, wobei die Entitätsklasse "Zeitpunkt" eine Aggregierung
von Entitätsklassen ist, die die Komponenten einer Zeitpunkt-
Entität repräsentieren (siehe /FuNe85/). Wenn wir z.B. "Tag" als
Zeitpunktgranularität wählen, kann die Entitätsklasse "Zeitpunkt"
als Aggregierung der Entitätsklassen "Jahr", "Monat" und "Tag"
definiert werden (siehe Abb. 3-17). Natürlich sind nicht alle
Entitäten, die sich aus dieser Aggregierung ergeben, zulässige
Zeitpunkte, wie z.B. die Entität (1985,2,30) (es existiert kein
Zeitpunkt 30.2.1985).

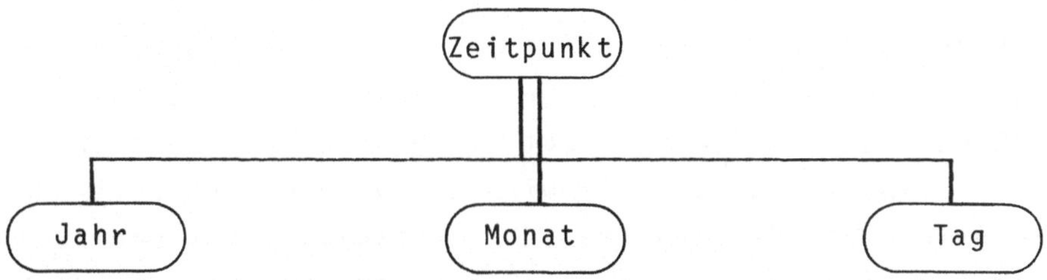

Abb. 3-17: Die Entitätsklasse "Zeitpunkt" (sofern "Tag" als
Zeitpunktgranularität festgelegt ist)

Insofern nehmen wir im folgenden an, daß die Entitäten der
Entitätsklasse "Zeitpunkt" den Bedingungen genügen, die erfüllt
sein müssen, damit eine Entität einen zulässigen Zeitpunkt
repräsentiert (eine formale Definition ist in /Schi84/ zu
finden).

Ausgehend von dem gerade beschriebenen Begriff des Zeitpunktes
läßt sich in THM-Netzen der Zeitbegriff dadurch einführen, daß
wir die Menge der Stellenprädikate um ein ausgezeichnetes Prädikat
"Aktueller Zeitpunkt(az)" erweitern, dessen Markierung gerade
den im THM-Netz-Modell gültigen aktuellen Zeitpunkt definiert.

Definition 3.8.1.

    (1)   Die Menge der Stellenprädikate P wird um ein ausgezeichnetes internes Stellenprädikat "Aktueller Zeitpunkt(az)" erweitert.

    (2)   Das Stellenprädikat "Aktueller Zeitpunkt(az)" ist stets höchstens mit _einem_ Element markiert, das den gerade gültigen _aktuellen Zeitpunkt_ repräsentiert.

    (3)   Ein Element aus der Markierung von "Aktueller Zeitpunkt (az)" ist eine Entität aus der Entitätsklasse "Zeitpunkt", wobei die Entitätsklasse "Zeitpunkt" entsprechend einer vorgegebenen Zeitpunktgranularität definiert ist.

Aus diesem Ansatz ergibt sich unmittelbar, daß wir innerhalb eines THM-Netzes _eine_ globale Zeit zur Verfügung haben, die die Grundlage für die Modellierung der verschiedenen Zeitaspekte bildet. Dieses globale Zeitkonzept reicht jedoch für unsere Zwecke vollständig aus. Deshalb wird ein allgemeines Zeitkonzept, das innerhalb eines Petri-Netzes die Darstellung und Manipulation verschiedener aktueller Zeitpunkte, z.B. im Hinblick auf verschiedene Zeitzonen, erlaubt, nicht betrachtet.

Als zweites grundlegendes Zeitkonzept benötigen wir in THM-Netzen ein Konzept, mit dem das Voranschreiten der Zeit beschrieben werden kann. In Petri-Netzen bietet es sich an, das Voranschreiten der Zeit mit Hilfe einer Transition zu modellieren (siehe z.B. /Walt83/), die die Markierung des Stellenprädikats "Aktueller Zeitpunkt(az)" geeignet verändert.

Definition 3.8.2.

    (1)   Die Menge T der Transitionen wird um eine ausgezeichnete interne Transition "TICK" erweitert, die mit dem Stellenprädikat "Aktueller Zeitpunkt(az)" über einen modifizierenden Zugriff verbunden ist.

(2)   "TICK" ist mit der in Abb. 3-18 dargestellten Transitionsformel beschriftet.

(3)   Ist t_i der gerade aktuelle Zeitpunkt, d.h.
           M(Aktueller Zeitpunkt(az)) = {t_i},
       so erfüllt der neue aktuelle Zeitpunkt t_j, der durch TICK
       generiert ist, folgende Bedingung:
       (t_j <u>in</u> Zeitpunkt) $\wedge$ ($\neg \exists$ t_k <u>in</u> Zeitpunkt: $t_i < t_k < t_j$).
                         (t_j ist ein zulässiger Zeitpunkt, d.h.
                          eine Entität aus der Entitätsklasse
                          "Zeitpunkt", und gemäß der festgelegten
                          Zeitpunktgranularität der auf t_i fol-
                          gende Zeitpunkt.)

In Abb. 3-18 nehmen wir an, daß die Zeitpunkt-Entität aus n Komponenten $az_1, \ldots, az_n$ besteht und az_n die Komponente ist, die die Zeitpunktgranularität definiert. Deshalb wird az_n um 1 erhöht und unter Verwendung der modifizierten n-ten Komponente az_n' eine neue Entität erzeugt. Die Standardfunktion <u>zb</u> (Zeitpunktberechnung) wird dazu verwendet, um aus der erzeugten Entität eine gültige Zeitpunkt-Entität zu generieren (<u>zb</u> führt u.a. bei Bedarf eine Monatsweiterschaltung durch).

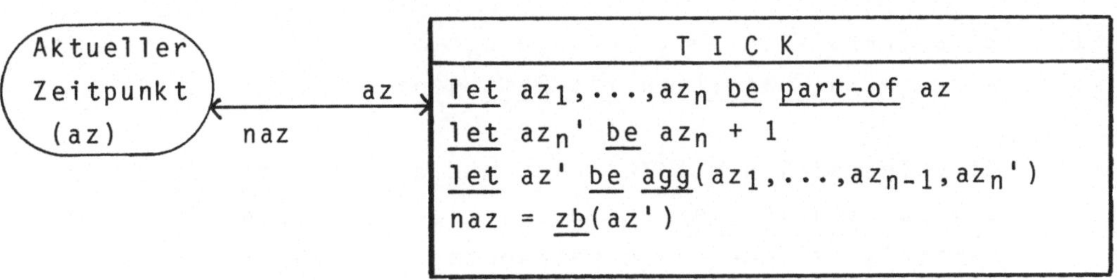

Abb. 3-18: Die Transition "TICK" zur Modellierung des Voranschreitens der Zeit

Nachdem wir nun die grundlegenden Zeitmodellierungskonzepte eingeführt haben, können wir nachfolgend spezifizieren, wie die verschiedenen Zeitaspekte unter Verwendung dieser Basiskonzepte modelliert werden können.

3.3.8.2 Der Schaltzeitpunkt einer Transition

Wir betrachten zunächst den oben unter (i) aufgeführten Zeitaspekt der Modellierung des Zeitpunktes, zu dem eine Aktivität durchgeführt wird bzw. ein externes Ereignis auftritt. Aus dem THM-Netz-Ansatz ergibt sich, daß dieser Zeitpunkt durch den Zeitpunkt, zu dem die entsprechende interne Transition bzw. die entsprechende externe Ereignistransition schaltet, erfaßt werden kann. Unter Verwendung des Stellenprädikats "Aktueller Zeitpunkt (az)" läßt sich der Schaltzeitpunkt einer Transition t_1 dadurch erfassen, daß t_1 mit der Stelle "Aktueller Zeitpunkt(az)" über einen Lesezugriff verbunden wird. Ein Lesezugriff wird deshalb verwendet, weil das Element in der Markierung der Stelle "Aktueller Zeitpunkt(az)" durch das Schalten von t_1 nicht verbraucht werden, sondern vielmehr für andere Transitionen ebenfalls verfügbar bleiben soll.

Definition 3.8.3.

(1)　　Eine Transition $t \in T$, für die der Schaltzeitpunkt erfaßt wird, wird <u>Transition mit Zeit</u> genannt.

(2)　　Eine Transition mit Zeit ist mit der Stelle "Aktueller Zeitpunkt(az)" über einen Lesezugriff verbunden. Diese Kante ist mit der ausgezeichneten <Entitäts-Var> "az" beschriftet.

(4)　　Für eine externe Ereignistransition mit Zeit, die in einer Eingabestruktur auftritt, wird eine zusätzliche Ausgabestelle - definiert durch ein externes Stellenprädikat - eingeführt, in deren Markierung der Schaltzeitpunkt festgehalten wird (siehe Abb. 3-19). Die Kante, die zu dieser Ausgabestelle führt, wird ebenfalls mit der <Entitäts-Var> "az" beschriftet.

(5)   In der graphischen Darstellung von THM-Netzen kann für eine Transition mit Zeit eine abkürzende Schreibweise entsprechend Abb. 3-20 verwendet werden. Anstatt diese Transition mit den Stellen "Aktueller Zeitpunkt(az)" und "Schaltzeitpunkt(sz)" zu verbinden, wird sie mit der Kennung "T" markiert.

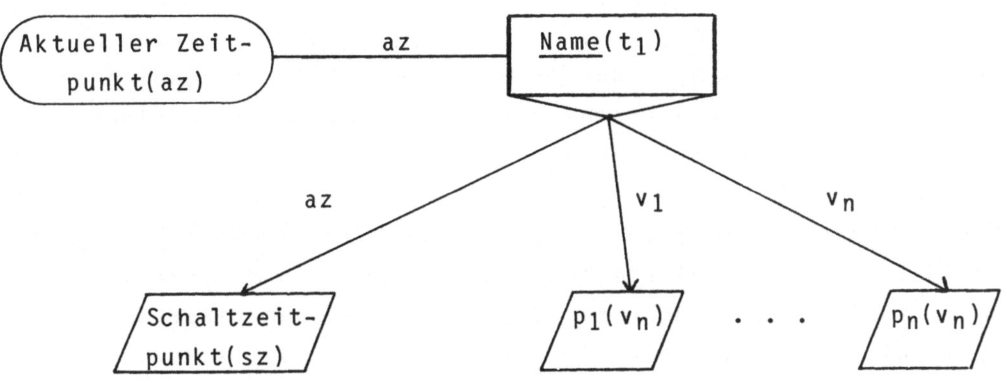

Abb. 3-19: Externe Ereignistransition mit Zeit

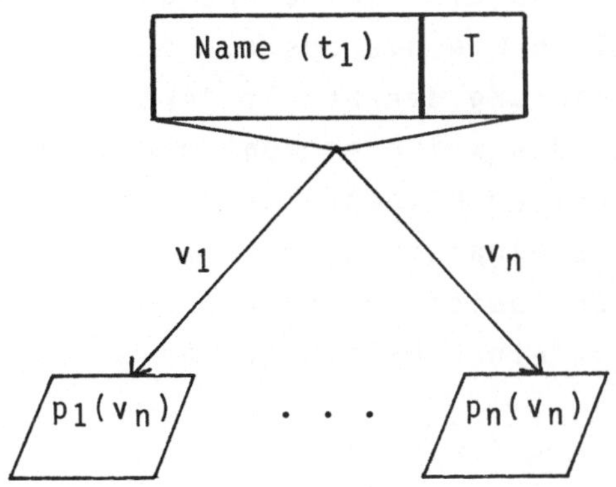

Abb. 3-20: Vereinfachte graphische Darstellung einer externen Ereignistransition mit Zeit

Die zusätzliche Ausgabestelle gemäß Klausel (3) in Definition 3.8.3 (in Abb. 3-19 durch das Stellenprädikat "Schaltzeitpunkt (sz)" definiert) macht den Zeitpunkt, an dem die externe Ereignistransition schaltet, für alle anderen Transitionen verfügbar, für die dieser Schaltzeitpunkt relevant ist.

Da in einem auf Petri-Netzen basierenden Ansatz die Erfassung von Parallelitätsaspekten eine wesentliche Rolle spielt, müssen wir noch analysieren, ob der bisher eingeführte Ansatz zur Modellierung von Zeitaspekten mit diesem Parallelitätsbegriff verträglich ist. Hierzu wollen wir das in Abb. 3-21 dargestellte THM-Netz verwenden, das zwei externe Ereignistransitionen mit Zeit zeigt. Entsprechend der in Definition 3.2.2 festgelegten Bedeutung eines Lesezugriffes wird durch das Schalten einer der externen Ereignistransitionen t_i (i = 1,2) die Zeitpunkt-Entität, die den aktuellen Zeitpunkt repräsentiert, aus der Markierung der Stelle "Aktueller Zeitpunkt(az)" entfernt und anschließend durch die implizit mitdefinierte Transition wieder in die Markierung von "Aktueller Zeitpunkt(az)" eingefügt. Solange diese Zeitpunkt-Entität nicht wieder in die Markierung von "Aktueller Zeitpunkt(az)" eingefügt worden ist, kann die Transition TICK nicht schalten, d.h. die globale Modellzeit bleibt unverändert.

Demzufolge kann die zweite Ereignistransition zum gleichen Zeitpunkt schalten wie die erste, sobald die Zeitpunkt-Entität wieder in die Markierung der Stelle "Aktueller Zeitpunkt(az)" eingefügt worden ist. Des weiteren können die externen Ereignistransitionen t_i in beliebiger Reihenfolge schalten. Das "parallele" Schalten der beiden Ereignistransitionen wird also dadurch beschrieben, daß beide Ereignistransitionen zum gleichen globalen aktuellen Zeitpunkt in einer beliebigen Reihenfolge schalten können.

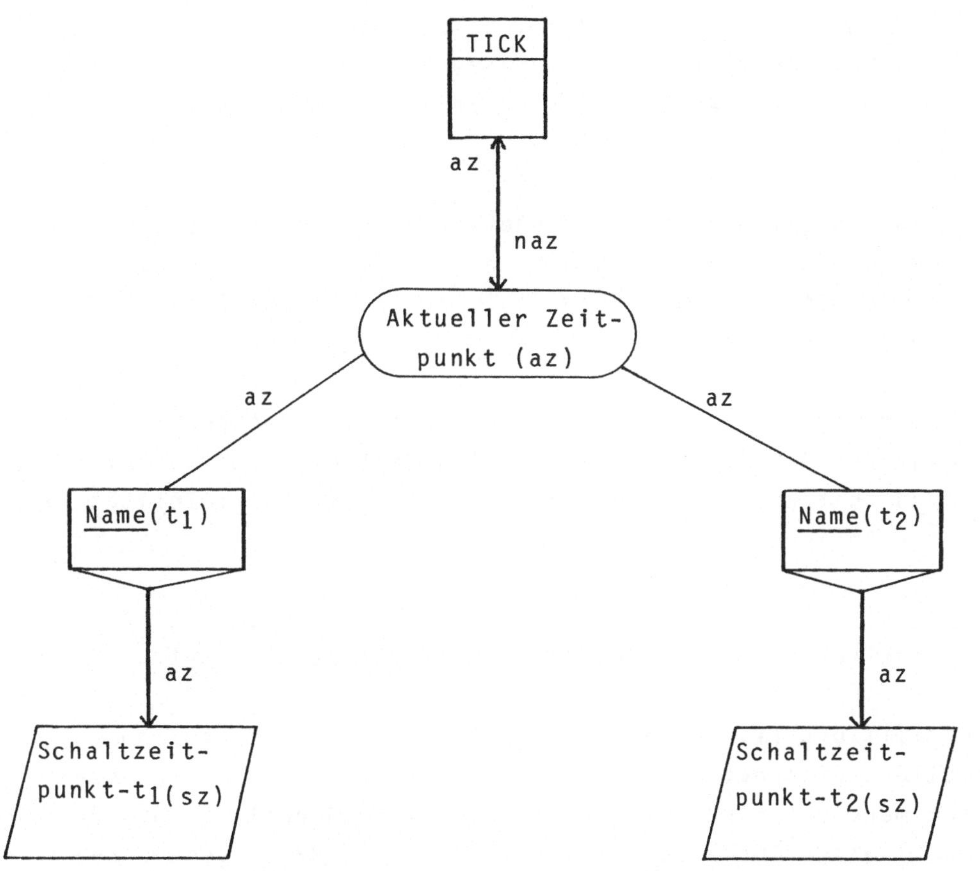

Abb. 3-21: Basismodell für das gleichzeitige Auftreten von
externen Ereignissen

Gleichwohl sollte klar sein, daß das Zeitmodell das <u>sequentielle</u>
Schalten dieser Ereignistransitionen erzwingt. Will man auch im
THM-Netz-Modell tatsächliche Parallelität haben, kann man das
bisher eingeführte Modell wie folgt verallgemeinern:

(i)   Sofern in der Menge T der Transitionen n Transitionen t_i
        mit Zeit auftreten, wird die Menge P der Stellenprädikate
        um n Stellenprädikate "Aktueller Zeitpunkt-t_i(az)" erwei-
        tert.

(ii)   Jedes Stellenprädikat "Aktueller Zeitpunkt-t_i(az)" wird mit
        genau einer Transition mit Zeit t_i über einen Lesezugriff
        sowie mit der Transition TICK über einen modifizierenden
        Zugriff verbunden.

(iii)   Beim Schalten entfernt TICK die aktuelle Zeitpunkt-Entität
        aus der Markierung aller Stellen "Aktueller Zeitpunkt-t_i(az)"
        und fügt die neu generierte aktuelle Zeitpunkt-Entität wie-
        der in ihre Markierung ein.

(iv)   Jedes Stellenprädikat "Aktueller Zeitpunkt(az)" wird an-
        fänglich mit derselben Zeitpunkt-Entität markiert.

Durch (iii) und (iv) wird sichergestellt, daß alle Stellen
"Aktueller Zeitpunkt-t_i(az)" jeweils mit derselben Zeitpunkt-
Entität markiert sind. Das verallgemeinerte Modell für das in
Abb. 3-21 eingeführte Beispiel ist in Abb. 3-22 zu sehen. Bei
Verwendung dieses allgemeinen Modells können die externen
Ereignistransitionen t_i tatsächlich parallel schalten. Da für
unsere Zwecke das anfänglich eingeführte einfache Zeitmodell
ausreicht, wollen wir im folgenden immer von diesem Basismodell
ausgehen.

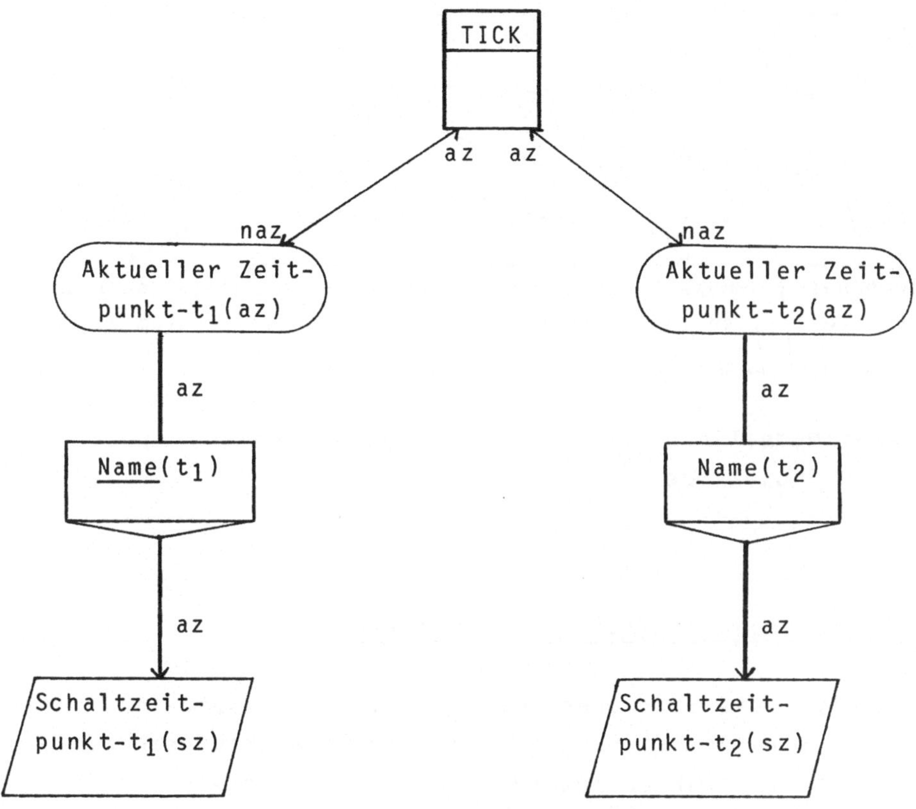

Abb. 3.22: Das verallgemeinerte Modell für das gleichzeitige
Auftreten von externen Ereignissen

Das eingeführte Konzept des Schaltzeitpunktes für Transitionen
kann z.B. dazu verwendet werden, in unserem Beispiel aus Abb.
3-14 den Zeitpunkt festzuhalten, zu dem vom Projektleiter ein
Projektmeeting einberufen wird (siehe Abb. 3-23). Auf diese Weise
ist dann auch für die Transition "Projektmeeting bekanntmachen"
dieser Zeitpunkt verfügbar.

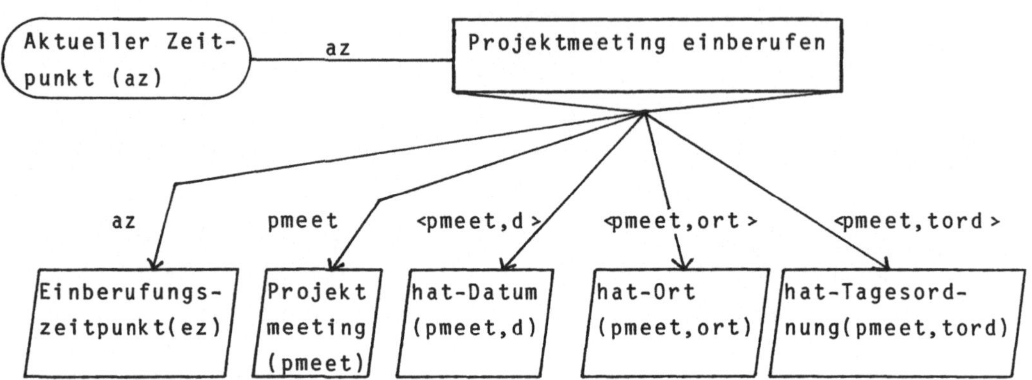

Abb. 3-23: Modellierung des Einberufungszeitpunktes für
Projektmeetings

3.3.8.3 Das Konzept der internen Ereignisse

Bei der Analyse des Softwareentwicklungsanwendungsbereichs zeigte
es sich, daß eine Aktivierung von Softwareentwicklungsaktivitäten
zu bestimmten Zeitpunkten notwendig ist. Dabei sollte die Aktivierung automatisch, d.h. vom DIKOS-System durchgeführt werden.
Daraus ergibt sich die Anforderung, daß wir auch innerhalb
unseres Modellierungsansatzes die automatische Aktivierung von
Aktivitäten darstellen können müssen, wobei sowohl eine einmalige
als auch eine periodische Aktivierung beschreibbar sein muß.

Zur Modellierung dieser Sachverhalte wird in THM-Netzen das Konzept der internen Ereignisse verwendet. Interne Ereignisse werden
wie externe Ereignisse durch Ereignistransitionen modelliert. Ein
wesentlicher Unterschied besteht jedoch darin, daß für interne
Ereignisse sowohl ein Zeitpunkt als auch eine Bedingung für das
Auftreten definiert werden.

Um das periodische Auftreten von internen Ereignissen modellieren
zu können, benötigen wir jedoch zunächst den Begriff eines periodischen Zeitpunktes.

<u>Definition 3.8.4:</u>

(1) Besteht eine Zeitpunkt-Entität, d.h. ein Element aus der
    Markierung der Stelle "Aktueller Zeitpunkt(az)", aus einem
    n-Tupel mit den Komponenten $az_1,\ldots,az_n$, wobei az_n die Kom-
    ponente ist, die die Zeitpunktgranularität definiert, so
    repräsentieren n-Tupel $(az_1,\ldots,az_n)$, bei denen für ein
    $i\in\{1,\ldots,n-1\}$ alle Komponenten az_j für $j\in\{1,\ldots,i\}$ die
    Bedingung "$az_j=*$" erfüllen, <u>periodische Zeitpunkte</u>. D.h.
    periodische Zeitpunkte sind Tupel der Form
$$(*,\ldots*,az_{i+1},\ldots,az_n).$$
    Sind für ein $k\in\{i+2,\ldots,n\}$ die Komponenten az_l für
    $l\in\{k,\ldots,n\}$ nicht relevant, so ist auch ein n-Tupel der
    Form
$$(*,\ldots,*,az_{i+1},\ldots,az_{k-1},-,\ldots,-)$$
    ein periodischer Zeitpunkt.

(2) Ist für einen periodischen Zeitpunkt $(az_1,\ldots,az_n)$ für
    $j\in\{i+1,\ldots,n\}$ az_j die Komponente, die die Granularität
    "Tag" repräsentiert (siehe Abschnitt 3.3.8.1), so ist für
    $az_j\in\{$ MONTAG,DIENSTAG,$\ldots$,SONNTAG $\}$ auch ein n-Tupel der
    Form $(*,\ldots,*,az_{i+1},\ldots,az_j,\ldots,az_n)$ ein periodischer Zeit-
    punkt, d.h. in der "Tageskomponente" darf der Name eines
    Wochentages verwendet werden.

Wenn wir annehmen, daß Zeitpunkt-Entitäten aus den Komponenten
Jahr, Monat, Tag und Stunde aufgebaut sind, so ist
- (1985,4,8,18) eine Entität, die den Zeitpunkt "8.4.1985,18:00"
  repräsentiert,
- (*,4,8,12) eine Entität, die den periodischen Zeitpunkt
  "8.4.,12:00" repräsentiert,
- (*,4,8,-) eine Entität, die den periodischen Zeitpunkt "8.4."
  repräsentiert, und
- (*,*,MONTAG,15) eine Entität, die den periodischen Zeitpunkt
  "montags,15:00" repräsentiert.

Unter Verwendung des Begriffs periodischer Zeitpunkt können wir
nun das Konzept eines internen Ereignisses definieren.

Definition 3.8.5:

(1) Die Menge T der Transitionen wird um die Menge IET der
    internen Ereignistransitionen erweitert, d.h.
    T = IT ∪ EET ∪ IET.
    IT, EET und IET sind disjunkte Teilmengen von T. Interne
    Ereignistransitionen sind Transitionen mit Zeit (siehe
    Definition 3.8.3) und repräsentieren sogenannte interne
    Ereignisse.

(2) Interne Ereignisse müssen den folgenden Bedingungen genügen
    (siehe Abb. 3-24):

    (i)   Sei ZP die Menge der Zeitpunkte gemäß Definition
           3.8.1 und Definition 3.8.4 sowie Ez (Ereigniszeit)
           eine Funktion, die interne Ereignistransitionen auf
           Zeitpunkte abbildet, d.h.
           $$Ez: IET \rightarrow ZP .$$
           Für jedes $iet \in IET$ definiert Ez(iet) den Zeitpunkt des
           internen Ereignisses iet.

    (ii)   Treten in der Transitionsformel einer internen
           Ereignistransition iet die freien Variablen $x_1,...,x_k$
           auf, muß iet mit Eingabestellen $p_j(y_j)$ über Kanten
           verbunden sein, in deren Kantenbeschriftungen diese
           freie Variablen auftreten.

    (iii) Jede interne Ereignistransition iet hat die Stelle
           "Aktueller Zeitpunkt(az)" als Eingabestelle.

    (iv)   Jede interne Ereignistransition iet besitzt eine Aus-
           gabestelle, die durch ein externes Stellenprädikat
           definiert ist und in deren Markierung der Zeitpunkt
           des internen Ereignisses festgehalten wird.

(v)   Für das Schalten einer internen Ereignistransition iet
gelten folgende Regeln:

(v1) Die Bedingungen für das Schalten einer Transition gemäß Definition 3.6.2 müssen erfüllt sein.

(v2) Ist der Zeitpunkt des internen Ereignisses ein Zeitpunkt gemäß Definition 3.8.1, so schaltet iet genau einmal, sobald $Ez(iet)=azp$ ist (es sei $M(Aktueller\ Zeitpunkt(az)) = \{azp\}$).

Ist der Zeitpunkt des internen Ereignisses ein periodischer Zeitpunkt gemäß Definition 3.8.4, so schaltet iet so oft, wie die folgende Bedingung R erfüllt ist:

Sei der aktuelle Zeitpunkt azp ein n-Tupel der Form $(az_1,\ldots,az_n)$ und der periodische Zeitpunkt ein n-Tupel der Form $(*,\ldots,*,pz_{i+1},\ldots,pz_n)$ mit $pz_j \neq "-"$ für $j \in \{i+1,\ldots,n\}$, dann ist die Bedingung R wie folgt definiert:

$$R \quad (\forall j \in \{i+1,\ldots,n\}: az_j = pz_j).$$

Für Elemente $pz_j="-"$ ist die Gleichheitsbedingung stets erfüllt. iet schaltet dann jedoch nur einmal in dem durch den periodischen Zeitpunkt definierten Intervall.

Ist der periodische Zeitpunkt gemäß Definition 3.8.4(2) definiert, so muß die Bedingung R für alle Komponenten des aktuellen Zeitpunkts außer der Komponente erfüllt sein, die die Granularität "Tag" repräsentiert. Zusätzlich muß der aktuelle Zeitpunkt gerade der im periodischen Zeitpunkt spezifizierte Wochentag sein.

(3) Jedes Schalten einer internen Ereignistransition stellt das <u>Eintreten des internen Ereignisses</u> dar, das durch diese interne Ereignistransition repräsentiert wird.

(4) In der graphischen Darstellung einer internen Ereignistran-

sition iet wird iet mit dem Zeitpunkt des internen
Ereignisses Ez(iet) sowie mit der Transitionsformel Fb(iet)
wie in Abb. 3-24 dargestellt beschriftet. Die in Definition
3.8.3 eingeführte Kurzdarstellung für Transitionen mit Zeit
kann auch für interne Ereignistransitionen verwendet werden.

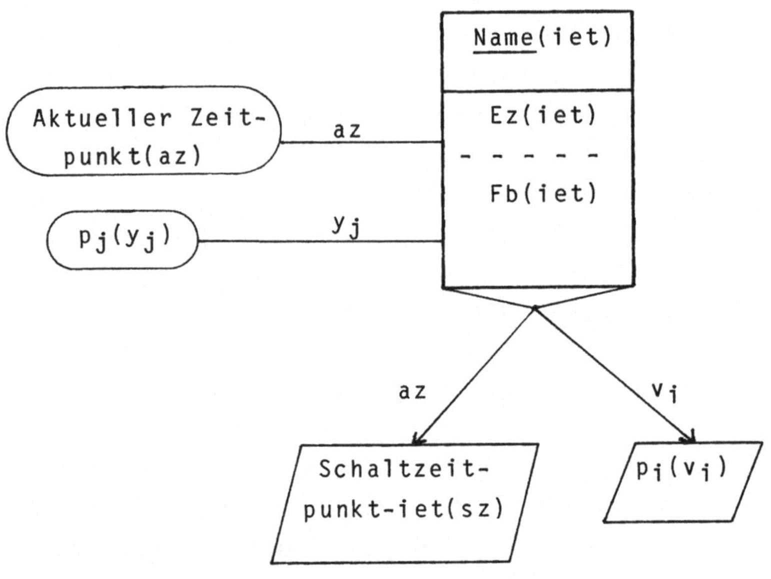

$j = 0,\dots,r$
$i = 1,\dots,n$

Abb. 3-24: Graphische Darstellung einer internen Ereignistransition

Im folgenden Beispiel wollen wir wiederum annehmen, daß Zeitpunkt-Entitäten aus den Komponenten Jahr, Monat, Tag und Stunde
bestehen:

- Ist der Zeitpunkt des internen Ereignisses iet gleich
  (1985,4,8,11), so tritt iet genau einmal am "8.4.1985,11:00"
  ein.

- Ist der Zeitpunkt des internen Ereignisses iet gleich
  (*,4,8,11), so tritt iet jedes Jahr am "8.4.,11:00" ein.

- Ist der Zeitpunkt des internen Ereignisses iet gleich
  (*,4,8,-), so tritt iet jedes Jahr am 8.4. einmal in der Zeit
  zwischen 0:00 und 24:00 ein.

- Ist der Zeitpunkt des internen Ereignisses iet gleich
  (*,*,MONTAG,15), so tritt iet jeweils "montags,15:00" ein.

Als Beispiel für eine interne Ereignistransition wollen wir eine
DIKOS-Funktion betrachten, die die Mitglieder der Projektmeetings
am Tag, an dem ein Projektmeeting stattfindet, an dieses Projektmeeting erinnert (siehe Abb. 3-25). Der Zeitpunkt des internen
Ereignisses ist dabei morgens um 8:30 (wir nehmen an, daß eine
Zeitpunkt-Entität aus den Komponenten Jahr, Monat, Tag, Stunde
und Minute besteht). Durch die Transitionsformel wird festgelegt,
daß der aktuelle Zeitpunkt und die Datumsangabe für das Projektmeeting in der Jahres-, Monats- und Tagesangabe übereinstimmen
müssen. Die restlichen Klauseln der Transitionsformel entsprechen
genau der Transitionsformel aus Abb. 3-14 und legen fest, daß in
die Markierung des Kontrollprädikats "Botschaft an Projektmitarbeiter zu schicken" eine Menge von Tupeln eingefügt wird, die die
zu benachrichtigenden Projektmitarbeiter sowie den Bezug und den
Inhalt der zu verschickenden Botschaft spezifizieren.

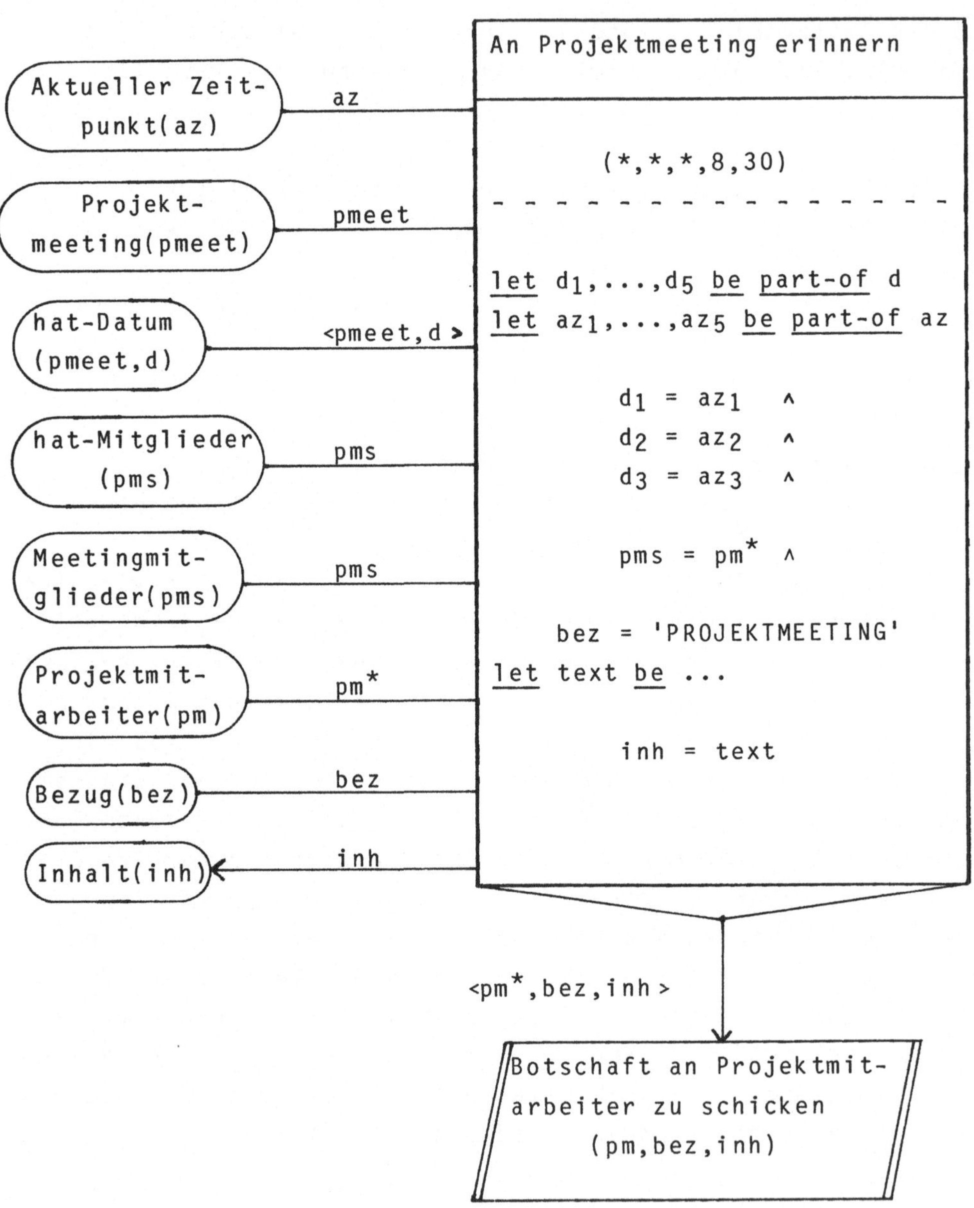

Abb. 3-25: Erinnerungsbotschaft für Projektmeeting generieren

3.3.8.4 Die Modellierung von Zeitabhängigkeiten

Ein weiterer Zeitaspekt, der für unsere Anwendung von Interesse ist, ist die zeitliche Abhängigkeit zwischen verschiedenen Softwareentwicklungsaktivitäten.

In Petri-Netzen existieren dabei grundsätzlich verschiedene Möglichkeiten, derartige Zeitabhängigkeiten zu modellieren: entweder können die Stellen bzw. die Transitionen mit Zeitbedingungen versehen werden (siehe /Sifa80/) oder die Kanten, die Stellen mit Transitionen verbinden (siehe /Walt83/). Dabei bietet der zweite Ansatz den Vorteil, daß unterschiedliche zeitliche Abhängigkeiten zwischen einer Aktivität a1 und davon abhängigen Aktivitäten a2 bzw. a3 modelliert werden können. Aus diesem Grund wird in THM-Netzen der zweite Modellierungsansatz zur Darstellung von zeitlichen Abhängigkeiten gewählt.

Grundidee ist dabei, die Kanten zwischen einer Transition t und ihren Eingabestellen mit Zeitbedingungen zu markieren und dadurch für t ein Verfügbarkeitsintervall der Elemente in der Markierung der Eingabestellen zu definieren. Dabei wird das Verfügbarkeitsintervall auf der Basis der gegebenen Zeitpunktgranularität spezifiziert, d.h. die Länge des Intervalls wird als Vielfaches der gewählten Zeiteinheit definiert. Für die Definition des Verfügbarkeitsintervalls verwenden wir zwei Funktionen VI_A (Verfügbarkeitsintervall Anfangszeitpunkt) bzw. VI_E (Verfügbarkeitsintervall Endezeitpunkt).

Definition 3.8.6:

(1) Der <u>Anfangszeitpunkt eines Verfügbarkeitsintervalls</u> wird durch eine Funktion VI_A definiert, die Kanten von Eingabestellen zu Transitionen auf natürliche Zahlen abbildet, d.h.

$$VI_A: ((P \times T) \cap NF) \rightarrow N \quad .$$

Die natürlichen Zahlen repräsentieren Vielfache der gewählten Zeiteinheit nach Definition 3.8.1.

(2) Der <u>Endezeitpunkt eines Verfügbarkeitsintervalls</u> wird durch
eine Funktion VI_E definiert, die Kanten von Eingabestellen
zu Transitionen auf natürliche Zahlen oder das spezielle
Symbol "*" abbildet, d.h.

$$VI_E: ((P \times T) \cap NF) \rightarrow (N \cup \{*\}) \quad .$$

Dabei wird durch "*" spezifiziert, daß für das Verfügbarkeitsintervall kein Endezeitpunkt festgelegt ist.

(3) Als abkürzende Schreibweise ist es zulässig, anstelle der
vordefinierten Zeiteinheit gröbere Zeitpunktgranularitäten
zu verwenden. Diese werden durch eine Kennung, die an die
natürliche Zahl angehängt wird, definiert, wobei "s" für
Sekunde, "m" für Minute, "st" für Stunde, "t" für Tag, "mo"
für Monat und "j" für Jahr verwendet wird.

(4) Für eine gegebene Kante $f=(p,t)$ mit $f \in NF$ ist die Verfügbarkeit der Elemente aus der Markierung von p für t wie folgt
festgelegt:

(i) Wurde ein Element e in die Markierung von p zum Zeitpunkt t_i eingefügt, dann ist <u>e verfügbar für t</u> für
alle Zeitpunkte t_j mit
$(t_i + VI_A((p,t))) \leq t_j \leq \underline{\min} \{ t_f, t_i + VI_E((p,t)) \}$,
wobei t_f der Zeitpunkt ist, zu dem t schaltet.

(ii) Sei $E = \{ e_1,\ldots,e_n \}$ eine Teilmenge der Markierung von
p. Ferner sei t_i der Zeitpunkt, zu dem das Element
e_i in die Markierung von p eingefügt worden ist.
Schließlich sei
$$t_{max} = \underline{\max} \{ t_i \mid i \in \{1,\ldots,n\} \} \; .$$
<u>E ist verfügbar für t</u> für alle Zeitpunkte t_j mit
$(t_{max} + VI_A((p,t))) \leq t_j \leq \underline{\min} \{ t_f, t_{max} + VI_E((p,t)) \}$,
wobei t_f der Zeitpunkt ist, zu dem t schaltet.

(5) In der graphischen Darstellung der THM-Netze wird das
Verfügbarkeitsintervall, das mit einer Kante $f=(p,t)$ asso-
ziiert ist, durch ein Tupel spezifiziert, dessen Elemente

gerade die Funktionswerte der Funktionen VI_A und VI_E sind.
D.h. ist $VI_A((p,t))=z_1$ und $VI_E((p,t))=z_2$, so erhalten wir
folgende graphische Darstellung:

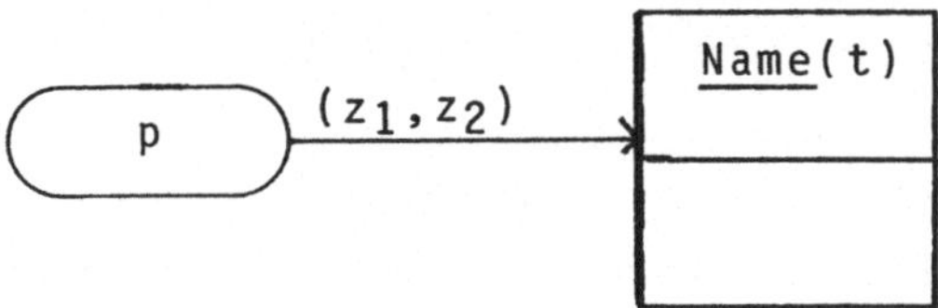

Ist dabei $z_1=0$ und $z_2=*$, wird die Spezifikation des
Verfügbarkeitsintervalls weggelassen.

Im folgenden Beispiel (siehe Abb. 3-26) gehen wir davon aus, daß
als Zeitpunktgranularität "Minute" gewählt wurde und daß das Element e zum Zeitpunkt (1985,4,9,16,30) in die Markierung der
Stelle p eingefügt worden ist. Im Beispiel 3-26a ist das Element e

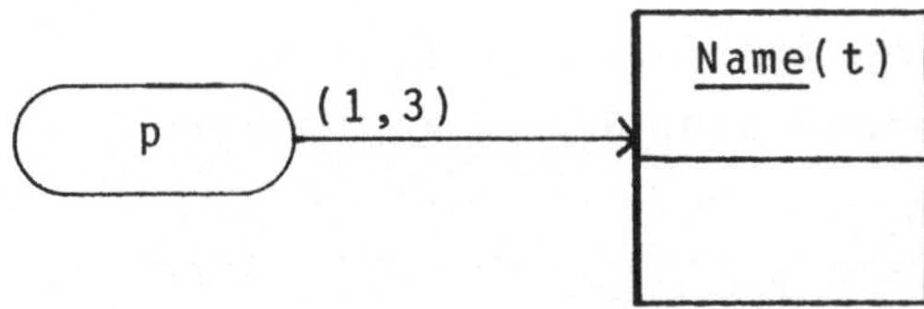

Abb. 3-26a: Graphische Darstellung eines Verfügbarkeitsintervalls

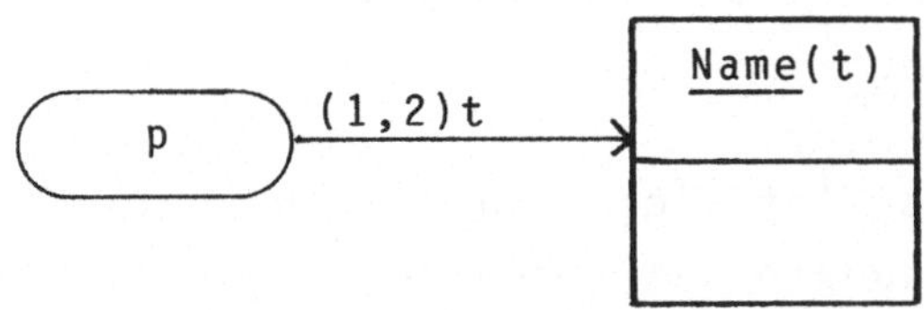

Abb. 3-26b: Graphische Darstellung eines Verfügbarkeitsintervalls
            mit Angabe der Zeitpunktgranularität "Tag"

für die Transition t für alle Zeitpunkte t_j im Intervall
$$(1985,4,9,16,31) \leq t_j \leq \underline{\min} \{ t_f, (1985,4,9,16,33) \}$$
verfügbar. Im Beispiel 3-26b ist das Verfügbarkeitsintervall
definiert durch
$$(1985,4,10,16,30) \leq t_j \leq \underline{\min} \{ t_f, (1985,4,11,16,30) \}.$$

Mit Hilfe des in Definition 3.8.6 eingeführten Begriffs der
Verfügbarkeit können wir die Schaltregel für Transitionen in THM-
Netzen mit Zeit wie folgt definieren:

<u>Definition 3.8.7:</u>

Das Schalten einer Transition $t \in T$ in einem THM-Netz mit Zeit
(siehe Definition 3.8.11) ist durch die Regeln (i)-(vi) aus
Definition 3.6.2 definiert, wobei die Regeln (ii) und (v) durch
die folgenden Regeln (ii') und (v') zu ersetzen sind:

(ii') Jede Eingabestelle von t, die mit t durch eine normale
       Kante verbunden ist, ist mit den Elementen markiert, die
       auf Grund der zugehörigen Kantenbeschriftung benötigt
       werden. Diese Elemente sind für t verfügbar.

(v')   Die Transition t <u>kann schalten</u> für <u>alle</u> Bindungen von
       Variablen an Elemente, die die Vorschriften (i), (ii'),
       (iii) und (iv) genügen. Ist t_{min} der kleinste Endezeit-
       punkt aller Verfügbarkeitsintervalle für alle Einga-
       bestellen von t, dann ist das Verhalten von t undefi-
       niert, wenn t nicht zu einem Zeitpunkt t_f schaltet mit
       $t_f \leq t_{min}$.

Aus Definition 3.8.7(v') ergibt sich, daß ein THM-Netz mit Zeit
nicht wohldefiniert ist, sobald das Verhalten einer Transition
undefiniert ist.

Um das Konzept der Verfügbarkeit zu illustrieren, führen wir in
das in Abb. 3-14 dargestellte Beispiel Zeitabhängigkeiten ein
(siehe Abb. 3-27). Unter der Annahme, daß als Zeitpunktgranularität

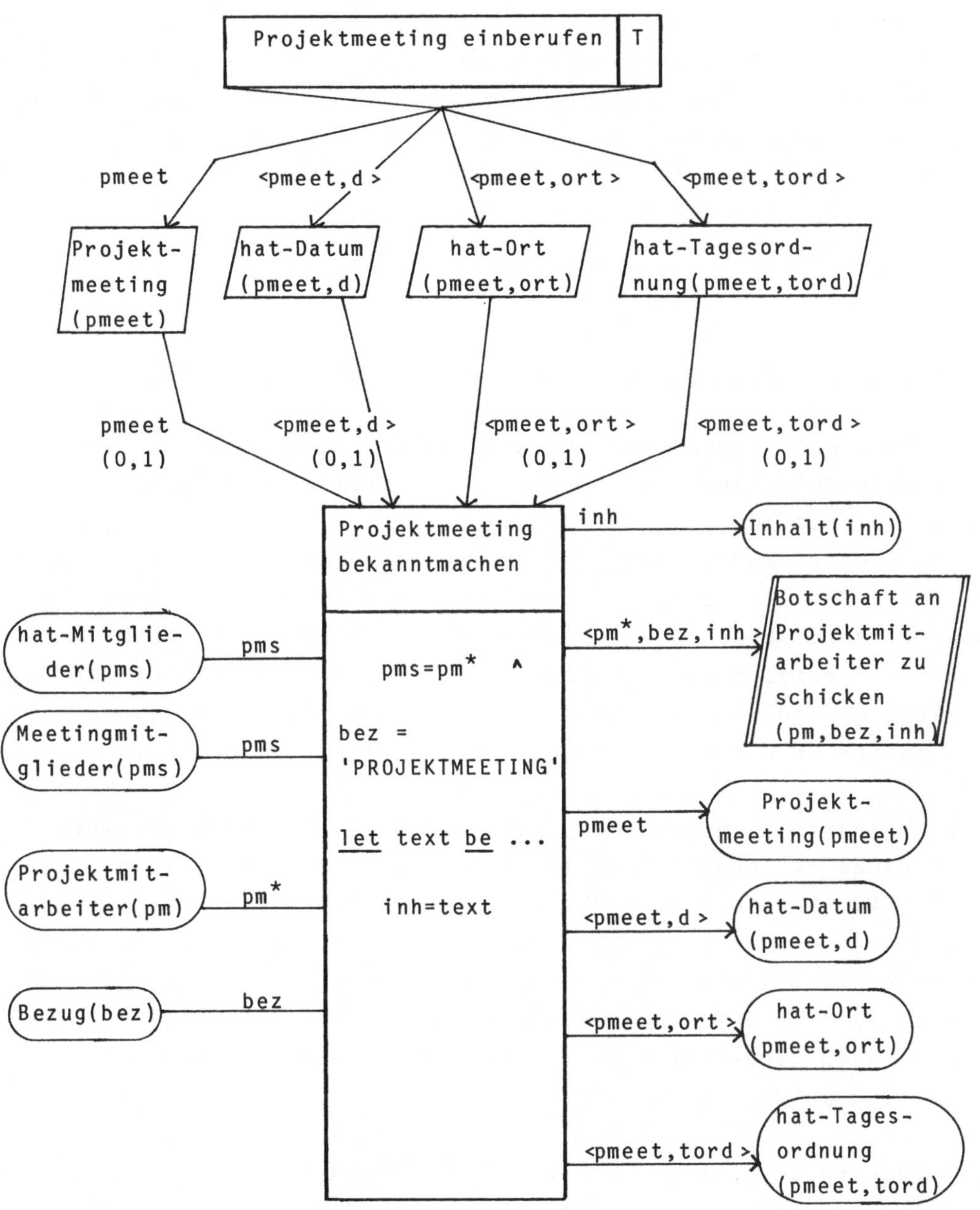

Abb. 3-27: Bekanntmachung eines Projektmeetings mit Spezifikation von Zeitabhängigkeiten

"Stunde" gewählt wurde, legt das Verfügbarkeitsintervall (0,1)
das für die Kanten, die die externen Stellenprädikate "Projekt-
meeting(pmeet)", "hat-Datum(pmeet,d)", "hat-Ort(pmeet,ort)" und
"hat-Tagesordnung(pmeet,tord)" mit der Transition "Projektmeeting
bekanntmachen" verbinden, definiert ist, fest, daß innerhalb
einer Stunde nach dem Eintreten des externen Ereignisses "Projektmeeting einberufen" die Bekanntmachung erfolgen muß.

3.3.8.5 Die Modellierung historischer Informationen

Für einen Modellierungsansatz, der dazu verwendet werden soll,
Softwareentwicklungsaktivitäten zu beschreiben, ist es unabding-
bar, Konzepte zur Modellierung historischer Informationen anzubieten. Unter Modellierung historischer Informationen ist dabei
im folgenden einerseits zu verstehen, daß für die im THM-Netz
manipulierten Objekte beschrieben werden kann, zu welchem Zeitpunkt sie erzeugt bzw. gelöscht und zu welchem Zeitpunkt sie modifiziert wurden. Andererseits müssen auch die alten Versionen der
manipulierten Objekte im Modell verwaltet werden können.

Die Zeitpunkte, zu denen Objekte im THM-Netz manipuliert werden,
sind durch das Konzept der Transition mit Zeit bereits im Modell
verfügbar. Insofern werden nur noch Modellierungskonzepte benötigt, die die Beschreibung alter Objektversionen sowie deren
Gültigkeitszeitraum ermöglichen. Hierzu müssen wir zunächst definieren, wie in THM historische Informationen über Entitäten und
Beziehungen dargestellt werden können, da auf diesem Ansatz dann
unser THM-Netz-Ansatz basiert.

Zur Beschreibung historischer Informationen existieren in THM
zwei unterschiedliche Ansätze. In /Schi84/ werden sogenannte
Klassen mit Zeit eingeführt, die als Aggregierung von Klassen mit
einer Zeitintervallklasse definiert sind. Der in /FuNe85/
beschriebene Ansatz verwendet dagegen Beziehungen zu einer
Entitätsklasse "Zeitpunkt" sowie sogenannte historische Klassen
zur Modellierung historischer Informationen. Der nachfolgend

beschriebene Ansatz basiert auf dem in /FuNe85/ eingeführten
Ansatz, unterscheidet sich jedoch in folgenden Punkten von dem
dort beschriebenen Modell:

(i)   Die Beziehungsklassen, die zu der Entitätsklasse "Zeit-
        punkt" definiert werden, erhalten Namen und sind dann über
        diese Namen explizit ansprechbar und manipulierbar.

(ii)   Für die zur Manipulation von Entitäten und Beziehungen ver-
        wendeten Basisoperationen wird die Gesamtheit der Folge-
        operationen definiert, die zum Aufbau und zur Verwaltung
        der entsprechenden historischen Informationen benötigt wer-
        den.

(iii)   Die Abhängigkeiten zwischen Basisoperationen und Folge-
        operationen werden formal definiert, so daß für die Inte-
        gration der Konzepte in das THM-Netz-Modell ein formal defi-
        nierter Ansatz zur Beschreibung historischer Informationen
        zur Verfügung steht.

Wir werden im folgenden nun zunächst den statischen Teil des Konzeptes zur Modellierung historischer Informationen in THM definieren.

Definition 3.8.8:

    (1) Eine Klasse X, über deren Elemente historische Infor-
        mationen verwaltet werden sollen, wird Klasse mit Zeit
        genannt. Namen von Klassen mit Zeit werden mit einem
        Index "t" versehen, d.h. eine Klasse X mit Zeit wird mit
        X_t bezeichnet.

    (2) (i) Ist X_t eine Entitätsklasse mit Zeit, so ist eine aus-
             gezeichnete Elemente-Elemente-Beziehungsklasse mit
             Zeit "hat-I-Zeit$_t$" ("has-Insertion-Time") zwischen
             X_t und der Entitätsklasse "Zeitpunkt" definiert. "hat-
             I-Zeit$_t$" ist Teil der Schlüsselspezifikation (siehe

/Schi84/) von X_t (siehe Abb. 3-28a).

> (In "hat-I-Zeit$_t$" wird festgehalten, zu welchem Zeitpunkt eine Entität in die Klasse X_t eingefügt wird.)

(ii) Ist X_t eine Entitätsklasse mit Zeit, so existiert eine zugehörige <u>historische Entitätsklasse</u> H-X. Für H-X ist eine ausgezeichnete Elemente-Elemente-Beziehungsklasse "hat-D-Zeit" ("has-Deletion-Time") zu der Entitätsklasse "Zeitpunkt" definiert. "hat-D-Zeit" ist Teil der Schlüsselspezifikation von H-X. Außerdem ist für H-X die historische Beziehungsklasse (s.u.) "H-hat-I-Zeit" zu "Zeitpunkt" definiert.

> ("hat-D-Zeit" beschreibt den Zeitpunkt, zu dem eine Entität in X_t gelöscht wurde. "H-hat-I-Zeit" repräsentiert den Zeitpunkt, zu dem eine Entität in X_t eingefügt wurde. Damit ist insgesamt das Zeitintervall bekannt, in dem eine Entität ein Element der Klasse X_t war.)

(3) (i) Ist R_t eine Beziehungsklasse mit Zeit, so ist eine ausgezeichnete Elemente-Elemente-Beziehungsklasse mit Zeit "hat-E-Zeit$_t$" ("has-Establishment-Time") zwischen R_t und der Entitätsklasse "Zeitpunkt" definiert. "hat-E-Zeit$_t$" ist Teil der Schlüsselspezifikation von R_t (siehe Abb. 3-28b).

> (Durch "hat-E-Zeit$_t$" wird der Zeitpunkt beschrieben, zu dem eine Beziehung in R_t eingefügt worden ist.)

(ii) Ist R_t eine Beziehungsklasse mit Zeit, so existiert eine zugehörige <u>historische Beziehungsklasse</u> H-R. Für H-R ist eine ausgezeichnete Beziehungsklasse "hat-R-Zeit" ("has-Removal-Time") zu "Zeitpunkt" definiert. "hat-R-Zeit" ist Teil der Schlüsselspezifikation von H-R. Außerdem ist für H-R die historische Beziehungsklasse "H-hat-E-Zeit" zu "Zeitpunkt" definiert.

> (Durch die beiden Beziehungsklässen

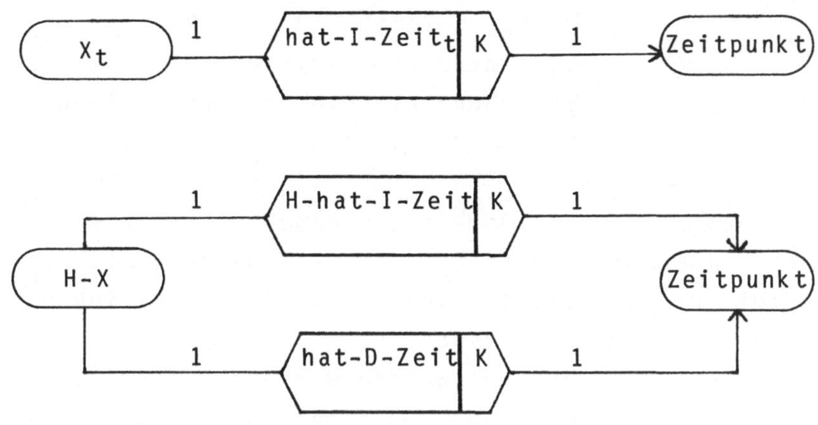

K : Beziehungsklasse, die Teil der Schlüsselspezifikation ist

Abb. 3-28a: Das Konzept einer Entitätsklasse mit Zeit

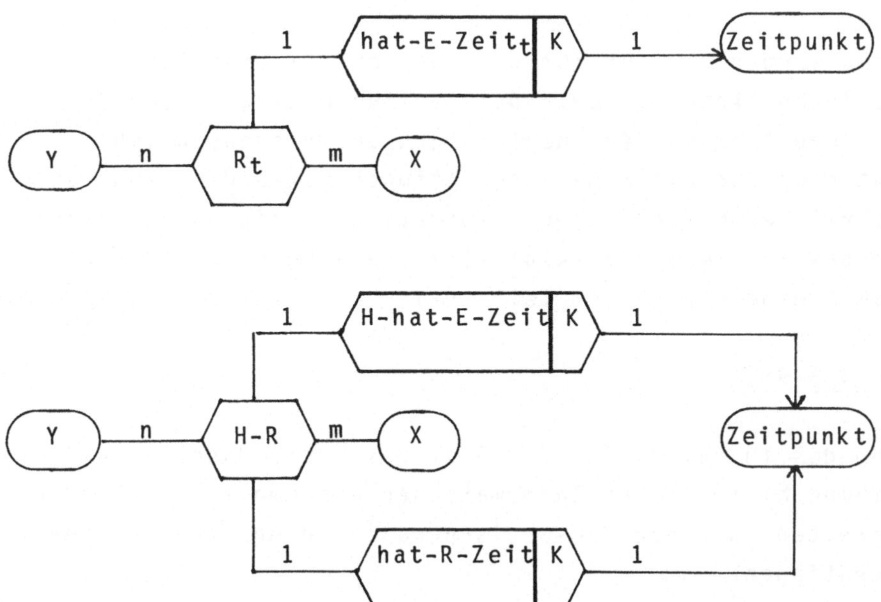

Abb. 3-28b: Das Konzept einer Beziehungsklasse mit Zeit

"H-hat-E-Zeit" und "hat-R-Zeit" wird das Zeitintervall definiert, in dem eine Beziehung ein Element der Beziehungsklasse R_t war.)

Aufbauend auf dem statischen Modell zur Beschreibung historischer Informationen können wir nun definieren, welche zusätzlichen Operationen bei der Manipulation von Entitäten und Beziehungen im Hinblick auf dieses Modell durchgeführt werden müssen. Um eine präzise Definition zu erreichen, werden wir die Abhängigkeiten zwischen den Basisoperationen und den benötigten Folgeoperationen formal definieren. Hierzu verwenden wir ein Axiomenschema der folgenden Form (siehe /Hare79/):

$$p \vdash op \; => \; op_1 \wedge \ldots \wedge op_n \qquad .$$

Dabei ist die Bedeutung dieses Axiomenschemas wie folgt definiert: Wird in einem Zustand, in dem das Prädikat p gilt, die Operation op durchgeführt, dann müssen auch die Operationen $op_1,\ldots,op_n$ durchgeführt werden.

Im folgenden werden wir nun für die in /Schi84/ eingeführten Basisoperationen "insert" bzw. "delete" für Entitäten sowie "establish" und "remove" für Beziehungen definieren, welche Folgeoperationen für diese Basisoperationen notwendig sind, um die erforderlichen historischen Informationen aufzubauen (dabei werden wir das Prädikat "Zeitklasse(X)" verwenden, um zu spezifizieren, daß X eine Klasse mit Zeit ist):

Definition 3.8.9:

Auf Grund des in Definition 3.8.8 eingeführten Modells zur Beschreibung historischer Informationen ergeben sich folgende Abhängigkeiten zwischen THM-Basisoperationen und zugehörigen Folgeoperationen:

(A1) (Einfügen einer Entität):
$$\text{Zeitklasse}(X_t) \vdash insert(x,X_t)(t_i) \; =>$$
$$establish(x,t_i,\text{hat-I-Zeit}_t)$$

Erklärung:

Wird eine Entität x in die Entitätsklasse X_t zum Zeitpunkt t_i eingefügt, wird die Beziehung "hat-I-Zeit$_t$" zwischen x und der Zeitpunkt-Entität t_i aus der Entitätsklasse "Zeitpunkt" aufgebaut.

(A2) (Aufbau einer Beziehung):
    Zeitklasse(R_t) $\vdash$ establish$(x,y,R_t)(t_i)$ =>
       establish$((x,y),t_i,$hat-E-Zeit$_t)$

Erklärung:

Wird eine Beziehung zwischen den Entitäten x und y zum Zeitpunkt t_i in die Beziehungsklasse R_t eingefügt, wird dieser Zeitpunkt durch den Aufbau einer Beziehung "hat-E-Zeit$_t$" zu der Zeitpunkt-Entität t_i festgehalten.

(A3) (Abbau einer Beziehung):
    Zeitklasse(R_t) $\vdash$ remove$(x,y,R_t)(t_i)$ =>
    .1   remove$((x,y),t_j,$hat-E-Zeit$_t)$ $\wedge$
    .2   establish$(x,y,$H-R$)$ $\wedge$
    .3   establish$((x,y),t_j,$H-hat-E-Zeit$)$ $\wedge$
    .4   establish$((x,y),t_i,$hat-R-Zeit$)$

Erklärungen:

Wird eine Beziehung zwischen den Entitäten x und y zum Zeitpunkt t_i aus der Beziehungsklasse R_t entfernt,

A3.1) wird die Beziehung "hat-E-Zeit$_t$" zur Zeitpunkt-Entität t_j, die den Zeitpunkt repräsentiert, zu dem die Beziehung zwischen x und y aufgebaut wurde, ebenfalls abgebaut,

A3.2) wird die Beziehung zwischen den Entitäten x und y in die historische Beziehungsklasse H-R eingefügt,

A3.3) wird die unter .1) abgebaute Beziehung in die historische Beziehungsklasse "H-hat-E-Zeit" eingefügt,

A3.4) wird der Zeitpunkt, zu dem die Beziehung abgebaut

wurde, in der Beziehungsklasse "hat-R-Zeit" vermerkt.
.1) - .3) beschreiben zusammen den notwendig werdenden
"Kopiervorgang".

(A4) (Löschen einer Entität):
    Zeitklasse(X_t) $\wedge$ Zeitklasse(R_t) $\wedge$ $R_t(x,y)$
        $\vdash$ delete(x,X_t)(t_i) =>
    .1 insert(x,H-X) $\wedge$
        establish(x,t_i,hat-D-Zeit) $\wedge$
    .2 remove(x,t_j,hat-I-Zeit$_t$) $\wedge$
        establish(x,t_j,H-hat-I-Zeit) $\wedge$
    .3 remove(x,y,R_t) $\wedge$
        remove($(x,y),t_k$,hat-E-Zeit$_t$) $\wedge$
        establish(x,y,H-R) $\wedge$
        establish($(x,y),t_k$,H-hat-E-Zeit) $\wedge$
        establish($(x,y),t_i$,hat-R-Zeit)

Erklärungen:
Wird aus der Entitätsklasse mit Zeit X_t eine Entität x
entfernt, für die in der Beziehungsklasse mit Zeit R_t eine
Beziehung zu einer Entität y besteht, dann
A4.1) wird x in die historische Klasse H-X eingefügt und
      der Zeitpunkt t_i in der Beziehungsklasse "hat-D-
      Zeit" vermerkt,
A4.2) wird die in der Beziehungsklasse "hat-I-Zeit$_t$"
      existierende Beziehung zu der Zeitpunkt-Entität t_j,
      die den Zeitpunkt repräsentiert, zu dem x in
      X_t eingefügt wurde, gelöscht und in die historische
      Beziehungsklasse "H-hat-I-Zeit" kopiert,
A4.3) wird die zu y existierende Beziehung gelöscht und
      gemäß Axiom (A3) behandelt ((A4.3) entspricht genau
      den Operationen aus Axiom (A3)).
Axiom (A4) legt fest, daß die historische Information über
eine Entität auch die historischen Informationen über die
für eine Entität existierenden Beziehungen umfaßt.

Die in den Definitionen 3.8.8 und 3.8.9 eingeführten Konzepte wollen wir anhand des folgenden Beispiels verdeutlichen. Wenn wir annehmen, daß

(i) in der Entitätsklasse mit Zeit "Grobentwurf$_t$" eine durch den Projektnamen 'P1' identifizierte Grobentwurfs-Entität enthalten und diese zum Zeitpunkt (1985,1,15) eingefügt worden ist, und

(ii) für diese Entität in der Beziehungsklasse mit Zeit "hat-Status$_t$" eine Beziehung zu der Entität 'FREIGEGEBEN' existiert, die zum Zeitpunkt (1985,2,25) aufgebaut worden ist, dann sind beim Löschen der Grobentwurfs-Entität aus der Klasse "Grobentwurf$_t$" zum Zeitpunkt (1985,4,10) folgende Operationen durchzuführen:

```
(1)  delete(('P1'),Grobentwurf_t)
(2)  insert(('P1'),H-Grobentwurf)                              (A3.1)
(3)  establish(('P1'),(1985,4,10),hat-D-Zeit)
(4)  remove(('P1'),(1985,1,15),hat-I-Zeit_t)                   (A3.2)
(5)  establish(('P1'),(1985,1,15),H-hat-I-Zeit)
(6)  remove(('P1'),'FREIGEGEBEN',hat-Status_t)  (A3.3)
(7)  remove((('P1'),'FREIGEGEBEN'),(1985,2,25),hat-E-Zeit_t)
(8)  establish(('P1'),'FREIGEGEBEN',H-hat-Status)
(9)  establish((('P1'),'FREIGEGEBEN'),(1985,2,25),H-hat-E-Zeit)
(10) establish((('P1'),'FREIGEGEBEN'),(1985,4,10),hat-R-Zeit)
```

Operation (1) löscht den Grobentwurf. Die Operationen (2)-(5) kopieren den gelöschten Grobentwurf in die historische Klasse und vermerken den Zeitraum, in dem der Grobentwurf ('P1') in der Klasse "Grobentwurf$_t$" enthalten war. Die Operationen (6)-(7) löschen die Beziehung zu der Status-Entität 'FREIGEGEBEN'. Die Operationen (8)-(10) vermerken den Zeitraum, in dem der gelöschte Grobentwurf den Status 'FREIGEGEBEN' hatte.

Damit können wir nun das Konzept der historischen Informationen in THM-Netzen definieren:

<u>Definition 3.8.10:</u>

(1) Sie IPZ die Menge der internen Stellenprädikate, die
    Klassen mit Zeit repräsentieren.
    Die Menge P der Stellenprädikate wird um eine weitere Menge
    H-IPZ von <u>historischen internen Stellenprädikaten</u> erwei-
    tert. Für jedes Prädikat p∈IPZ existiert genau ein zugehö-
    riges historisches Prädikat H-p.

(2) Jedes Prädikat p∈IPZ erhält ein weiteres Argument, das eine
    Zeitpunkt-Entität repräsentiert. Dieses Argument wird mit
    der <Entitäts-Var> "az" bezeichnet. Das zu einem Prädikat p
    gehörende historische Prädikat H-p hat dieselben Argumente
    wie p.

(3) Jede Beschriftung einer Kante f∈F, die mit einem Prädikat
    p∈(IPZ ∪ H-IPZ) verbunden ist, wird um eine weitere Kom-
    ponente, bezeichnet mit der <Entitäts-Var> "az", erweitert.

(4) Ist ein Prädikat p∈IPZ eine Eingabestelle für eine Tran-
    sition t und ist p nicht über einen Lesezugriff mit t ver-
    bunden, so ist H-p eine Ausgabestelle für t.

(5) Die ausgezeichneten Beziehungsklassen "hat-I-Zeit$_t$",
    "H-hat-I-Zeit", "hat-D-Zeit", "hat-E-Zeit$_t$", "H-hat-E-Zeit"
    und "hat-R-Zeit" werden in THM-Netzen nicht explizit
    dargestellt.

(6) Als Kurzschreibweise können die in (2) und (3) definierten
    "az"-Argumente bzw. -Komponenten weggelassen werden. Statt-
    dessen muß dann der Name eines jeden Prädikats p∈IPZ mit
    einem Index t versehen werden.

Vorschrift (4) aus Definition 3.8.10 legt fest, daß ein Element,
das aus der Markierung einer Stelle, die eine Klasse mit Zeit
repräsentiert, entfernt wird (dies bedeutet ja das Löschen einer

Entität bzw. den Abbau einer Beziehung), in die Markierung der
Stelle eingefügt wird, die durch das zugehörige historische
Stellenprädikat definiert ist. Vorschrift (5) wurde eingeführt,
um die Komplexität einer THM-Netz-Spezifikation zu reduzieren. Auf
Grund der in Definition 3.8.9 eingeführten Axiome ist jedoch die
Handhabung dieser ausgezeichneten Beziehungsklassen präzise
festgelegt.

Die Beschreibung der Konzepte zur Modellierung von Zeitaspekten
in THM-Netzen können wir nun mit folgender Definition
abschließen:

Definition 3.8.11:

  Ein THM-Netz mit Zeit ist ein THM-Netz $N=(P,T;F)$, bei dem
  (i)   die Menge P der Prädikate den Definitionen 3.8.1, 3.8.4,
         3.8.8 und 3.8.10 genügt,
  (ii)   die Menge T der Transitionen gemäß den Definitionen
         3.8.2, 3.8.3, 3.8.5, 3.8.7 und 3.8.9 gebildet ist, und
  (iii) die Menge F der Kanten die in den Definitionen 3.8.6 und
         3.8.10 festgelegten Bedingungen erfüllt.

  Die graphische Darstellung eines THM-Netzes mit Zeit ist durch
  die Definitionen 3.8.3(5), 3.8.5(4) und 3.8.6(5) festgelegt.

Das Konzept der historischen Stellenprädikate wollen wir anhand
des bereits oben eingeführten Beispiels der Manipulierung einer
Grobentwurfs-Entität diskutieren (siehe Abb. 3-29). Dabei
modellieren wir den Vorgang, daß ein existierender freigegebener
Grobentwurf durch eine neue Version ersetzt wird. Die Auslösung
dieses Vorganges wird durch die externe Ereignistransition "Neuen
Grobentwurf freigeben" modelliert, durch die als Eingabeinformation der Grobentwurf selbst, der Name des Projektes, zu dem der
Grobentwurf gehört ("Von Projekt$_t$(ge,proj)") sowie die Versionsnummer und der Status des Grobentwurfs bereitgestellt werden
(siehe auch Abschnitt 4). Da das Klassenprädikat "Grobentwurf
freigegeben$_t$(gef)" sowie die zugehörigen Beziehungsprädikate

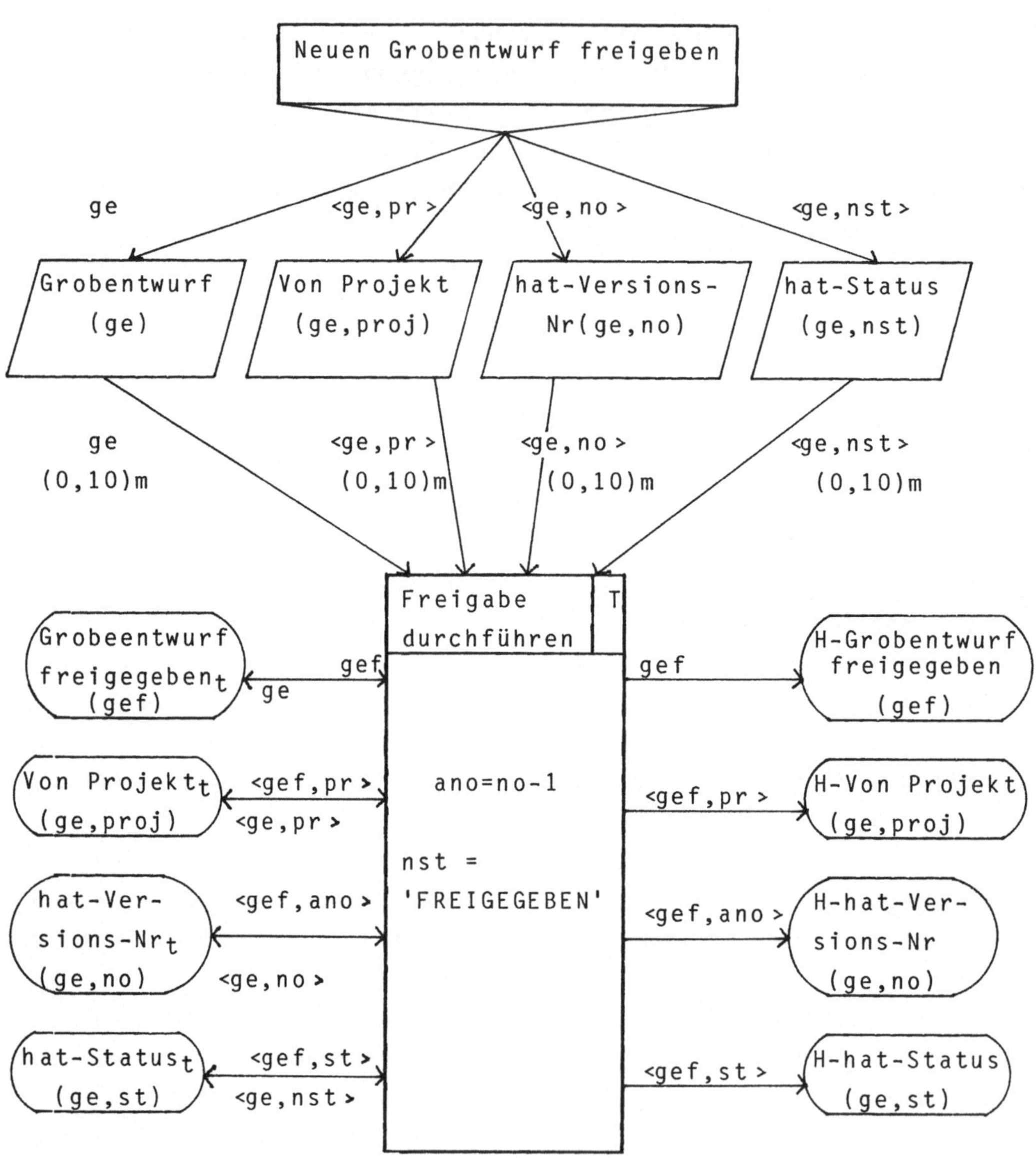

Abb. 3-29: Modellierung einer Versionsverwaltung für Grob-
entwürfe (in Kurzschreibweise)

"Von Projekt$_t$(ge,proj)", "hat-Versions-Nr$_t$(ge,no)" und "hat-Status$_t$(ge,st)" Klassen mit Zeit repräsentieren, muß die Transition "Freigabe durchführen" die ensprechenden historischen Informationen über den zu ersetzenden Grobentwurf aufbauen. Hierzu werden der Grobentwurf selbst sowie die zugehörigen Beziehungen aus der Markierung der Stellenprädikate entfernt und in die Markierung der entsprechenden historischen Stellenprädikate eingefügt. Außerdem wird natürlich der neue Grobentwurf zusammen mit seinen Beziehungen in die Markierung der Stellenprädikate eingefügt. Die Transitionsformel von "Freigabe durchführen" stellt sicher, daß der Grobentwurf tatsächlich freigegeben und die neue Versionsnummer korrekt festgelegt ist. Durch das Schalten der Transition "Freigabe durchführen" werden die im Modell der historischen Informationen definierten ausgezeichneten Beziehungsklassen implizit mitmanipuliert (gemäß Definition 3.8.9). Die Spezifikation des Verfügbarkeitsintervalls "(0,10)m" für die Kanten, die die externen Stellen mit der Transition "Freigabe durchführen" verbinden, legt fest, daß die Freigabe eines neuen Grobentwurfs innerhalb von 10 Minuten bekanntgemacht werden muß.

Die in diesem Abschnitt eingeführten Modellierungskonzepte der THM-Netze mit Zeit werden wir in Abschnitt 4 bzw. Abschnitt 5 dazu verwenden, die DIKOS-Wissensbasis bzw. das DIKOS-BIS zu spezifizieren.

4. Die Wissensbasis von DIKOS

Wie wir in Abschnitt 2 gesehen haben, bilden die in der DIKOS-Wissensbasis verwalteten Informationen die Grundlage für das BIS, das wir in Abschnitt 5 betrachten werden. Im Rahmen dieser Arbeit werden wir im folgenden zwei der vier DIKOS-Wissensbasiskomponenten beschreiben: das Projektmanagementmodell und das Softwareproduktmodell (vergleiche Abschnitt 2). Dabei ist es nicht das Ziel, grundsätzlich neue Projektmanagementstrukturen oder neue Softwareentwicklungsmethoden zu entwickleln. Vielmehr werden exemplarisch Teile eines Projektmanagement- und Softwareproduktmodells spezifiziert, die später die Spezifikation von BIS-Funktionen erlauben. Ferner werden wir unsere Ausführungen auf die Betrachtung einer Phase aus dem SLCM, der Entwurfsphase, beschränken und voraussetzen, daß als Spezifikationssprache für die Entwurfsphase SLAN-4 (/BeHP83/) verwendet wird.

Ehe wir mit Hilfe der in Abschnitt 3 entwickelten Modellierungskonzepte das Projektmanagement- und das Softwareproduktmodell beschreiben werden, wollen wir nachfolgend zunächst die wesentlichen Elemente der Projektmanagementorganisation vorstellen sowie kurz die SLAN-4-Spezifikationssprache charakterisieren.

4.1 Grundelemente einer Projektmanagementorganisation

Das Projektmanagementmodell, das wir in Abschnitt 4.4 einführen werden, basiert auf einer Projektorganisation, in der verschiedene Elemente aus den in Abschnitt 1.2.2 vorgestellten Organisationsmodellen integriert sind.

Grundsätzlich baut die Projektorganisation auf der kontrolliert dezentralisierten Organisationsstruktur auf, wobei zusätzliche Elemente aus der kontrolliert zentralisierten Organisationsstruktur sowie aus der demokratisch dezentralisierten

Organisationsstruktur aufgenommen wurden. Aus der kontrolliert
zentralisierten Organisationsstruktur wurde das Prinzip der
Arbeitsteilung (Spezialisierung) sowie das Prinzip der Trennung
zwischen administrativen und technisch orientierten Tätigkeiten
übernommen. Gruppenprozesse, die durch verschiedene Arten von
Meetings realisiert sind, wurden aus der demokratisch dezentralisierten Organisationsstruktur hinzugenommen (vergleiche auch die
in /Frö183/ und /Soft82/ beschriebene V/TEC-Anwendungsorganisa-
tion).

Die grundlegende Projektmanagementstruktur ist in Abb. 4-1
dargestellt, die sich daraus ergebende Kommunikationsstruktur in
Abb. 4-2.

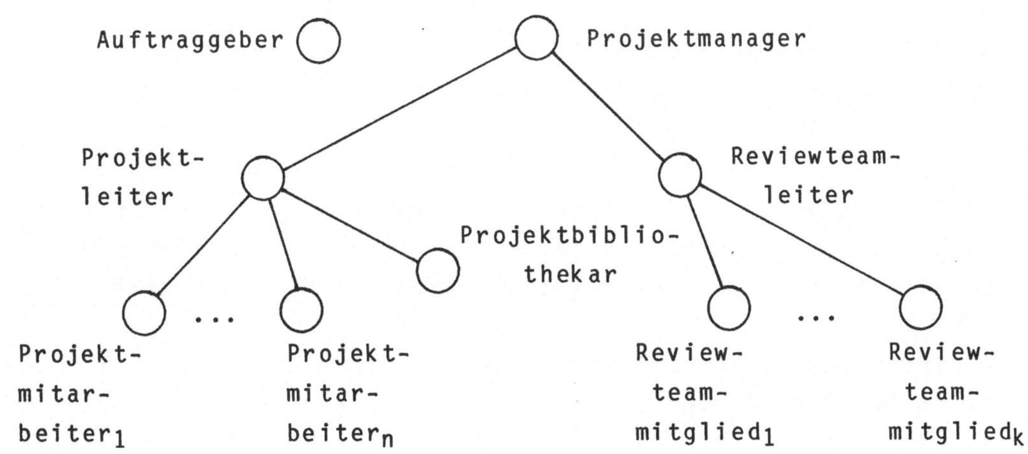

Abb. 4-1: Die Projektmanagementstruktur

Aus der in Abbildung 4-1 zu sehenden Projektmanagementstruktur
ist ersichtlich, daß in der Hierarchiebeziehung zwischen Projektleiter und Projektmitarbeiter die Ebene der Gruppenleiter weggelassen wurde, um die durch das BIS zu unterstützenden Kommunika-
tionsbeziehungen innerhalb des Gesamtteams zu vereinfachen.

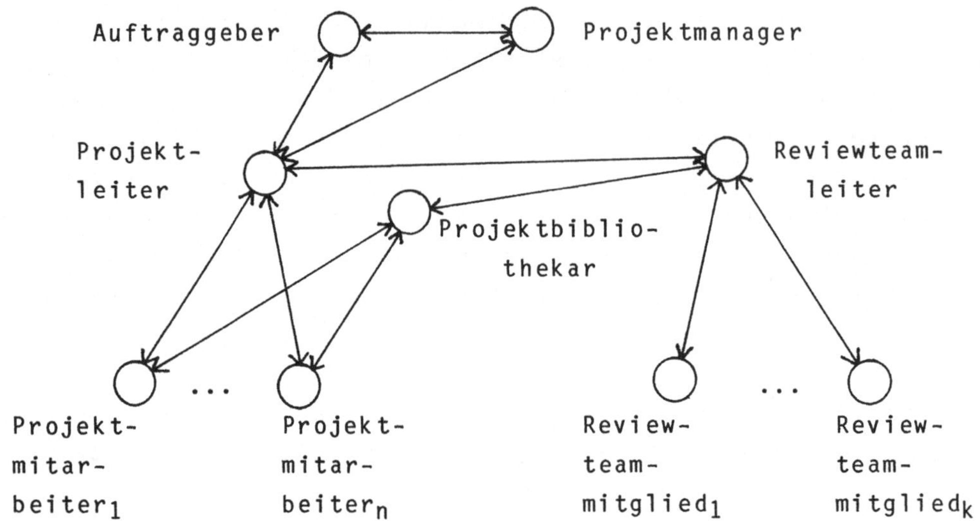

Abb. 4-2: Die Kommunikationstruktur innerhalb der Projektmanagementstruktur aus Abb. 4-1

Andererseits werden wir später sehen, daß die in einem größeren
Projekt benötigte Gruppenleiterebene ohne grundsätzliche Schwierigkeiten in die BIS-Spezifikation aufgenommen werden kann.

Die Einführung eines Reviewteams in die Projektmanagementstruktur
basiert auf der Tatsache, daß der Review eines Softwareprodukts,
z.B. eines Moduls, von Personen, die nicht selbst bei der Entwicklung des Softwareprodukts mitgewirkt haben, mit besserem
Erfolg durchgeführt werden kann als von den Entwicklern selbst
(/Aron83/).

Da für das spätere Verständnis des Projektmanagementmodells eine
Kenntnis der verschiedenen Funktionen innerhalb der Projektmanagementstruktur erforderlich ist, wollen wir die Aufgabengebiete der
einzelnen Projektpositionen kurz charakterisieren.

Der **Auftraggeber** ist für die Genehmigung der in der Problem-

analysephase erarbeiteten Anforderungsdefinition zuständig und
muß auch sich im Laufe des Projektes ergebende Änderungen der
Anforderungsdefinition genehmigen. Seine direkten Ansprechpartner
sind der Projektmanager und der Projektleiter.

Der Projektmanager ist für den wirtschaftliche Erfolg des Projektes verantwortlich und trägt auch die Personalverantwortung für
die Mitglieder des Projektes. Er führt die Betreuung des Auftraggebers in wirtschaftlichen Fragestellungen durch.

Der Projektleiter trägt die Verantwortung für die technischen
Aspekte des Projektes und ist in diesem Zusammenhang auch für die
Erstellung des Systemgrobentwurfs zuständig. Zusätzlich stellt er
in Abstimmung mit dem Projektmanager den Arbeitsplan auf, der den
Projektmitarbeitern ihre Aufgaben zuweist und zudem die zeitlichen Anforderungen für die Durchführung dieser Aufgaben festlegt.

Da wir im Rahmen dieser Arbeit nur die Entwurfsphase eines Projektes betrachten, sind die Projektmitarbeiter in unserem Fall
Systemdesigner, die unter Verwendung von SLAN-4 (siehe Abschnitt
4.2) auf der Basis des Grobentwurfs den Feinentwurf des Systems
erstellen.

Der Reviewteamleiter ist für die Vorbereitung und Durchführung
der Reviewmeetings zuständig und erstellt für den Projektleiter
den Reviewbericht. Die Reviewteammitglieder beurteilen die zum
Review freigegebenen Softwareprodukte bezügliche Korrektheit,
Vollständigkeit, Anwendung vorgegebener Entwurfsrichtlinien, u.a.
(siehe z.B. /Aron83/).

Für die Verwaltung der Projektbibliothek, in der alle freigegebenen Softwareprodukte abgelegt, zugehörige Versionen verwaltet und
entsprechende Systemkonfigurationen erstellt werden, ist der Projektbibliothekar zuständig. Die Übergabe freigegebener Softwareprodukte führt er in Zusammenarbeit mit den Projektmitarbeitern durch.

Die bisher eingeführte Projektmanagementstruktur wird ergänzt
durch drei Arten von Meetings, wobei die Meetings auch dazu
dienen, die Konsensfindung und Kommunikation innerhalb eines Projektes zu unterstützen (siehe z.B. /Shne80/).

Das _Auftraggebermeeting_ setzt sich aus dem Projektmanager als
Vorsitzendem, dem Projektleiter sowie dem Auftraggeber zusammen.
Das Auftraggebermeeting dient der Abstimmung zwischen Auftrag-
geber und Projektleitung über den Projektverlauf.

Das _Projektmeeting_ wird vom Projektleiter geleitet und setzt sich
des weiteren aus dem Projektmanager sowie den Projektmitarbeitern
(Designern) zusammen. Aufgabe des Projektmeetings ist es, Entscheidungen in Bezug auf den Grob- und Feinentwurf zu verabschie-
den sowie den Arbeitsplan zu beschließen.

Der Reviewteamleiter ist Vorsitzender des _Reviewmeetings_, in der
die zum Review übergebenen Softwareprodukte begutachtet werden.
Außer dem Vorsitzenden nehmen noch die Reviewteammitglieder, der
Projektleiter sowie die Projektmitarbeiter teil, die die zu
begutachtenden Softwareprodukte entwickelt haben.

4.2 Die Spezifikationssprache SLAN-4

Da die Spezifikation des Softwareproduktmodells direkt von der
von DIKOS zu unterstützenden Softwareentwicklungsmethode abhängt,
kann die Beschreibung des Softwareproduktmodells nur anhand einer
bestimmten Softwareentwicklungsmethode erfolgen, wobei wir hierzu
die Spezifikationssprache SLAN-4 (/BeHP82/, /BeHP83/) ausgewählt
haben. Für diese Auswahl waren folgende Gründe maßgebend:

(i)   Da wir im Rahmen dieser Arbeit nur die Entwurfsphase
        betrachten wollen, muß die ausgewählte Softwareentwicklungs-
        methode für diese Phase gut geeignet sein.

(ii)   Die ausgewählte Methode sollte allgemein anerkannte Entwurfs-

prinzipien wie z.B. Modularität oder klare Schnittstellen-
spezikation sowie das Prinzip des Information Hiding
(/Parn72/) unterstützen.

(iii) Die von der Methode angebotenen Entwurfskonzepte müssen die
Entwicklung einer Systemarchitektur erlauben, die die Aufteilung des zu entwickelnden Systems in wohldefinierte
Teile ermöglicht, die unabhängig voneinander entwickelt
werden können, da andernfalls eine Systementwicklung in
einer dezentral organisierten Umgebung nicht durchgeführt
werden kann.

Das in SLAN-4 verwendete Klassen- und Modulkonzept, das insbesondere die Kriterien (ii) und (iii) abdeckt, war schließlich für
die Auswahl von SLAN-4 maßgebend. Die in Abschnitt 5 betrachteten
grundlegenden BIS-Funktionen sowie die Gestaltung der DIKOS-
Benutzerschnittstelle könnten jedoch ohne Probleme auch auf der
Basis einer anderen Spezifikationssprache beschrieben werden.

Eine SLAN-4-Spezifikation setzt sich aus einer Menge von <u>Klassen</u>
zusammen, die abstrakte Datentypen repräsentieren. Jede Klasse
besitzt eine <u>Schnittstellenbeschreibung</u>, in der die Operationen,
Datentypen und Objekte angegeben werden, die von anderen Klassen
benützt, d.h. importiert, bzw. anderen Klassen zur Verfügung
gestellt, d.h. exportiert werden. Dabei bleibt die Art und Weise,
wie die exportierten Elemente implementiert sind, den anderen
Klassen verborgen.

Bei einer schrittweisen Entwicklung einer SLAN-4-Spezifikation
lassen sich dabei im wesentlichen die folgenden Entwicklungs-
schritte unterscheiden:

(1) Im ersten Entwicklungsschritt wird ein zu entwerfendes Softwaresystem in eine Menge von Klassen zerlegt, die über einen
eindeutigen Namen identifiziert werden. Für jede Klasse wird
eine Schnittstellenbeschreibung ausgearbeitet. Außerdem
erhält jede Klasse eine informelle funktionale Beschreibung.

(2) In einem ersten Verfeinerungsschritt wird für jede Klasse
    eine algebraische Spezifikation ihrer Operationen entwickelt.
    Diese besteht aus einer Typspezifikation der Operationen,
    einer Semantikdefinition durch Gleichungen sowie einer Defi-
    nition der zulässigen Ausführungsreihenfolge der Operationen.
    Eine derartige Klassenbeschreibung wollen wir im folgenden
    <u>algebraisches Modell</u> nennen.

(3) In einem nächsten Verfeinerungsschritt werden die im alge-
    braischen Modell spezifizierten Operationen auf Datenstruk-
    turen und darauf "arbeitende" Moduln abgebildet. Jeder Modul
    wird dabei u.a. durch eine Schnittstellenbeschreibung sowie
    einen Spezifikationsteil definiert. Der Spezifikationsteil
    stellt dabei eine formale Semantikbeschreibung durch Anfangs-
    und Endzusicherungen zur Verfügung. Das Ergebnis dieses Ver-
    feinerungsschrittes wird nachfolgend <u>konstruktives Modell</u>
    genannt.

(4) Als letzter Verfeinerungsschritt wird dann für jeden Modul
    aus seiner Anfangs-/Endzusicherungsspezifikation eine Modul-
    spezifikation unter Verwendung eines Pseudocodes entwickelt.

In unserem Softwareproduktmodell werden wir das Ergebnis des Ent-
wicklungsschrittes (1) <u>Grobentwurf</u> und das Ergebnis des Entwick-
lungsschrittes (3) <u>Feinentwurf</u> nennen.

Ein Beipiel, das einen Ausschnitt aus einer SLAN-4-Spezifikation
beinhaltet, ist in Anhang A1 zu finden.

4.3 Das Projektmodell

Um in den folgenden beiden Abschnitten das Projektmanagement-
sowie das Softwareproduktmodell definieren zu können, müssen wir
zunächst ein Projektmodell einführen, das den Zusammenhang
zwischen den verschiedenen Projektbeschreibungskomponenten

definiert. Dabei werden wir uns jedoch auf einige wesentliche Projektbeschreibungskomponenten beschränken und kein vollständiges Projektmodell einführen (in /Harb84/ und /Preu84/ sind zusätzliche Projektbeschreibungskomponenten definiert).

Die im folgenden spezifizierten Projekt-, Projektmanagement- und Softwareproduktmodelle werden in Form eines THM-Objekteschemas definiert, wobei die in Abschnitt 3 beschriebenen graphischen Darstellungskonzepte für THM-Objekteschemata verwendet werden. In dem THM-Objekteschema wird dabei die für jede Beziehungsklasse definierte inverse Beziehungsklasse (siehe /Schi84/) nicht angegeben, um die Übersichtlichkeit der Schemaspezifikation zu erhöhen (im folgenden werden wir die Abkürzung "EK" für Entitätsklasse und "BK" für Beziehungsklasse verwenden).

Das Projektmodell (siehe Abb. 4-3) legt fest, daß für jedes Projekt ein eindeutiger Projektname festgelegt ist. Da bei Namensänderungen auch der frühere Projektname bekannt sein soll, wird die EK "Projektname$_t$" als Klasse mit Zeit definiert. Die BK "hat-Managementmodell$_t$" ordnet jedem Projekt sein zugehöriges Projektmanagementmodell zu (siehe Abschnitt 5.4). In gleicher Weise stellt die BK "hat-Softwareproduktmodell$_t$" die Beziehung zwischen dem Projekt und dem zugehörigen Softwareproduktmodell her. Beide BKs und die zughörigen EKs sind als Klassen mit Zeit definiert, um auch alte Versionen der Modelle verfügbar zu halten.

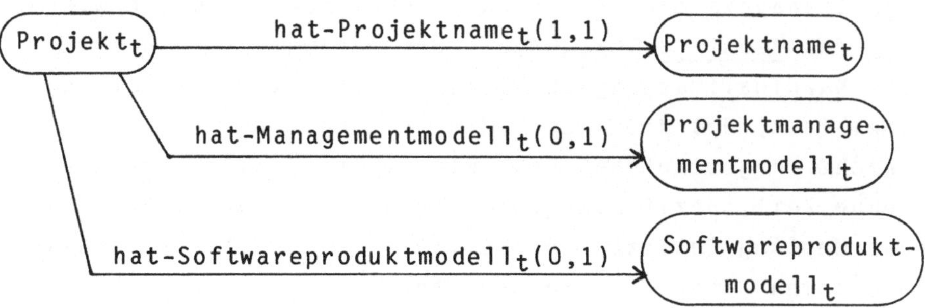

Abb. 4-3: Das Projektmodell

4.4 Das Projektmanagementmodell

Das Projektmanagementmodell setzt sich i.a. aus verschiedenen
Komponenten zusammen. Dementsprechend ist die EK "Projektmanage-
mentmodell$_t$" als eine Aggregierung von EKs definiert, die die
Elemente des Projektmanagementmodells repräsentieren (siehe Abb.
4-4 (Teil 1)). Da wir im folgenden jedoch nur zwei Komponenten
im Detail betrachten wollen, die Projektorganisationsstruktur
sowie den Arbeitsplan als Planungsinformation, treten in unserem
Projektmanagementmodell nur zwei Komponentenklassen auf: "Projekt-
organisation$_t$" und "Arbeitsplan$_t$". Beide Klassen sind als Klassen
mit Zeit definiert, da in DIKOS sowohl frühere Organisationsstrukturen als auch frühere Arbeitsplanversionen verwaltet werden sollen.

Die Projektorganisation beschreibt zum einen die Zusammensetzung
des Projektteams. Hierzu wird die BK "hat-Projektmitglieder$_t$"
verwendet, wobei "Projektteam$_t$" als eine Gruppierung der EK
"Projektmitarbeiter$_t$" definiert ist, d.h. eine Projektteam-
Entität besteht aus einer Menge von Projektmitarbeitern. Da sich
während eines Projektes die Zusammensetzung des Projektteams normalerweise verändert und es von Interesse ist, auch frühere Pro-
jektteamzusammensetzungen zu kennen, sind "Projektteam$_t$" sowie
die anderen zugehörigen Klassen als Klassen mit Zeit definiert.

Wie wir in Abschnitt 4.1 bei der Beschreibung der Grundelemente
der Projektmanagementorganisation gesehen haben, wollen wir davon
ausgehen, daß Meetings Bestandteil der Managementorganisation
sind. Die Kardinalitätsangabe (0,*) für die BK "hat-Meeting$_t$"
legt dabei fest, daß die Anzahl der Meetings innerhalb eines Projektes nicht vorgeschrieben ist. Die EK "Meeting" ist als eine
Klasse ohne Zeit spezifiziert, da jedes Abhalten eines Meetings
eine neue Meeting-Entität repräsentiert, die später sinnvoller-
weise nicht mehr verändert werden kann.

Jedes Meeting wird durch eine fortlaufende Nummer (BK "hat-
Ordnungsnummer"), eine Zeitangabe (BK "hat-Datum") sowie eine

Ortsangabe (BK "hat-Ort") beschrieben. Zusätzlich kann für ein
Meeting eine Tagesordnung (BK "hat-Tagesordnung") festgelegt
sowie ein Protokoll (BK "hat-Protokoll") erstellt werden. Die
verschiedenen Meetingarten werden über die BK "hat-Meetingtyp"
voneinander unterschieden. Da alle drei Meetingarten, repräsentiert durch die EKs "Projektmeeting", "Reviewmeeting" und
"Auftraggebermeeting", die wesentlichen Eigenschaften eines
Meetings aufweisen, werden diese drei EKs über eine Generalisierungsstruktur zur EK "Meeting" zusammengefaßt. Damit sind die
für die EK "Meeting" definierten BKs auch implizit für die
Subklassen "Projektmeeting", "Reviewmeeting" und "Auftraggebermeeting" definiert.

Für jede der Subklassen sind ferner drei Klassen-Elemente-
Beziehungsklassen definiert, die die Mitglieder eines Meetings
(BK "hat-Mitglieder$_t$"), den Vorsitzenden (BK "hat-Vorsitzenden$_t$")
sowie die Zuständigkeit jedes Meetingtyps (BK "hat-Kompetenz$_t$")
beschreiben. Diese drei BKs sind Klassen-Elemente-Beziehungsklassen, da sie nicht Eigenschaften einer einzelnen Meeting-
Entität spezifizieren, sondern vielmehr Eigenschaften aller
Meeting-Entitäten, die zu einer der Subklassen von "Meeting"
gehören. Außerdem sind diese drei BKs Klassen mit Zeit, da in
DIKOS Veränderungen im Zuständigkeitsbereich der Meetingtypen, in
ihrem Vorsitz sowie in ihrer Zusammensetzung bekannt sein sollen.

Die EK "Kompetenz$_t$" wollen wir nicht näher betrachten. Wir
nehmen jedoch an, daß eine Entität aus dieser EK insgesamt den
Zuständigkeitsbereich einer Meetingart beschreibt. Deswegen hat
die BK "hat-Kompetenz$_t$" die Kardinalitätsangabe (1,1). Wie
wir später sehen werden, ist die EK "Vorsitzender$_t$", die über die
BKs "hat-Vorsitzenden$_t$" mit den Subklassen von "Meeting" verbunden ist, als Generalisierung der EKs "Projektleiter$_t$", Projekt-
manager$_t$" sowie "Reviewteamleiter$_t$" definiert. Die Elemente der
EK "Meetingmitglieder$_t$" sind entsprechend der Gruppierungsstruktur Mengen von Projektmitarbeiter-Entitäten, d.h. eine Entität

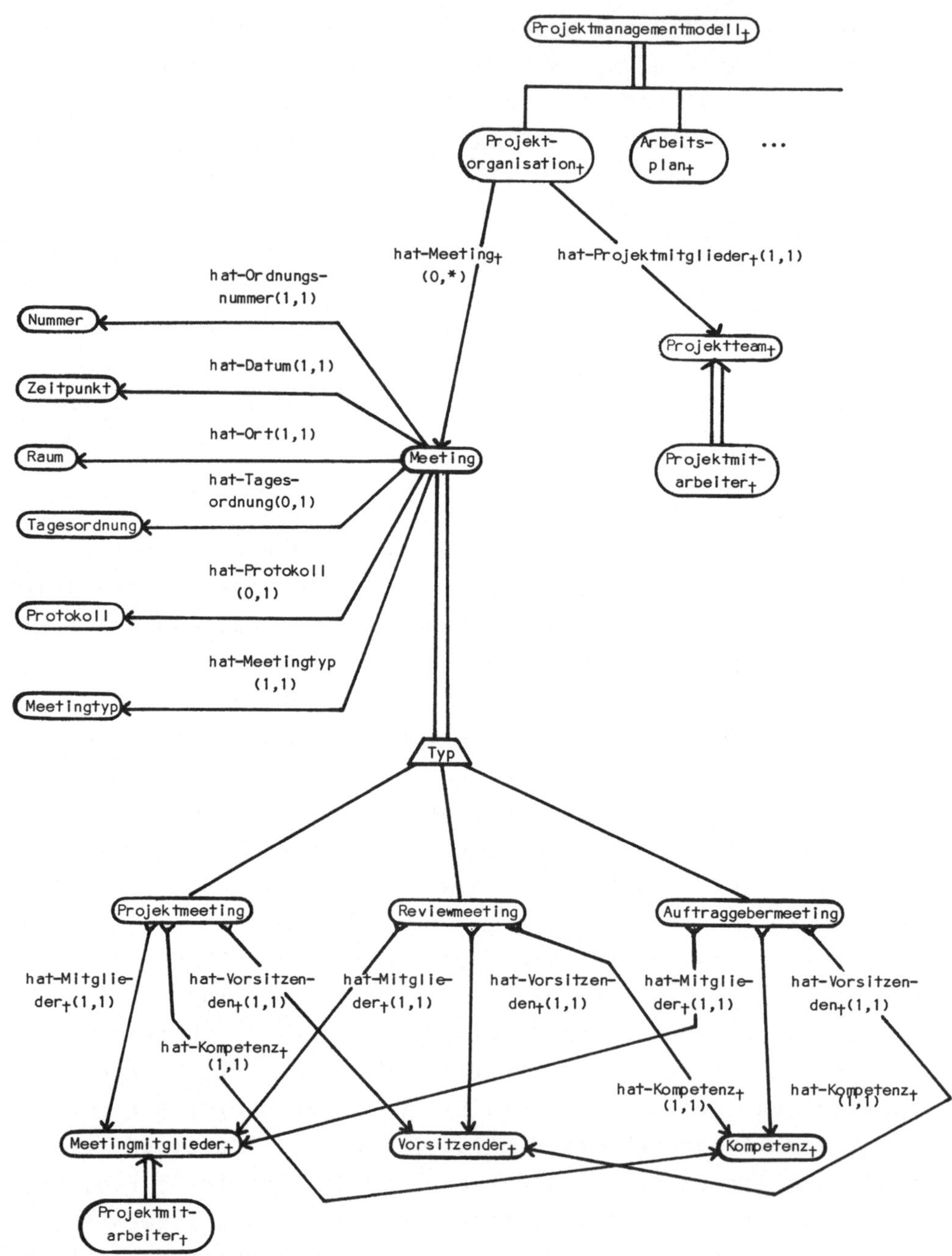

Abb. 4-4: Das Projektmanagementmodell (Teil 1): Die Projektorganisation

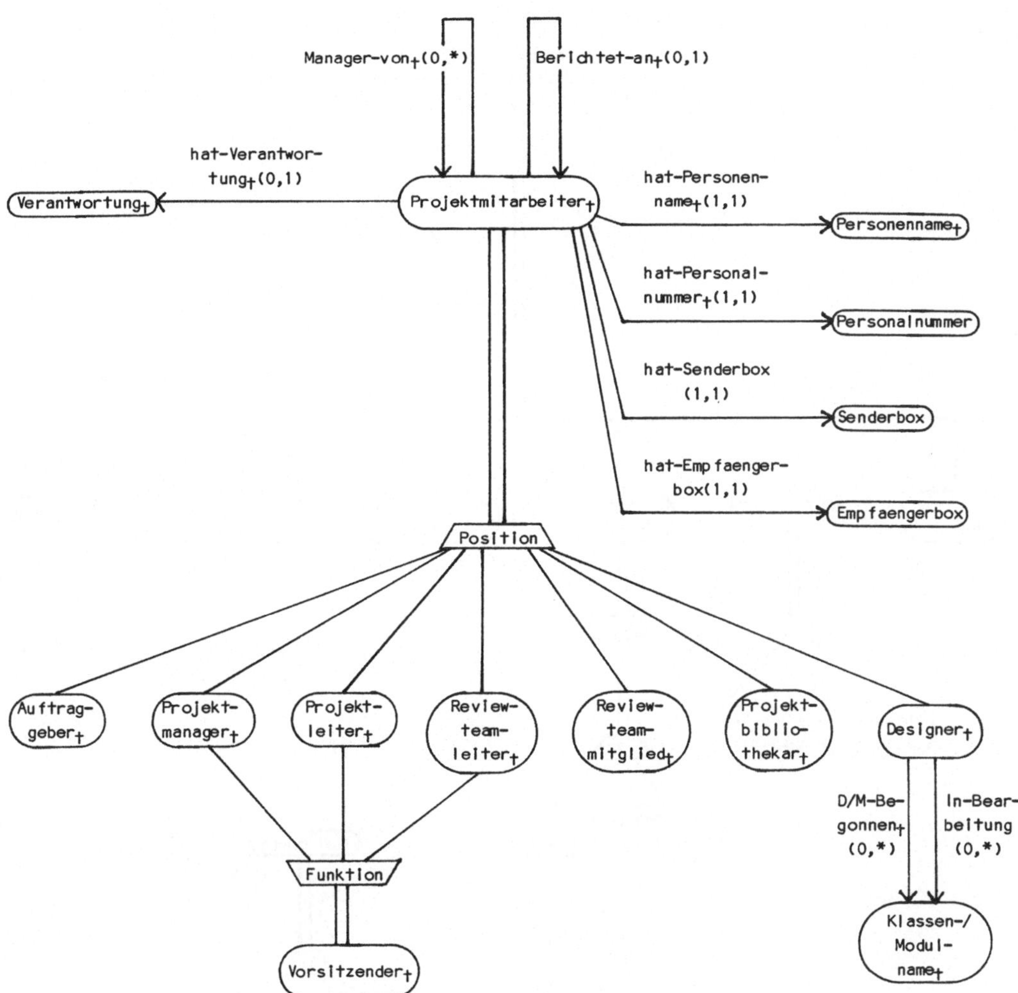

Abb. 4-4: Das Projektmanagementmodell (Teil 2): Die Beschreibung der Projektmitarbeiter

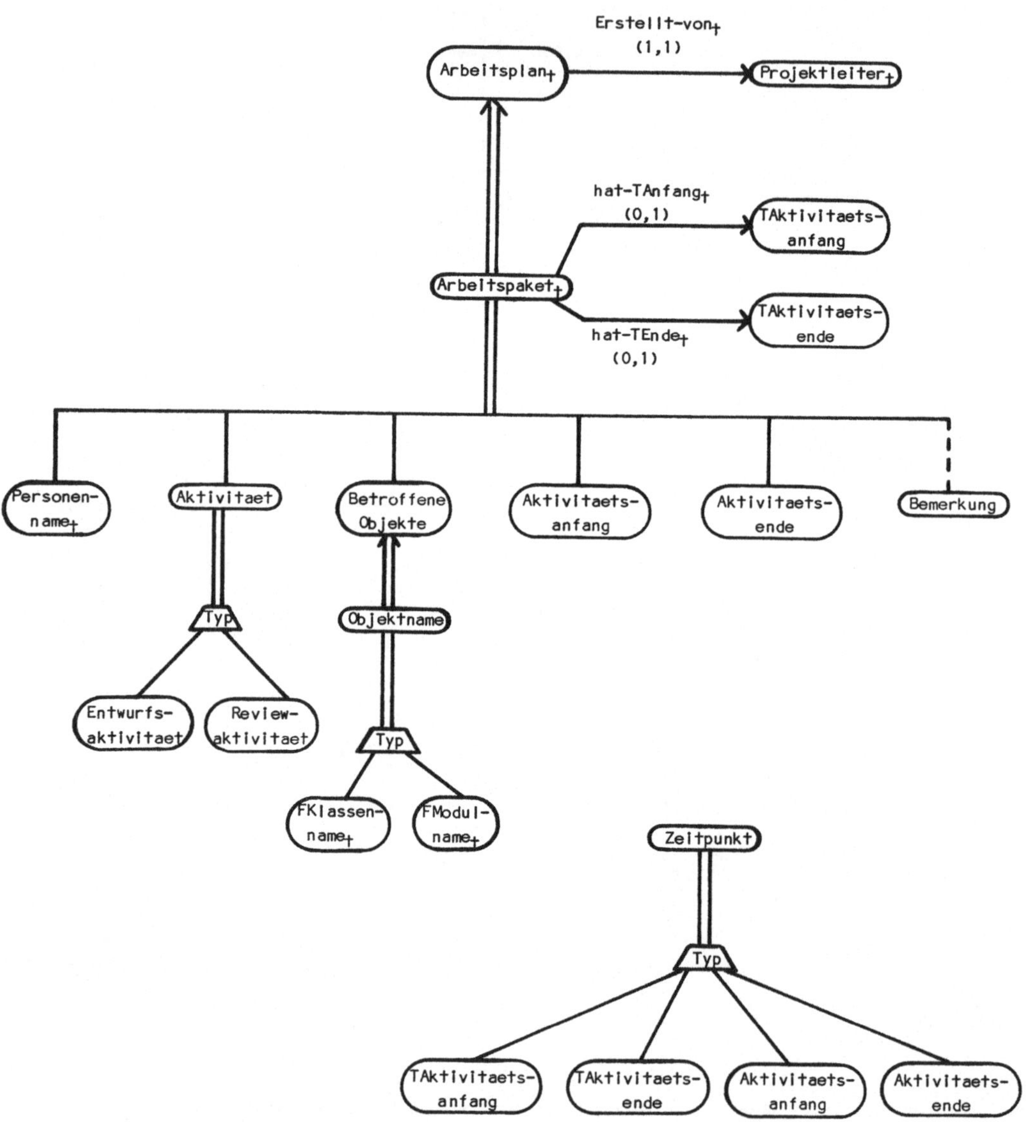

Abb. 4-4: Das Projektmanagementmodell (Teil 3): Der Arbeitsplan

aus der EK "Meetingmitglieder$_t$" repräsentiert die Gesamtheit aller Mitglieder des zugehörigen Meetingtyps. Infolgedessen ist für die BK "hat-Mitglieder$_t$" die Kardinalitätsangabe (1,1) angegeben.

Aus der Modellierung der Projektorganisation ist ersichtlich, daß das THM-Objekteschema nur die Beschreibungselemente der Projektorganisation festlegt. Die aktuelle Organisationsstruktur wird dementsprechend durch die Elemente der entsprechenden Entitäts- und Beziehungsklassen definiert, d.h. auf Exemplarebene spezifiziert. Auf diese Weise können für ein gegebenes Objekteschema verschiedene Organisationsstrukturen definiert werden. Lediglich die Einführung neuer Organisationselemente, z.B. neuer Meetingtypen, oder die Entfernung existierender Organisationselemente erfordern eine Änderung des Projektmanagementmodells.

Im Rahmen der Beschreibung der Projektorganisation müssen wir die EK "Projektmitarbeiter$_t$" noch näher betrachten (siehe Abb. 4-4 (Teil 2)). Jeder Projektmitarbeiter wird durch seinen Namen (BK "hat-Personenname$_t$") sowie eine Personalnummer (BK "hat-Personalnummer$_t$" beschrieben. Außerdem ist jedem Mitarbeiter im Rahmen des Benutzerinformationssystems eine Senderbox (BK "hat-Senderbox") sowie eine Empfängerbox (BK "hat-Empfängerbox") zugeordnet. Diese Sender- und Empfängerboxen dienen zum Austausch der Botschaften durch das BIS (siehe Abschnitt 5).

Die für die EK "Projektmitarbeiter$_t$" definierte BK "Manager-von$_t$" beschreibt die Personalverantwortungsbeziehung im Projektteam, wobei ein Projektmitarbeiter der Manager von keinem oder mehreren anderen Projektmitarbeitern sein kann. Ergänzt wird diese Personalverantwortungsbeziehung durch die BK "Berichtet-an$_t$", die die fachliche Vorgesetztenbeziehung definiert. Der Verantwortungsbereich der Projektmitarbeiter wird durch die BK "hat-Verantwortung$_t$" repräsentiert. "hat-Verantwortung$_t$" ist dabei im Gegensatz zu der für Meetings definierten BK "hat-Kompetenz$_t$" eine Elemente-Elemente-Beziehungsklasse, da der Verantwortungsbereich für jeden Projektmitarbeiter einzeln definiert ist, d.h. für Entitäten aus der EK "Projektmitarbeiter$_t$".

Die Generalisierungsstruktur für die EK "Projektmitarbeiter$_t$" entspricht genau den in Abschnitt 4.1 beschriebenen Projektpositionen. Demgemäß wird die EK "Projektmitarbeiter$_t$" in die Subklassen "Auftraggeber$_t$", "Projektmanager$_t$", "Projektleiter$_t$", "Reviewteamleiter$_t$", "Reviewteammitglied$_t$", "Projektbibliothekar$_t$" und "Designer$_t$" (wir betrachten ja nur die Entwurfsphase) aufgeteilt. In einer weiteren Teilgeneralisierungsstruktur werden die EKs "Projektmanager$_t$", "Projektleiter$_t$" und "Reviewteamleiter$_t$" zu der EK "Vorsitzender$_t$" zusammengefaßt. Diese EK wird innerhalb der Projektorganisationsbeschreibung zur Spezifikation der Meetingvorsitzenden verwendet (siehe oben).

Für die EK "Designer$_t$" sind noch zwei zusätzliche BKs definiert, die für das BIS benötigt werden (siehe Abschnitt 5). Die BK "D/M-begonnen$_t$" ("Design/Modifikation begonnen") (siehe Abschnitt 4.5) zur EK "Klassen-/Modulname$_t$" beschreibt die Tatsache, daß ein Designer den Entwurf bzw. die Modifikation einer Klasse oder eines Moduls begonnen hat. Die BK "In-Bearbeitung" spezifiziert zusätzlich, welche Klasse bzw. welchen Modul ein Designer gerade bearbeitet. Da dadurch eine momentane BIS-Statusinformation definiert wird, ist die BK "In-Bearbeitung" eine Klasse ohne Zeit.

Die zweite Komponente aus dem Projektmanagementmodell, die wir detailliert spezifizieren wollen, ist die <u>Arbeitsplankomponente</u> (siehe Abb. 4-4 (Teil 3)). Die EK "Arbeitsplan$_t$" ist dabei als eine Gruppierung der EK "Arbeitspaket$_t$" definiert, d.h. ein Arbeitsplan setzt sich aus mehreren Arbeitspaketen zusammen. Jedes Arbeitspaket wird durch eine Reihe von Beschreibungselementen definiert: (i) den Namen des Projektmitarbeiters, der die Aktivität durchführen soll (EK "Personenname"), (ii) die Charakterisierung der durchzuführenden Aktivität (EK "Aktivität"), (iii) die Angabe der für die Aktivität benötigten Entwurfsobjekte (EK "Betroffene Objekte"), (iv) den geplanten Anfangs- und Endezeitpunkt der Aktivität (EKs "Aktivitätsanfang" und "Aktivitätsende" sowie (v) (optionale) erläuternde Bemerkungen (EK "Bemerkung"). Dementsprechend modellieren wir die EK "Arbeitspaket$_t$" als eine Aggregierung der gerade aufgeführten Entitätsklassen.

Da wir nur die Entwurfsphase betrachten, wird die EK "Aktivität" nur in die beiden Subklassen "Entwurfsaktivität" und "Reviewaktivität" zerlegt. Beide EKs sind Klassen ohne Zeit, da wir von einer fest vorgegebenen Menge von möglichen Entwurfsaktivitäten ausgehen. Da in einer Aktivität mehrere Entwurfsobjekte angesprochen werden können, ist die EK "Betroffene Objekte" als Gruppierung definiert, wobei jedes Entwurfsobjekt durch seinen Namen repräsentiert wird.

Für später noch zu beschreibende BIS-Funktionen werden für die EK "Arbeitspaket" noch die BKs "hat-TAnfang$_t$" (hat-tatsächlichen-Anfangszeitpunkt") und "hat-TEnde$_t$" (hat-tatsächlichen Endezeitpunkt") definiert, die spezifizieren, in welchem Zeitraum das zugehörige Arbeitspaket tatsächlich bearbeitet wurde. Die EKs "TAktivitätsanfang" und "TAktivitätsende" sind wie die EKs "Aktivitätsanfang" und "Aktivitätsende" Subklassen der EK "Zeitpunkt".

4.5 Das Softwareproduktmodell

Das Softwareproduktmodell repräsentiert die in DIKOS verwalteten technisch orientierten Informationen, d.h. die (Zwischen-)Softwareprodukte. Da wir im folgenden die Entwurfsphase aus dem SLCM betrachten wollen, werden wir nur die Systementwurfskomponente des Softwareproduktmodells im Detail spezifizieren und andere Komponenten, wie z.B. die Anforderungsdefinition oder die Spezifikation von Modultestfällen, unberücksichtigt lassen (siehe Abb. 4-5 (Teil 1)).

Entsprechend der in Abschnitt 1.1.1 eingeführten Unterteilung der Entwurfsphase in die Erstellung eines Grob- und eines Feinentwurfs ist die EK "Systementwurf$_t$" als Generalisierung der EKs

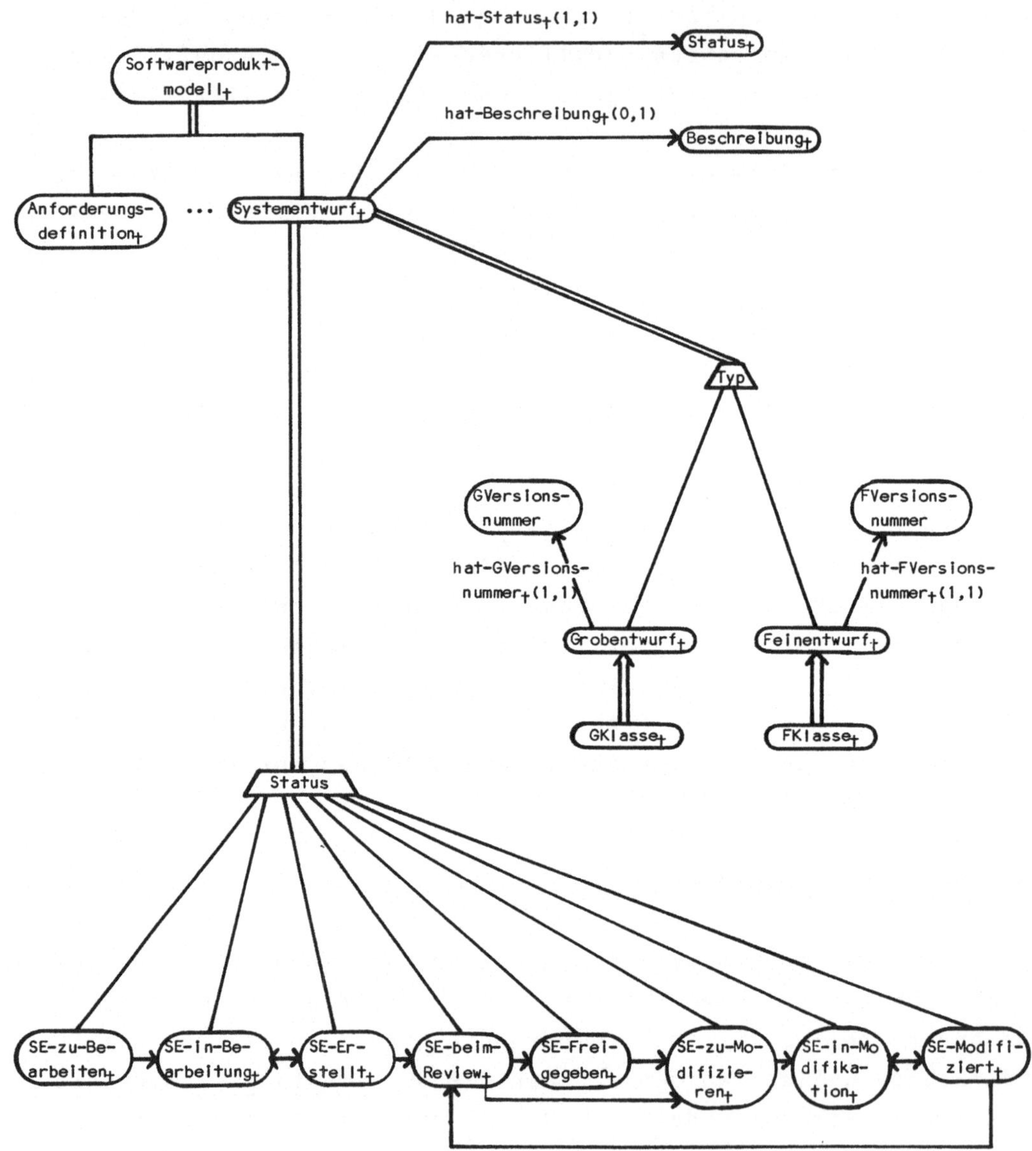

Abb. 4-5: Das Softwareproduktmodell (Teil 1)

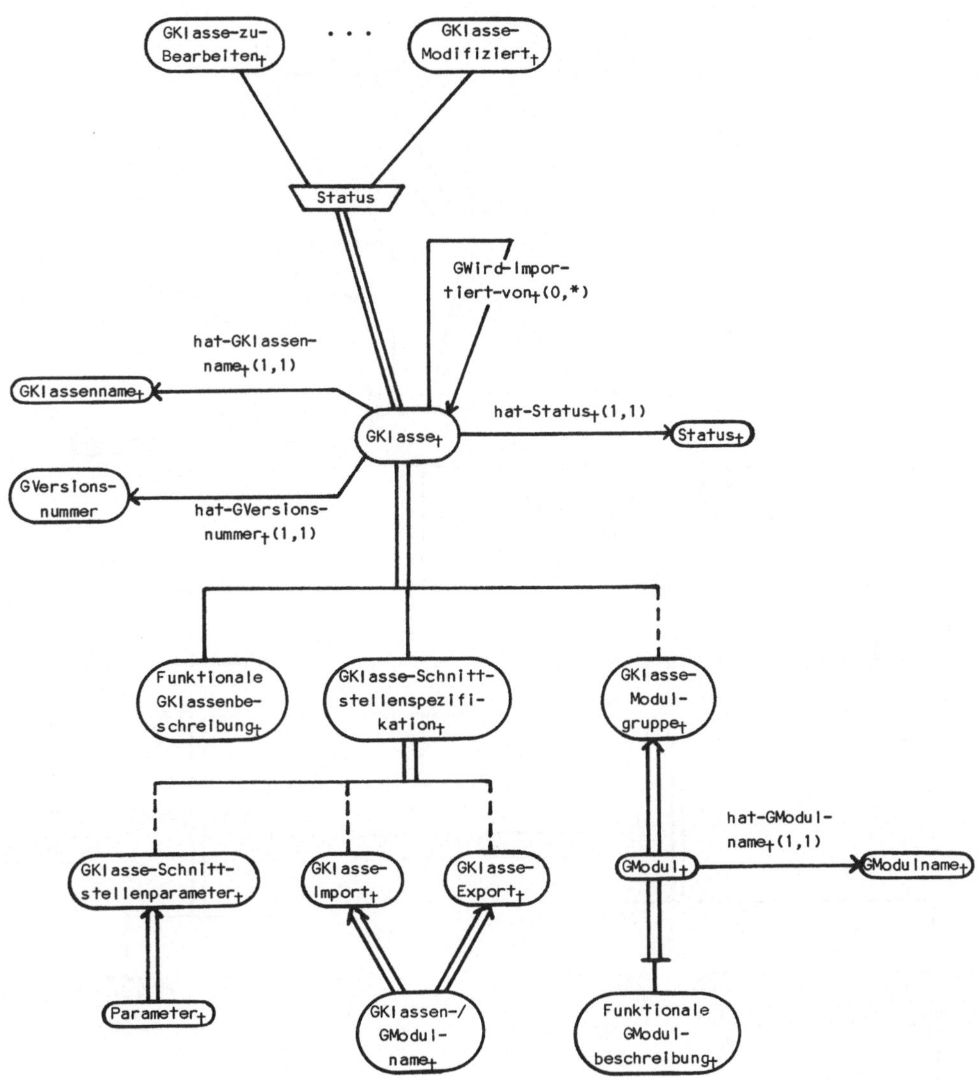

Abb. 4-5: Das Softwareproduktmodell (Teil 2): Die Beschreibung einer SLAN-4-Grobentwurfsklasse

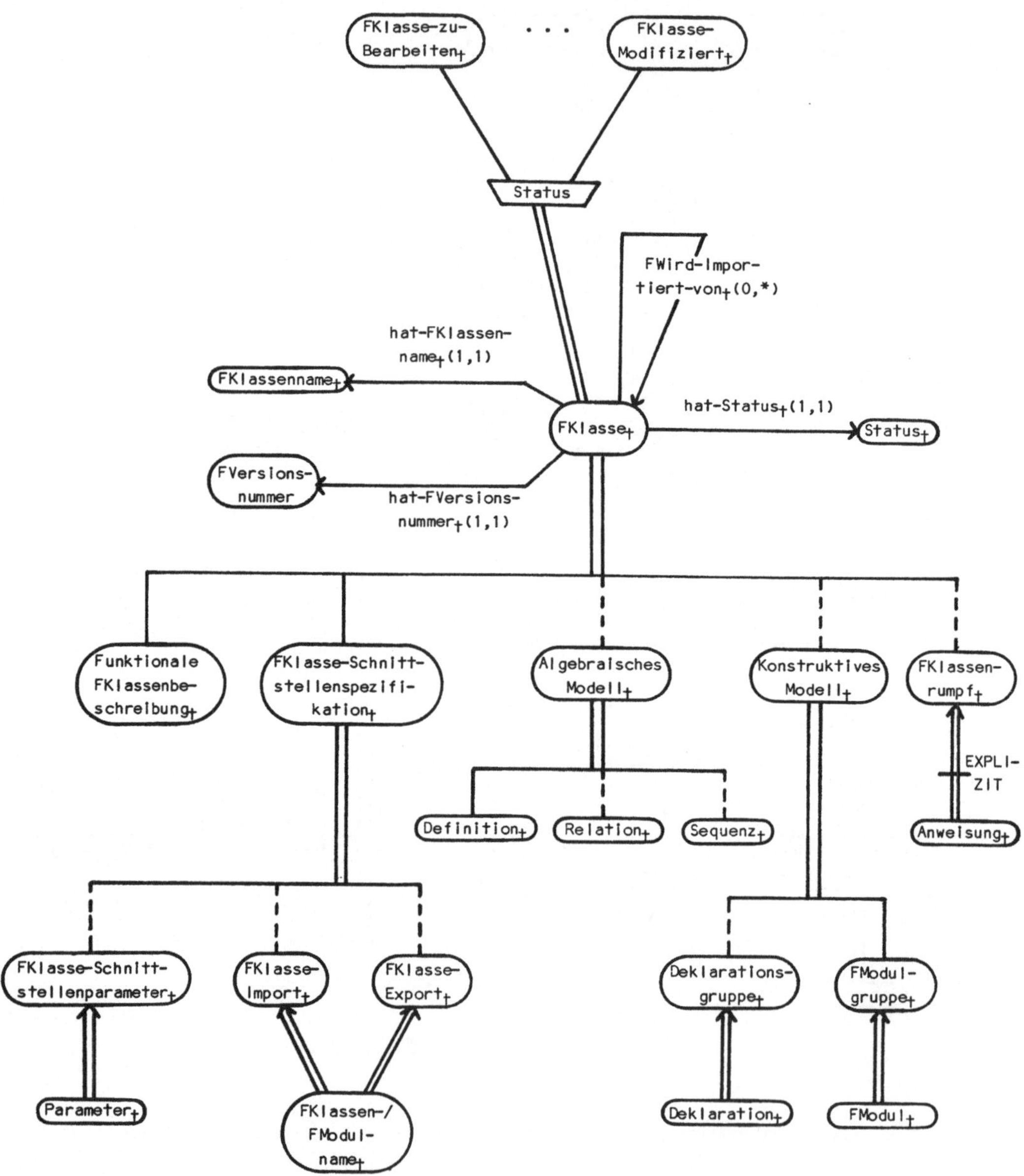

Abb. 4-5: Das Softwareproduktmodell (Teil 3): Die Beschreibung einer SLAN-4-Feinentwurfsklasse

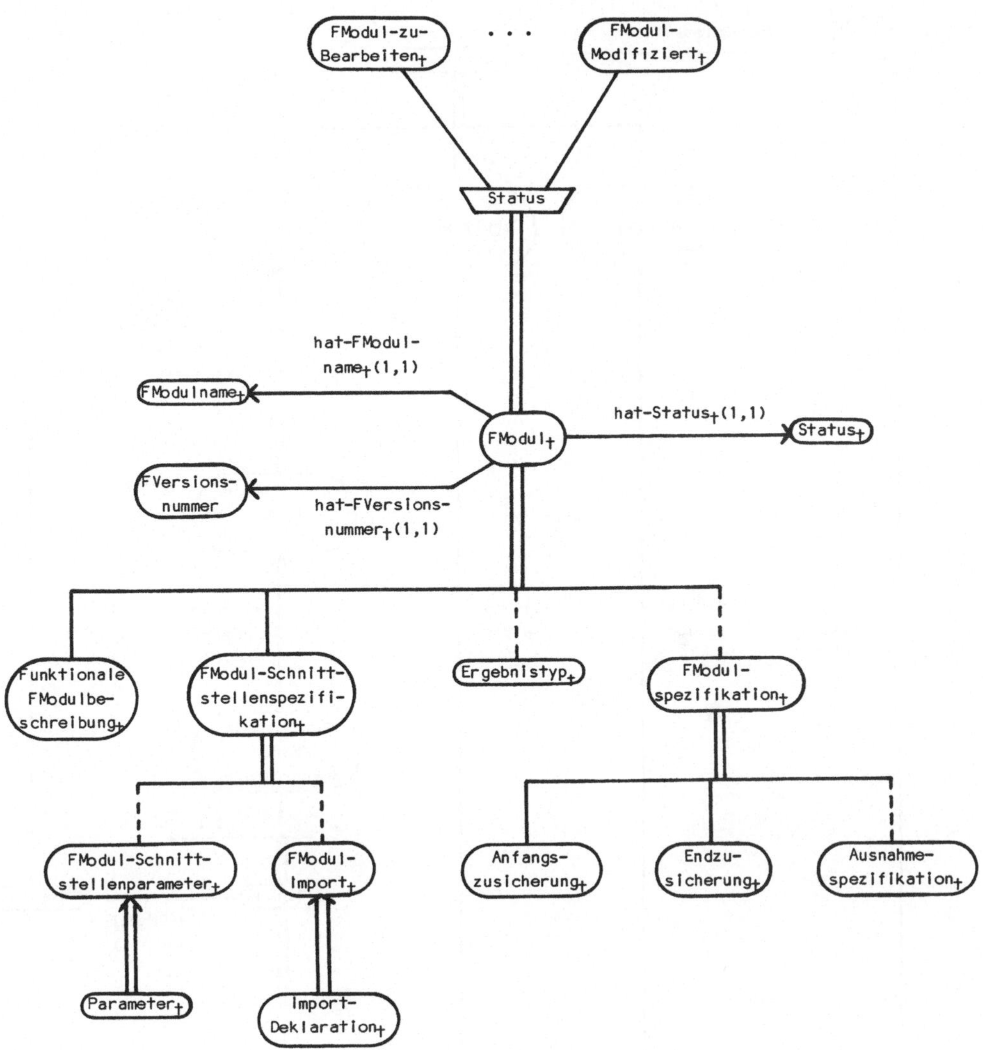

Abb. 4-5: Das Softwareproduktmodell (Teil 4): Die Beschreibung eines SLAN-4-Feinentwurfmoduls

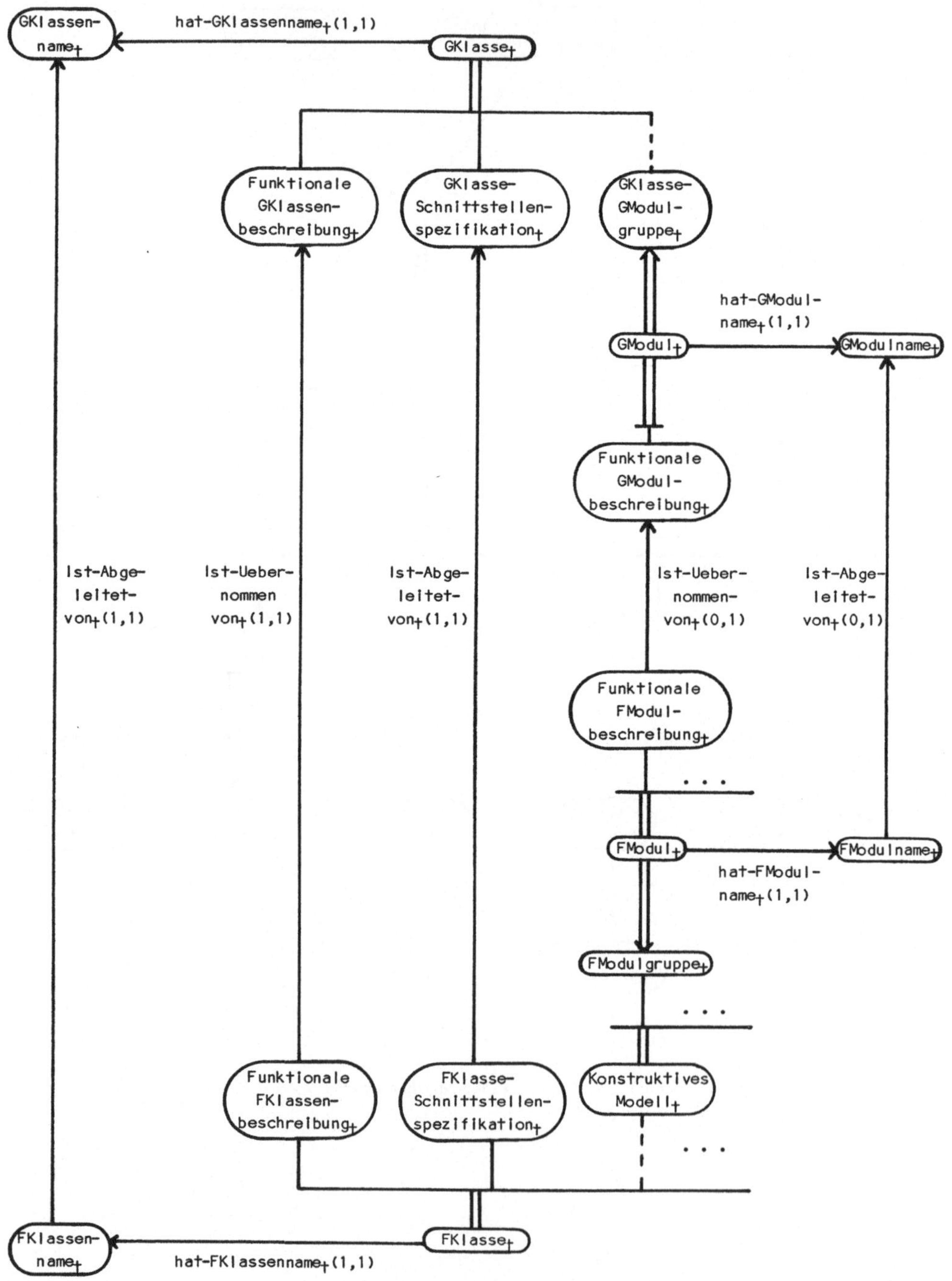

Abb. 4-5: Das Softwareproduktmodell (Teil 5): Die Abhaengigkeiten zwischen Grob- und Feinentwurf

"Grobentwurf$_t$" und "Feinentwurf$_t$" definiert, da beide Entwurfsar-
ten durch dieselben Beziehungen näher beschrieben werden. Die BK
"hat-Beschreibung$_t$" kann dazu verwendet werden, zusätzliche
Erklärungen zum entwickelten Systementwurf anzugeben, wie z.B.
Kommentierung von Designentscheidungen. Durch die BK "hat-
Status$_t$" wird beschrieben, welchen Status ein Systementwurf
gerade erreicht hat. Die zugehörige EK "Status" ist dabei eine
Bereichsklasse (/Schi84/), deren Elemente die verschiedenen
Zustände eines Systementwurfs spezifizieren. Im einzelnen sind
folgende Statusangaben möglich:

- "ZU-BEARBEITEN":
  Für den Grobentwurf bedeutet dieser Zustand, daß mit seiner
  Entwicklung noch nicht begonnen worden ist. Für den Feinentwurf
  hat dieser Zustand zusätzlich die Bedeutung, daß er gleich dem
  freigegebenen Grobentwurf ist, da dieser den Ausgangspunkt für
  die Erstellung des Feinentwurfs bildet.

- "IN-BEARBEITUNG":
  Der Systementwurf wird gerade entwickelt. Dieser Zustand kann
  auch vom Zustand "ERSTELLT" erreicht werden, wenn schon vor
  Durchführung des Rewiews Mängel erkannt werden.

- "ERSTELLT":
  Der Systementwurf ist erstellt und wird zum Review übergeben.

- "BEIM-REVIEW":
  Der Systementwurf ist gerade beim Review.

- "FREIGEGEBEN":
  Der Systementwurf hat den Review ohne Feststellung von Mängeln
  passiert und ist für die Verwendung im Projekt freigegeben.

- "ZU-MODIFIZIEREN":
  Durch den Review wurden Mängel festgestellt, die behoben werden
  müssen.

- "IN-MODIFIKATION":
  Die festgestellten Mängel werden gerade behoben.

- "MODIFIZIERT":
  Die Überarbeitung des Systementwurfs ist abgeschlossen.

Diese Zustände des Systementwurfs sind gerade durch die "Status"-Generalisierungsstruktur in Abb. 4-5 (Teil 1) beschrieben. Die möglichen Zustandsübergänge sind durch die Pfeile spezifiziert, die diese Statussubklassen miteinander verbinden, und entsprechen der in /Schi84/ eingeführten "pre-post-relation"-Angabe. Aus den Zustandsübergängen ist ersichtlich, daß auch ein überarbeiteter Systementwurf wieder einen Review durchlaufen muß, um freigegeben werden zu können.

Zur Unterstützung einer Versionsverwaltung werden sowohl für den Grobentwurf als auch für den Feinentwurf Versionsnummern vergeben, wobei wir davon ausgehen, daß für den Grob- und Feinentwurf jeweils unterschiedliche Arten von Versionsnummern (EK "GVersionsnummer" bzw. EK "FVersionsnummer") verwendet werden. Um die Zeiträume, in denen verschiedene Versionen Gültigkeit haben, verfügbar zu haben, sind die BKs "hat-GVersionsnummer$_t$" bzw. "hat-FVersionsnummer$_t$" als Klassen mit Zeit definiert.

Entsprechend der in Abschnitt 4.2 beschriebenen Struktur einer SLAN-4-Spezifikation setzt sich ein Systementwurf aus einer Menge von SLAN-4-Klassen zusammen. Dabei unterscheiden wir Grobentwurfsklassen (EK "GKlasse$_t$") und Feinentwurfsklassen (EK "FKlasse").

Im folgenden wollen wir die Elemente des Grobentwurfs, d.h. die Grobentwurfsklassen betrachten (siehe Abb. 4-5 (Teil 2)). Jede Grobentwurfsklasse wird durch einen eindeutigen Namen (BK "hat-GKlassenname$_t$"), eine Versionsnummer (BK "hat-GVersionsnummer$_t$") sowie ihren Bearbeitungsstatus (BK "hat-Status$_t$") beschrieben. Durch die BK "hat-Status$_t$" ist für die EK "GKlasse" dieselbe "Status"-Generalisierungsstruktur definiert wie für die EK "Systementwurf$_t$".

Die Spezifikation einer Grobklasse setzt sich aus einer funktionalen Beschreibung (EK "Funktionale GKlassenbeschreibung$_t$") und einer Schnittstellenbeschreibung (EK "GKlasse-Schnittstellenspezifikation$_t$") sowie optional aus einer ersten Spezifikation der Module der Klasse (EK "GKlasse-Modulgruppe$_t$") zusammen. Dementsprechend ist die EK "GKlasse$_t$" als Aggregierung dieser Entitätsklassen definiert. Da eine Schnittstellenspezifikation aus einer Parameterspezifikation (EK "GKlasse-Schnittstellenparameter$_t$") sowie einer Import- bzw. Export-Spezifikation (EK "GKlasse-Import$_t$" bzw. EK "GKlasse-Export") aufgebaut ist, modellieren wir diese Schnittstellenbeschreibung wiederum als Aggregierung dieser Komponentenklassen, wobei wir hier ein Beispiel für optionale Komponentenklassen innerhalb einer Aggregierung sehen.

Sofern eine Modulspezifikation gegeben ist, besteht diese aus einer Menge von Moduln (die EK "GKlasse-Modulgruppe$_t$" ist eine Gruppierung der EK "GModul$_t$"), die jeweils durch ihren Namen (BK "hat-GModulname$_t$") identifiziert werden und nur eine funktionale Beschreibung (EK "Funktionale GModulbeschreibung$_t$") besitzen.

Die für die EK "GKlasse$_t$" definierte BK "GWird-Importiert-von$_t$" basiert auf der Schnittstellenbeschreibung der Grobentwurfsklassen und beschreibt, welche Grobentwurfsklassen von welchen anderen Grobentwurfsklassen importiert werden. Durch diese Beziehungsklasse werden die Abhängigkeiten zwischen den Grobentwurfsklassen explizit dargestellt.

Wie wir bei der Beschreibung der Statusangabe für Systementwürfe gesehen haben, bildet der Grobentwurf den Ausgangspunkt für die Erstellung des Feinentwurfs, d.h. der freigegebene Grobentwurf entspricht dem Feinentwurf im Status "ZU-BEARBEITEN". Dementsprechend bilden die Entitäts- und Beziehungsklassen des Grobentwurfs eine Teilmenge der Entitäts- und Beziehungsklassen des Feinentwurfs, wobei die Klassen lediglich durch die Kennung "G" bzw. "F" voneinander unterschieden sind (siehe Abb. 4-5 (Teil 3)). Infolgedessen wollen wir nachfolgend nur die gegenüber

dem Grobentwurf zusätzlichen Entitäts- und Beziehungsklassen des
__Feinentwurfs__ betrachten. Dabei wollen wir einschränkend davon
ausgehen, daß Klassen- und Moduldefinitionen nicht geschachtelt
auftreten.

Zum einen enthält die EK "FKlasse$_t$" als zusätzliche Aggregierungskomponente das __algebraische Modell__ (EK "Algebraisches Modell$_t$"),
wobei sich dieses algebraische Modell aus einer Typdefinition der
Operationen (EK "Definition$_t$"), einem System von Gleichungen (EK
"Relation$_t$") sowie einer Festlegung der zulässigen Ausführungs-
reihenfolge der Operationen (EK "Sequenz$_t$") zusammensetzt.

Eine weitere Komponente wird durch das __konstruktive Modell__ (EK
"Konstruktives Modell$_t$") gebildet, das sich aus klasseninternen
Typ- und Objektdeklarationen (EK "Deklarationsgruppe$_t$") sowie
einer Beschreibung der Klassenmodule (EK "FModulgruppe$_t$") zusammensetzt ("FModulgruppe$_t$" werden wir unten noch näher spezifizieren).

Schließlich kann für Klassen noch eine Liste von Anweisungen
definiert werden, die die Aktionen beschreibt, die bei der
Deklaration eines Objektes von diesem (Klassen-)Typ durchgeführt
werden müssen. Diese Anweisungsliste wird durch die EK "FKlassen-
rumpf$_t$" modelliert, die als Gruppierung mit expliziter Ordnungsrelation der EK "Anweisung$_t$" definiert ist.

Jede Feinentwurfsklasse durchläuft während der Entwicklung des
Feinentwurfs genau dieselben Entwicklungszustände, wie sie für
Systementwürfe festgelegt wurden. Dieser Sachverhalt wird
wiederum über eine "Status"-Generalisierungsstruktur modelliert.

Die oben eingeführte EK "FModulgruppe$_t$", die als Gruppierung der
EK "FModul$_t$" definiert ist, repräsentiert die Menge der Feinentwurfsmodule, die zu einer SLAN-4-Feinentwurfsklasse gehören. Für
jeden __Feinentwurfsmodul__ sind dabei drei Beziehungen definiert,
die seinen Namen (BK "hat-FModulname$_t$"), seine Versionsnummer
(BK "hat-FVersionsnummer$_t$") sowie seinen Status (BK "hat-Status$_t$")

spezifizieren (siehe Abb. 4-5 (Teil 4)). Eine Feinentwurfsmodul-
spezifikation ist aus verschiedenen Beschreibungskomponenten aufgebaut, die durch die Komponentenklassen der Aggregierungsstruktur für die EK "FModul$_t$" repräsentiert werden:

- Wie jede Klassenspezifikation enthält auch jede Modulspezifikation eine verbale funktionale Beschreibung (EK "Funktionale
  FModulbeschreibung$_t$").

- Eine Schnittstellenspezifikation (EK "FModul-Schnittstellen-
  spezifikation$_t$") beschreibt die Parameter (EK "FModul-Schnitt-
  stellenparameter$_t$") sowie die Klassen, Module und die im
  Deklarationsteil der zugehörigen Feinentwurfsklassenspezifi-
  kation definierten Typen und Objekte (EK "FModul-Import$_t$"), die
  innerhalb des Moduls verwendet werden.

- Eine Ergebnistypangabe (EK "Ergebnistyp$_t$") spezifiziert den Typ
  des Ergebnisses, das der Modul liefert.

- Die Modulspezifikationskomponente (EK "FModulspezifikation")
  definiert die Semantik der durch den Modul repräsentierten
  Operation durch ein Paar von Anfangs- und Endzusicherungen (EK
  "Anfangszusicherung$_t$" bzw. EK "Endzusicherung$_t$"). Die Behandlung von Ausnahmesituationen wird durch entsprechende Ausnah-
  mefallspezifikationen (EK "Ausnahmespezifikation$_t$") beschrieben.

Für Feinentwurfsmodule ist wie für Feinentwurfsklassen durch die
BK "hat-Status$_t$" eine "Status"-Generalisierungsstruktur definiert.

Ein wesentliches Problem bei der phasenorientierten Vorgehensweise nach dem SLCM bildet die Konsistenz der in den verschiedenen Phasen erzeugten (Zwischen-)Softwareprodukte. Dabei muß u.a.
auch vermerkt werden, welche (Zwischen-)Softwareprodukte von welchen anderen abgeleitet worden sind bzw. welche Informationen die
Basis für die Entwicklung welcher (Zwischen-)Softwareprodukte

gebildet haben. Demzufolge muß auch das Softwareproduktmodell entsprechende Informationen beinhalten.

In unserem Fall müssen wir deshalb die zwischen dem Grob- und dem Feinentwurf existierenden Abhängigkeiten in unserem Softwareproduktmodell beschreiben (siehe Abb. 4-5 (Teil 5)). Die Spezifikation dieser Abhängigkeiten erfolgt durch die Definition von zwei Beziehungsklassen "Ist-Abgeleitet-von$_t$" und "Ist-Übernommen-von$_t$".

Dabei bringt eine Beziehung aus der BK "Ist-Übernommen-von$_t$" zum Ausdruck, daß die Feinentwurfs-Entität direkt aus dem Grobentwurf entnommen worden ist. Dies gilt z.B. für die funktionale Beschreibung einer Grobentwurfsklasse, die unverändert als funktionale Beschreibung der zugehörigen Feinentwurfsklasse verwendet wird. In gleicher Weise ist auch eine Beziehung "Ist-Übernommen-von$_t$" für die funktionalen Modulbeschreibungen definiert. Da jedoch für eine Grobentwurfsklasse keine Modulbeschreibungen existieren müssen, hat in diesem Fall die BK "Ist-Übernommen-von$_t$" die Kardinalitätsangabe (0,1).

Die Tatsache, daß eine Feinentwurfskomponente aus einer Grobentwurfskomponente abgeleitet worden ist, wird durch die BK "Ist-Abgeleitet-von$_t$" repräsentiert. So spezifiziert z.B. die BK "Ist-Abgeleitet-von$_t$", die zwischen der EK "GKlassenname$_t$" und der EK "FKlassenname$_t$" definiert ist, daß der Name einer Feinentwurfsklasse aus dem Namen der zugehörigen Grobentwurfsklasse, z.B. durch Anhängung einer Kennung für den Feinentwurf, abgeleitet worden ist. Ebenso definiert die BK "Ist-Abgeleitet-von$_t$", die zwischen den Schnittstellenspezifikationen definiert ist, welche Grobentwurfs-Schnittstellenspezfikation(-sversion) die Basis für die Entwicklung der Feinentwurfs-Schnittstellenspezifikation gebildet hat.

Da die BKs "Ist-Abgeleitet-von$_t$" und "Ist-Übernommen-von$_t$" als Klassen mit Zeit definiert sind, wird auch die historische Entwicklung dieser Beziehungen festgehalten, so daß bekannt ist, von welcher Version einer Systementwurfskomponente andere Komponenten abgeleitet worden sind.

Aus der Betrachtung der Beschreibung der Beziehungen zwischen Grob- und Feinentwurf sollte ersichtlich sein, daß die für das Softwareproduktmodell verwendeten Modellierungskonzepte gut geeignet sind, um die zwischen verschiedenen (Zwischen-)Softwareprodukten existierenden Abhängigkeiten zu beschreiben. Sofern man weitere Entwurfsphasen in Betracht zieht, können einfach zusätzliche Beziehungsklassen, wie z.B. "Erfüllt-Anforderung" oder "Ist-Testfall-für" definiert werden, um diese Abhängigkeiten im Softwareproduktmodell zu repräsentieren.

Das in diesem Abschnitt eingeführte Projektmanagementmodell bildet zusammen mit dem Softwareproduktmodell die Basis für die Spezifikation des BIS, das wir im nächsten Abschnitt betrachten wollen.

5. Das Benutzerinformationssystem

Wie wir bei der Beschreibung der DIKOS-Architektur in Abschnitt 2
gesehen haben, ist das Benutzerinformationssystem (BIS) ein
DIKOS-Tool, das die Aufgabe hat, die Projektmitarbeiter mit allen
für sie relevanten Informationen zu versorgen und insbesondere
die Kooperation und Kommunikation zwischen den Projektmitarbeitern zu unterstützen und teilweise zu automatisieren. Diese
Unterstützungsfunktionen basieren auf den Informationen, die in
der Wissensbasis von DIKOS verwaltet werden.

Im folgenden werden wir die BIS-Funktionen für die verschiedenen
Entwurfsaktivitäten der Designer beschreiben. Die zugehörige
DIKOS-Benutzerschnittstelle werden wir dann im nächsten Abschnitt
betrachten. Zur Spezifikation der Entwurfsaktivitäten sowie der
damit verbundenen BIS-Unterstützungsfunktionen werden wir dabei
den in Abschnitt 3 eingeführten THM-Netz-Modellierungsansatz verwenden.

5.1 Die Schriftstücke des Benutzerinformationssystems

Im Rahmen des in Abschnitt 4 definierten Projektmanagementmodells
wurde jedem Projektmitarbeiter eine Senderbox sowie eine Empfängerbox (siehe Abb. 4-4 (Teil 2)) zugeordnet, die vom BIS für den
Austausch von Informationen zwischen den Projektmitarbeitern verwendet werden. Ehe wir die BIS-Unterstützungsfunktionen im Detail
betrachten können, müssen wir deshalb zunächst festlegen, welcher
Arten von Informationen in den Sender- bzw. Empfängerboxen abgelegt werden (siehe Abb. 5-1).

Dabei unterscheiden wir zwei Arten von Schriftstücken: Botschaf-
ten (EK "Botschaft") und Dokumente (EK "Dokument"). Für beide
Entwurfsklassen sind jeweils die BKs "hat-Sender" bzw. "hat-
Empfänger" definiert, die beschreiben, wer an wen welches
Schriftstück gesandt hat. Dabei ist es für Dokumente zulässig,
daß für sie kein Sender und kein Empfänger definiert ist
(Kardinalitätsangabe (0,1) bzw. (0,*)), da Dokumente auch dann

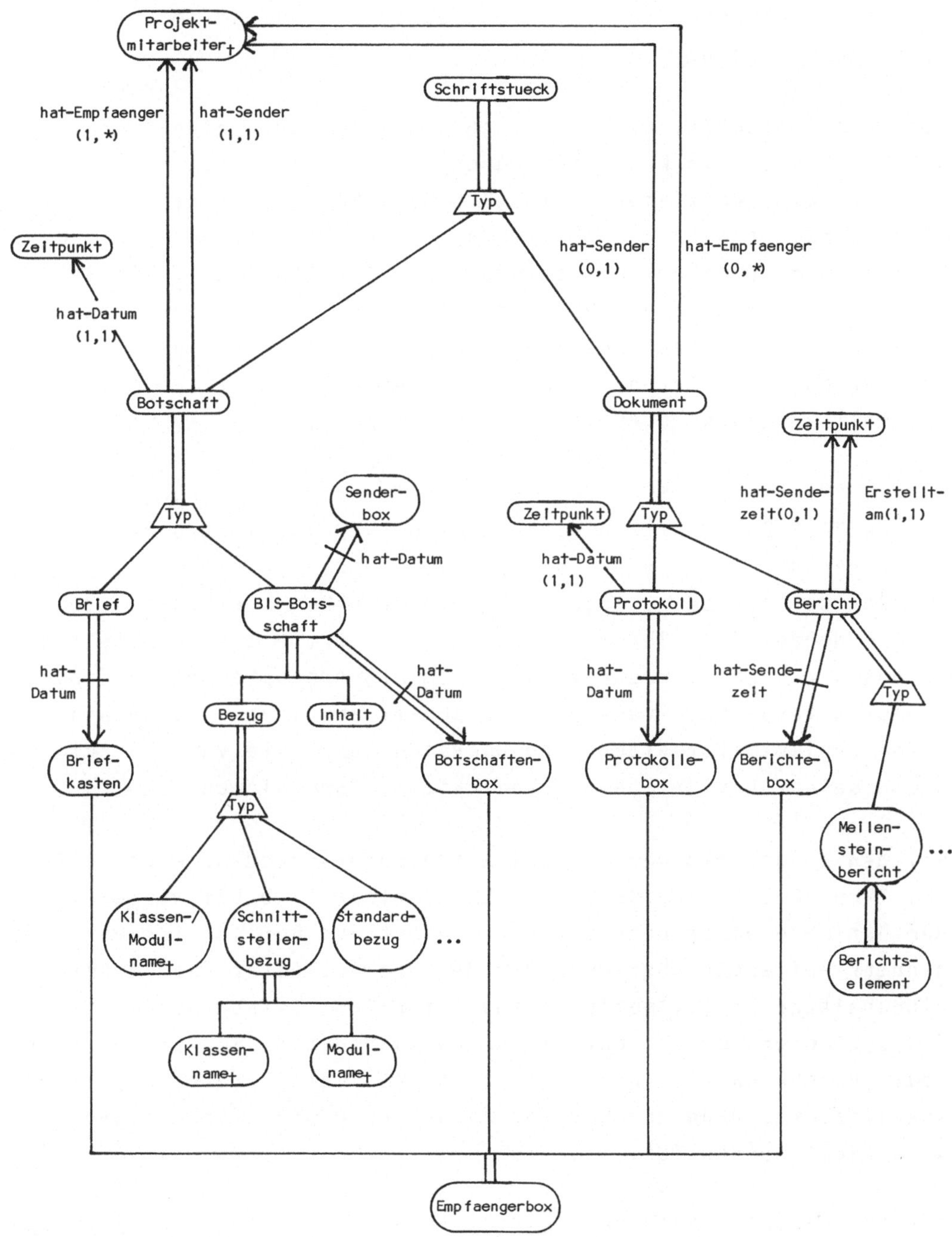

Abb. 5-1: Die Struktur der Sender- und Empfaengerbox eines Projektmitarbeiters

existieren können, wenn sie nicht zu anderen Projektmitarbeitern verschickt werden.

Für jede Botschaft, die wahlweise ein Brief oder eine (spezielle) BIS-Botschaft sein kann, ist durch die BK "hat-Datum" ein Sendezeitpunkt spezifiziert. Eine BIS-Botschaft setzt sich aus jeweils zwei Komponenten zusammen, einer Bezugskomponente (EK "Bezug") sowie einer Inhaltskomponente (EK "Inhalt"). Die Bezugskomponente dient dabei zur Identifizierung der Elemente, auf die sich die BIS-Botschaft bezieht. Dabei dürfen in den BIS-Botschaften verschiedene Arten von Bezugskomponenten auftreten (siehe die Generalisierungsstruktur für die EK "Bezug").

Die EK "Senderbox" ist als eine Gruppierung mit Ordnungsrelation der EK "BIS-Botschaft" definiert, wobei die BIS-Botschaften auf Grund der BK "hat-Sender" gruppiert werden; d.h. jeder Projektmitarbeiter hat seine eigene Senderbox, wobei die Botschaften in der Senderbox nach ihrem Sendezeitpunkt sortiert sind. Die Senderbox wird dazu verwendet, jede vom BIS erzeugte und zu anderen Projektmitarbeitern versandte Botschaft abzulegen. Dadurch hat jeder Projektmitarbeiter eine Übersicht über die vom BIS auf Grund seiner Aktivitäten verschickten Informationen.

Bei den Dokumenten werden zwei Arten unterschieden: Protokolle (EK "Protokoll") und Berichte (EK "Bericht"). Dabei wollen wir nur Berichte näher betrachten. Eine Art von Bericht ist ein sogenannter Meilensteinbericht, der den Projektleiter über nicht eingehaltene Projektmeilensteine informiert (siehe Abschnitt 5.2.3). Jeder Bericht hat ein Erstellungsdatum (BK "Erstellt-am") sowie gegebenenfalls eine Sendezeit (BK "hat-Sendezeit"), die spezifiziert, wann der Bericht an andere Projektmitarbeiter verschickt worden ist.

Die EKs "Brief", "BIS-Botschaft", "Protokoll" bzw. "Bericht" werden jeweils nach den Empfängern - dabei geordnet nach dem Datum - zu den EKs "Briefkasten", "Botschaftenbox", Protokollebox" sowie "Berichtebox" gruppiert. Diese EKs werden dann über eine Aggregierunsstruktur zu der EK "Empfängerbox" zusammengefaßt.

Daraus ergibt sich, daß jeder Projektmitarbeiter über eine aus vier Komponenten zusammengesetzte Empfängerbox verfügt. Dadurch wird eine Vorsortierung der an die Projektmitarbeiter versandten Informationen erreicht und damit vermieden, daß eine Vielzahl von Informationen den Projektmitarbeitern unstrukturiert zur Verfügung gestellt werden. Insbesondere werden durch diesen Ansatz die BIS-Botschaften nicht mit anderen Botschaften vermischt.

5.2 Die Unterstützungsfunktionen des Benutzerinformationssytems

Mit der Einführung der BIS-Komponente in DIKOS wird das Ziel verfolgt, den Projektmitarbeitern jederzeit all die Informationen zur Verfügung zu stellen, die sie für die korrekte Durchführung ihrer Aufgaben benötigen. Dabei wird speziell der Informationsaustausch zwischen den Projektmitarbeitern unterstützt, um eine enge Kooperation der Projektmitarbeiter untereinander zu erreichen. Diese Kooperation ist notwendig, um auch bei einer arbeitsteiligen Entwicklung eines Softwaresystems - gegebenenfalls sogar in einer dezentral organisierten Umgebung - ein in sich konsistentes Softwaresystem entwickeln zu können.

Grundsätzlich läßt sich das BIS in zwei Arten verwenden:

Im passiven Modus müssen die DIKOS-Benutzer selbst die BIS-Funktionen aktivieren, um benötigte Informationen zu erhalten. Dies setzt natürlich voraus, daß die Projektmitarbeiter sich der Tatsache bewußt sind, daß sie bestimmte Informationen benötigen. Grundlage für diese Art der Verwendung des BIS bildet dabei eine Browsing-Funktion, die das Navigieren in dem THM-Objekteschema der DIKOS-Wissensbasis (siehe Abschnitt 4) erlaubt und damit den DIKOS-Benutzern die Möglichkeit bietet, sich über die in DIKOS verwalteten Konzepte schrittweise zu informieren. Diese Browsing-Funktion werden wir bei der Beschreibung der DIKOS-Benutzerschnittstelle näher betrachten.

Im aktiven Modus beinhaltet das BIS Funktionen, die die Koopera-

tion und Kommunikation der Projektmitarbeiter untereinander
automatisch unterstützen. Diese Unterstützung basiert dabei auf
einer Überwachung der Abhängigkeiten, die zwischen den verschiedenen (Zwischen-)Softwareprodukten bzw. ihren Komponenten existieren und in der Wissensbasis von DIKOS spezifiziert sind. Grundidee ist dabei, daß das BIS Informationen über den Softwareent-
wicklungsprozeß sammelt und diese Informationen an alle Projektmitarbeiter automatisch verschickt, für die diese Informationen
relevant sind. Diese Informationen werden in Form von BIS-Botschaften oder anderen Arten von Schriftstücken (siehe Abb. 5-1)
verschickt, wobei der Botschaftenaustausch unter Verwendung der
für jeden Projektmitarbeiter eingerichteten Sender- bzw. Empfängerbox durchgeführt wird.

Im folgenden werden wir die BIS-Unterstützungsfunktionen für die
Entwurfsaktivitäten der Designer im Detail beschreiben. Zuvor
werden wir jedoch Basisfunktionen für das Erzeugen und Verschicken von BIS-Botschaften in Form von THM-Netz-Transitionen
definieren.

5.2.1 Die Basisfunktionen für das Erzeugen und Verschicken von BIS-Botschaften

Wie wir später sehen werden, werden für die Unterstützung der
Entwurfsaktivitäten der Designer verschiedene Kommunikations-
beziehungen benötigt:

(1) Zur Information des Projektleiters über laufende oder durch-
    geführte Entwurfsaktivitäten werden vom BIS Botschaften an
    den Projektleiter geschickt.

(2) Zur Bekanntmachung von Projektleiterentscheidungen werden
    Botschaften an die betroffenen Projektmitarbeiter versandt.

(3) Zur Unterstützung der Kooperation der Designer untereinander
    werden Botschaften zwischen den Designern ausgetauscht.

Jeder dieser drei Kommunikationswege wird im Rahmen der THM-Netz-Spezifikation des BIS durch eine THM-Netz-Transition mit entsprechenden Ein-/Ausgabestellen modelliert (siehe Abb. 5-2). Die für die zu verschickende Botschaft benötigten Informationen werden dabei in der Markierung einer durch ein geeignetes Kontrollprädikat repräsentierten Eingabestelle abgelegt.

a) Erzeugen und Senden einer Botschaft vom Projektleiter an einen Designer

Das Erzeugen und Senden einer Botschaft, die auf Grund einer Projektleiteraktivität an Designer zu schicken ist, wird durch die Transition "Erzeuge und sende Botschaft von PL an D" spezifiziert (siehe Abb. 5-2a). Für diese Transition wird als Eingabestelle das Kontrollprädikat "Botschaft an Designer zu schicken(des,bez,inh)" verwendet, wobei beim Schalten der Transition (i) die <Entitäts-Var> "des" aus der Kantenbeschriftung an die Designer-Entität gebunden wird, an die die Botschaft zu schicken ist, (ii) die <Entitäts-Var> "bez" an die Bezugskomponente der Botschaft und (iii) die <Entitäts-Var> "inh" an die Inhaltskomponente der Botschaft.

Durch die Eingabestelle "Berichtet-an$_t$(pm,pl)" wird sichergestellt, daß der Empfänger der Botschaft auch dem Projektleiter unterstellt ist.

Die Elemente aus der Transitionsformel der Transition T1 haben folgende Bedeutung (um für die Erläuterungen eindeutige Bezugspunkte zu haben, werden im folgenden die Transitionen beginnend mit T1 und die Elemente aus der Transitionsformel jeweils beginnend mit .1) durchnumeriert):

T1.1: Aus der Bezugs- und Inhaltskomponente wird durch die Standardfunktion **agg** eine Botschaft erzeugt, die durch die **let**-Klausel an die Variable "bot" gebunden wird. "bot" repräsentiert die zu verschickende Botschaft.

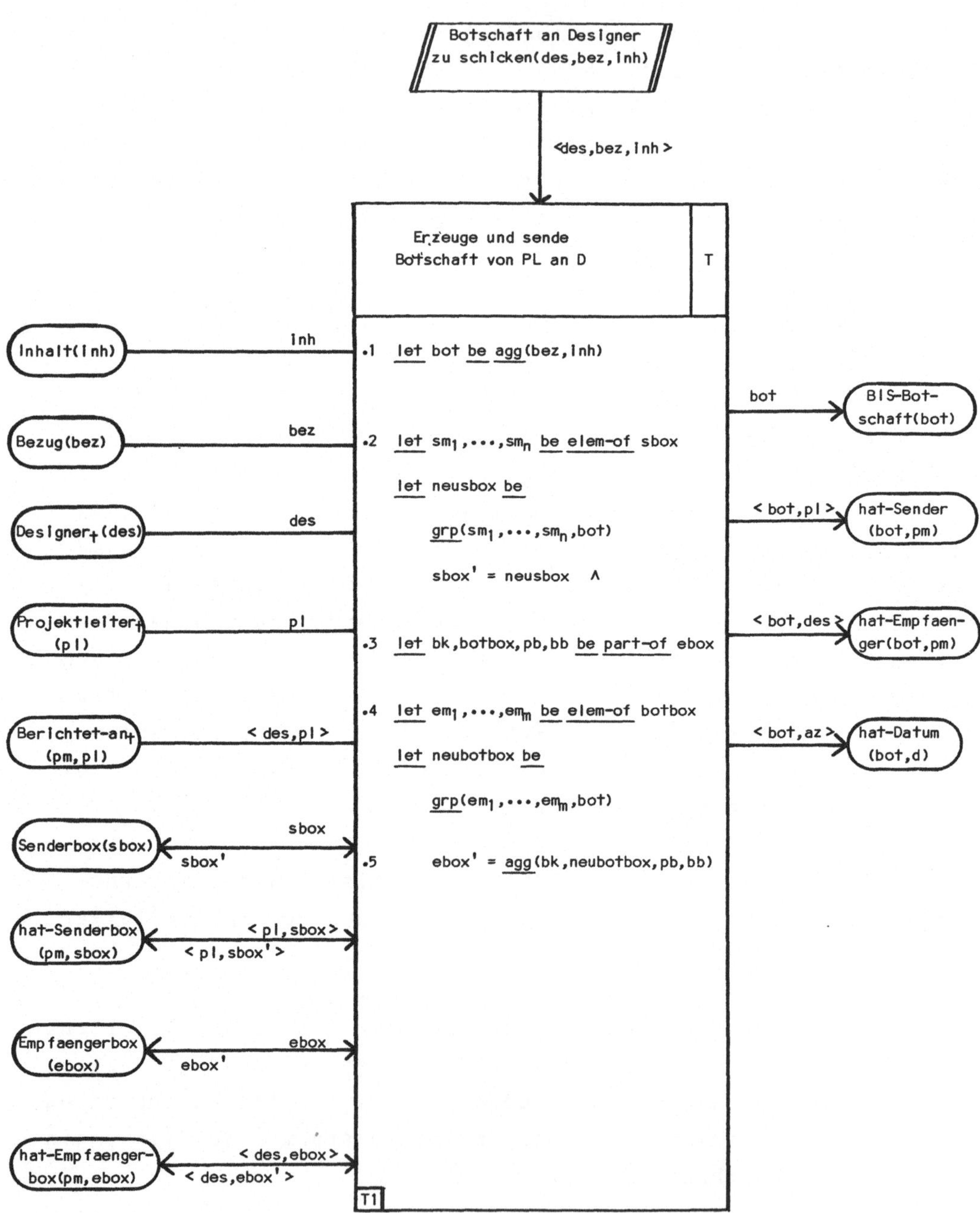

Abb. 5-2a: Erzeugen und Senden einer Botschaft vom Projektleiter an einen Designer (T1)

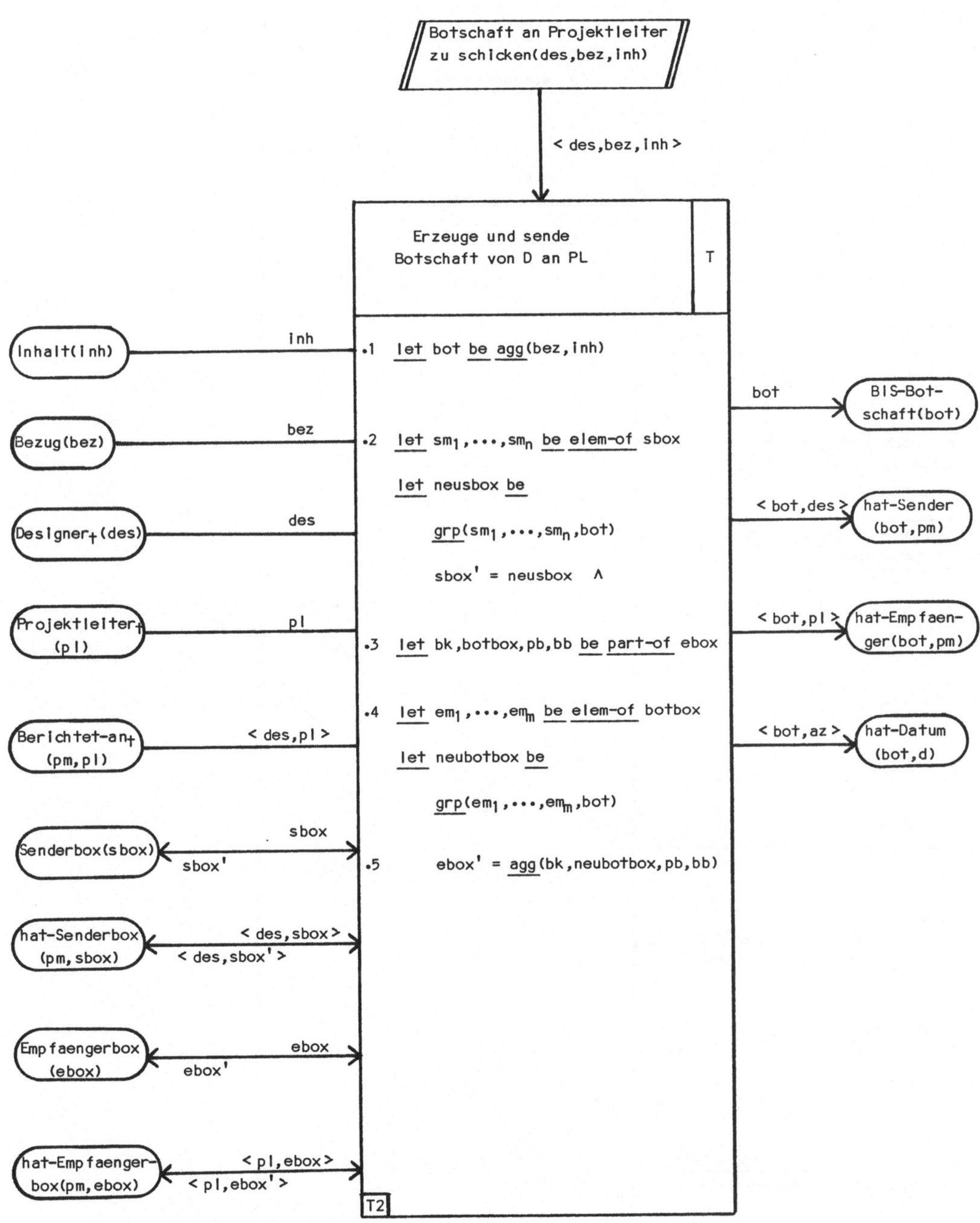

Abb. 5-2b: Erzeugen und Senden einer Botschaft von einem Designer an den Projektleiter (T2)

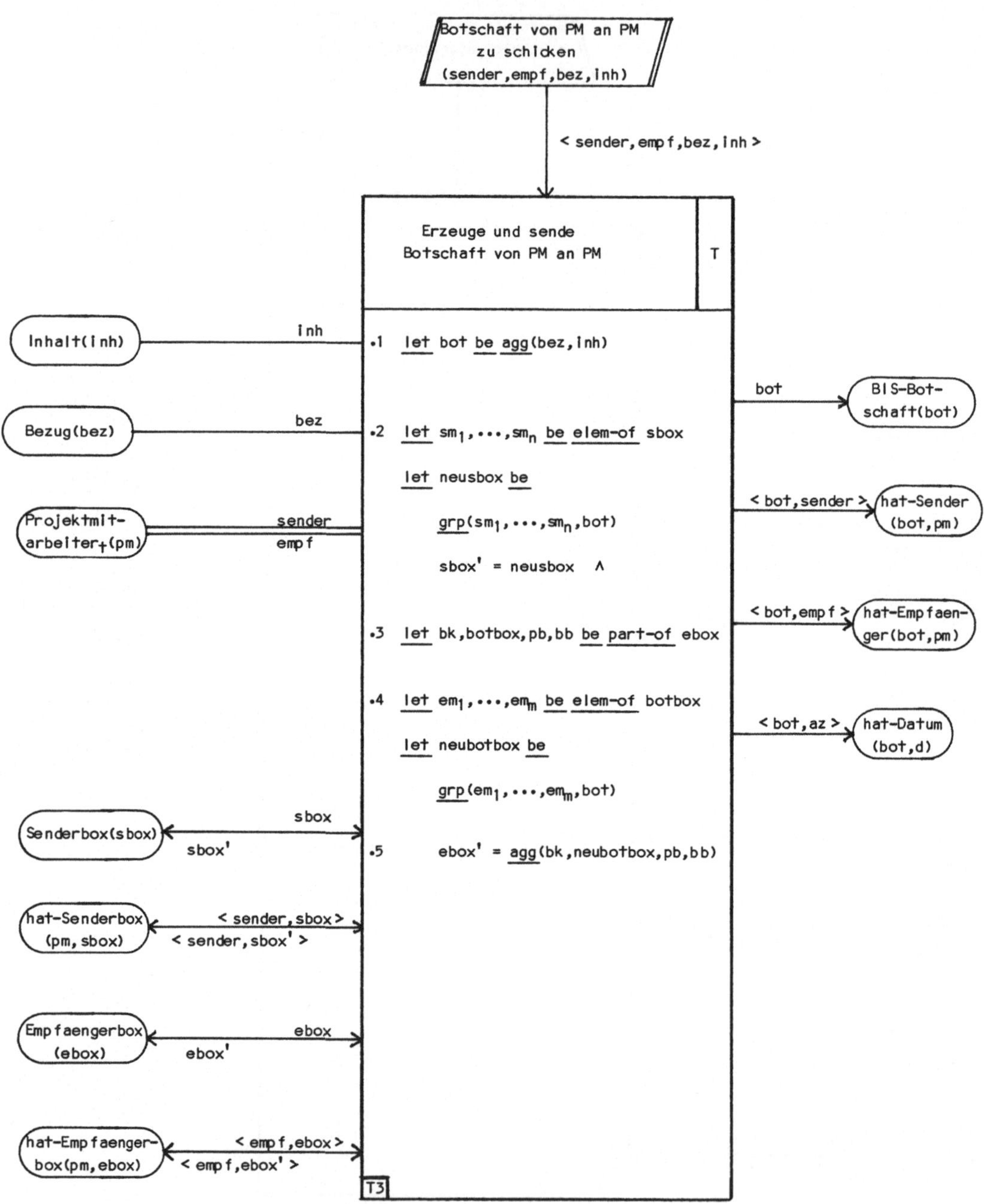

Abb. 5-2c: Erzeugen und Senden einer Botschaft von einem Projektmitarbeiter an einen anderen Projektmitarbeiter (T3)

T1.2: "neusbox" wird an eine neue Senderbox-Entität gebunden, die
als (n+1)-tes Element die an "bot" gebundene Botschaft
enthält (die EK "Senderbox" ist ja als Gruppierung der EK
"BIS-Botschaft" definiert (siehe Abb. 5-1)).

T1.3: Wir betrachten die Empfängerbox des Designers, der die
Botschaft erhalten soll. Sie setzt sich aus dem Briefkasten
("bk"), der Botschaftenbox ("botbox"), der Protokollebox
("pb") sowie der Berichtebox ("bb") zusammen.

T1.4: Es wird eine neue Botschaftenbox an "neubotbox" gebunden,
die als (m+1)-tes Element die Botschaft "bot" enthält.

T1.5: Die neue Botschaftenbox wird als Aggregierungskomponente
für die neue Empfängerbox verwendet.

Durch das Schalten der Transition werden die (alte) Senderbox des
Projektleiters sowie die (alte) Empfängerbox des Designers aus
der Markierung der entsprechenden Ein-/Ausgabestellen entfernt
und die durch die Transitionsformel spezifizierte neue Sender-
bzw. Empfängerbox in die Markierung dieser Stellen eingefügt (die
Beziehungen "hat-Senderbox" bzw. "hat- Empfängerbox" werden
natürlich entsprechend mitmanipuliert). Außerdem wird für die
Botschaft vermerkt, daß der Projektleiter der Sender (Ausgabestelle "hat-Sender(bot,pm)") und der Designer der Empfänger
(Ausgabestelle "hat-Empfänger(bot,pm)") ist. Der Sendezeitpunkt
der Botschaft wird in der Markierung der Ausgabestelle "hat-
Datum(bot,d)" abgelegt (da die Transition T1 eine Transition mit
Zeit ist, ist der Schaltzeitpunkt verfügbar; er wird durch die
spezielle <Entitäts-Var> "az" repräsentiert (siehe Abschnitt
3.3.8.2)).

b) Erzeugen und Senden einer Botschaft von einem Designer an den
   Projektleiter

Die Transition "Erzeuge und sende Botschaft von D an PL" (T2)
modelliert das Erzeugen und Senden einer Botschaft, die als Folge
einer Designeraktivität an den Projektleiter zu schicken ist
(siehe Abb. 5-2b). Gegenüber der in Abb. 5-2a dargestellten

Transition T1 sind nur die Sender- bzw. Empfängerfunktion
zwischen dem Designer (<Entitäts-Var> "des") und dem Projektleiter (<Entitäts-Var> "pl") vertauscht.

c) Erzeugen und Senden einer Botschaft von einem Projektmitarbei-
ter an einen anderen Projektmitarbeiter

Der Austausch von Botschaften zwischen Projektmitarbeitern wird
durch die in Abb. 5-2c dargestellte Transition "Erzeuge und sende
Botschaft von PM an PM" (T3) spezifiziert. Diese Transition
unterscheidet sich von den Transitionen T1 und T2 insofern, als
die Eingabestelle "Botschaft von PM an PM zu schicken(sender,
empf,bez,inh)" sowohl den Sender als auch den Empfänger der
Botschaft (<Entitäts-Var> "sender" bzw. "empf") festlegt.
Ansonsten entsprechen die Transitionsformel und die Ein-/Ausgabe-
stellen der Transition der Spezifikation der Transition T1. Die
Stellen "Projektleiter$_t$(pl)" sowie "Berichtet-an$_t$(pm,pl)" werden
jedoch nicht mehr benötigt.

5.2.2 Die Entwurfsaktivitäten der Designer

Die Beschreibung der Entwurfsaktivitäten der Designer sowie der
damit verbundenen BIS-Unterstützungsfunktionen basiert auf der in
Abschnitt 4 getroffenen Annahme, daß der Systementwurf mit Hilfe
von SLAN-4 durchgeführt wird. Dabei werden wir die in Tabelle 1
aufgeführten Entwurfsaktivitäten betrachten und einen Teil davon
mit den THM-Netz-Modellierungskonzepten beschreiben. Diese Entwurfsaktivitäten bilden die Gesamtheit der SLAN-4-Klassen-bezoge-
nen Entwurfsaktivitäten während der Erstellung des Feinentwurfs.
Eine Beschreibung der dazu analogen SLAN-4-Modul-bezogenen Entwurfsaktivitäten ist in /Harb84/ zu finden. Die vom BIS auf Grund
der Entwurfsaktivitäten aus Tabelle 1 erzeugten Botschaften sind
in Tabelle 2 zusammengestellt.

- Entwurf einer Klasse beginnen
- Zusätzlichen Modulexport für Klasse definieren*
- Modul in der Exportspezifikation einer Klasse streichen*
- Zusätzlichen Klassenimport für Klasse definieren*
- Zusätzlichen Modulimport für Klasse definieren*
- Klasse in der Importspezifikation einer Klasse streichen*
- Modul in derImportspezifikation einer Klasse streichen*
- Schnittstellenparameter einer Klasse ändern*
- Funktionale Beschreibung einer Klasse ändern*
- Feinentwurfsspezifikation einer Klasse entwickeln
- Feinentwurfsspezifikation einer Klasse ändern
- Entwurf einer Klasse unterbrechen
- Entwurf einer Klasse fortsetzen
- Entwurf einer Klasse beenden

*) Durchführung nur nach Genehmigung durch den Projektleiter

Tabelle 1: Die Entwurfsaktivitäten der Designer für SLAN-4-
Klassen (Erstellung des Feinentwurfs)

a) Entwurf einer Klasse beginnen

Die Aktivität "Entwurf einer Klasse beginnen" ist in Abb. 5-3 als
THM-Netz modelliert. Die externe Ereignistransition "Entwurf
einer Klasse beginnen" stellt hierzu als Eingabeinformation den
Namen des Designers, der mit dem Entwurf beginnt, sowie den Namen
der Klasse, die entworfen wird, zur Verfügung.

Die interne Transition "Bearbeite Entwurfsbeginn einer Klasse" (T4)
beschreibt die Modifikationen, die diese Aktivität in der Wissensbasis von DIKOS hervorruft.

Die Eingabestellen "Designer$_t$(des)" und "hat-Personenname$_t$(pm,
pname)" stellen sicher, daß der durch "pname" identifizierte Projektmitarbeiter ein Designer ist. Durch die Transitionsformel-
elemente werden folgende Anforderungen an die durch die Transition zu manipulierenden Elemente festgelegt:

Botschaften für den Projektleiter

- Entwurf der Klasse <Klassenname> begonnen
- Exportanforderung für Klasse <Klassenname>
- Exportanforderung für Klasse <Klassenname> bewilligt
- Neuer Modulexport <Modulname> für Klasse <Klassenname>
- Modul <Modulname> aus Export der Klasse <Klassenname> entfernt
- Neuer Modulimport <Modulname> für Klasse <Klassenname>
- Neuer Klassenimport <Klassenname> für Klasse <Klassenname>
- Modul <Modulname> aus Import der Klasse <Klassenname> entfernt
- Klasse <Klassenname> aus Import der Klasse <Klassenname>
  entfernt
- Änderung des Parameters <Parametername> der Klasse
  <Klassenname>
- Änderung der funktionalen Beschreibung der Klasse
  <Klassenname>
- Entwurf der Klasse <Klassenname> beendet

Botschaften für den Designer

- Neuer Modulexport <Modulname> für Klasse <Klassenname>*
- Modul <Modulname> aus Export der Klasse <Klassenname> entfernt*
- Änderung des Parameters <Parametername> der Klasse
  <Klassenname>*
- Änderung der funktionalen Beschreibung der Klasse
  <Klassenname>*
- Änderung des algebraischen Modells der Klasse <Klassenname>+
- Änderung des konstruktiven Modells der Klasse <Klassenname>+
- Änderung des Klassenrumpfes der Klasse <Klassenname>+

*) wenn der Designer die Klasse <Klassenname> verwendet
+) wenn der Designer die Klasse <Klassenname> verwendet und die
   Klasse bereits freigegeben war

Tabelle 2: Die vom BIS versandten Botschaften auf Grund der in
           Tabelle 1 aufgeführten Entwurfsaktivitäten (Botschaf-
           ten für Genehmigungsverfahren sind nur teilweis spezi-
           fiziert)

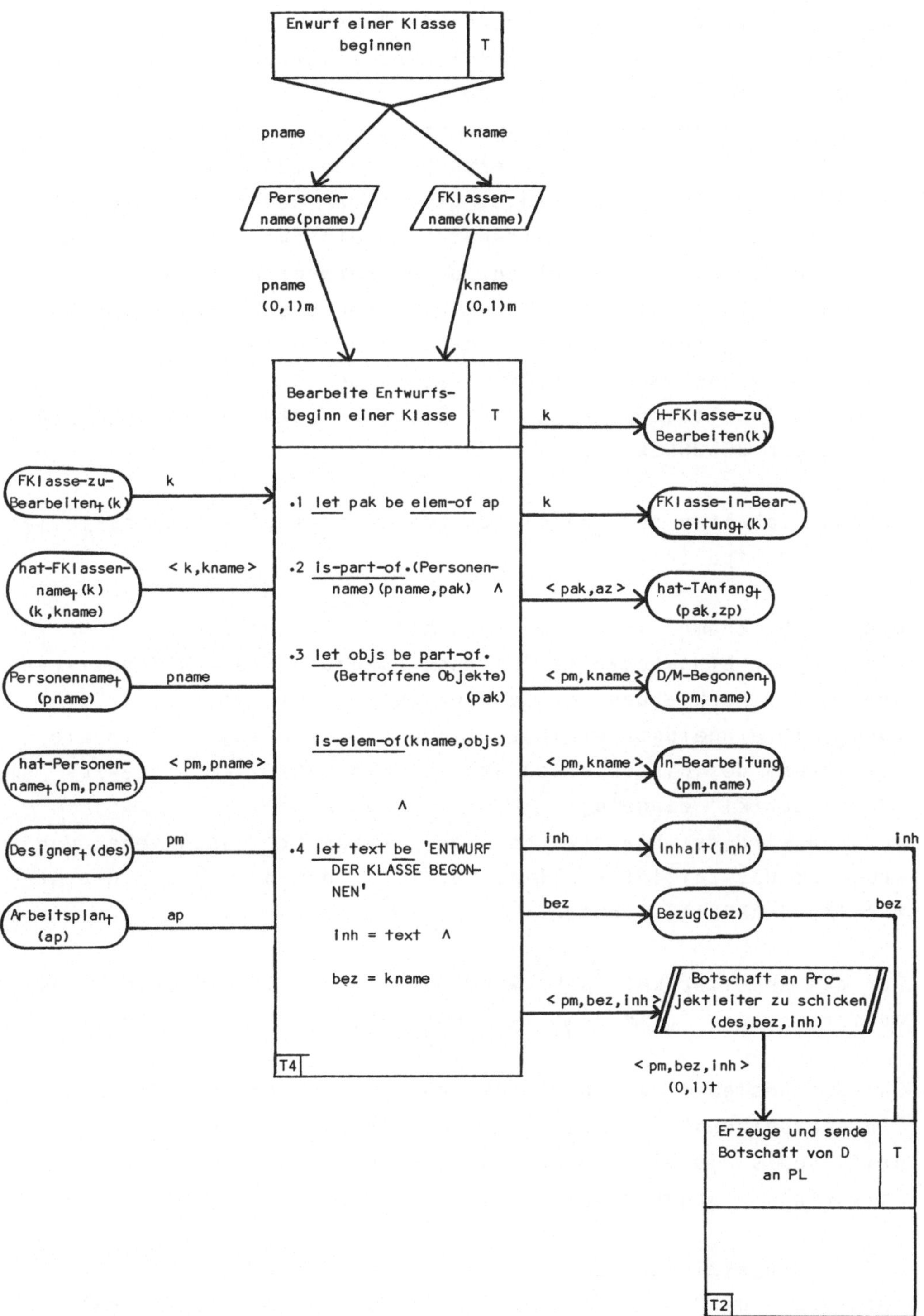

Abb. 5-3: Modellierung der Aktivitaet "Entwurf einer Klasse beginnen" (T4)

T4.1: Wir betrachten aus dem durch "ap" repräsentierten
      Arbeitsplan ein Arbeitspaket, das folgenden Einschränkungen
      genügt:
T4.2: In der Personennamen-Komponente des Arbeitspaketes ist der
      durch "pname" identifizierte Designer aufgeführt.
T4.3: In der Menge der Elemente, die in der Komponente "Betrof-
      fene Objekte" des Arbeitspaketes aufgeführt sind, ist der
      Name der Klasse enthalten, deren Entwurf begonnen wird.
T4.4: Um den Projektleiter über den Beginn des Entwurfs durch
      eine zu generierende Botschaft informieren zu können, wird
      eine Bezugskomponente, die gleich dem Klassennamen ist, und
      eine Inhaltskomponente definiert, die gleich 'ENTWURF DER
      KLASSE BEGONNEN' ist.

Durch das Schalten der Transition werden ihre Ein-/Ausgabestellen
wie folgt manipuliert:

- Die durch "kname" identifizierte Klasse "k" wird aus der Markierung der Eingabestelle "FKlasse-zu-Bearbeiten$_t$(k)" entfernt
  und in die Markierung der Ausgabestelle "FKlasse-in-Bearbei-
  tung$_t$(k)" eingefügt. Gleichzeitig wird die Klasse "k" in die
  Markierung des historischen Stellenprädikats "H-FKlasse-zu-
  Bearbeiten(k)" eingefügt.
  Dadurch wird der Statuswechsel der Klasse "k" beschrieben und
  außerdem das Zeitintervall vermerkt, in dem die Klasse den Status 'ZU-BEARBEITEN' hatte.

- Für das Arbeitspaket "pak" wird der tatsächliche Bearbeitungs-
  beginn in der Stelle "hat-TAnfang$_t$(pak,zp)" festgehalten.

- Für den Designer werden die Beziehungen "D/M-Begonnen$_t$" und
  "In-Bearbeitung" aufgebaut. Sie werden später für Konsistenz-
  prüfungen sowie die Benachrichtigung von Designern über
  Entwurfsänderungen verwendet.

- Da der Projektleiter über den Beginn der Entwurfsaktivität
  informiert werden soll, wird in die Markierung des Kontroll-

prädikats "Botschaft an Projektleiter zu schicken(des,bez,inh)"
ein Tupel eingefügt, das von der Transition "Erzeuge und sende
Botschaft von D an PL" (T2) verwendet werden kann, um eine
entsprechende Botschaft an den Projektleiter zu schicken. Die
Verfügbarkeitsintervall-Spezifikation "(0,1)t" für die Kante,
die das Kontrollprädikat mit der Transition T2 verbindet, gibt
an, daß der Projektleiter innerhalb eines Tages über den Beginn
der Entwurfsaktivität informiert werden soll.

Die im folgenden unter Punkt b) - g) beschriebenen Aktivitäten
sind als "kritische" Änderungsoperationen einzustufen, da sie
entweder bereits im Grobentwurf enthaltene Spezifikationen
abändern oder sich in Form von Schnittstellenänderungen unmittelbar auf die Arbeit anderer Designer auswirken. Aus diesem
Grund bedürfen diese Aktivitäten der vorherigen Genehmigung durch
den Projektleiter. Da sie alle ähnlich ablaufen, wollen wir nur
eine von ihnen, die Aktivität "Zusätzlichen Modulexport für
Klasse definieren", mit Hilfe eines THM-Netzes spezifizieren, die
anderen aber nur verbal beschreiben.

b) Zusätzlichen Modulexport für Klasse definieren

Da sich diese Aktivität auf die Schnittstellenspezifikation einer
Klasse auswirkt, muß der Designer vor Ausführung dieser Aktivität
eine Genehmigung des Projektleiters einholen. Dieses Genehmigungsverfahren wird durch die in Abb. 5-4a spezifizierten Transitionen beschrieben.

Durch die externe Ereignistransition "Anforderung für Klassenexport erzeugen" werden die für einen Genehmigungsantrag
benötigten Informationen bereitgestell: zum einen wird spezifiziert, wer diesen Antrag stellt, zum andern wird angegeben,
welche Klasse welchen Modul zusätzlich exportieren soll. Die
interne Ereignistransition "Bearbeite Exportanforderung" (T5)

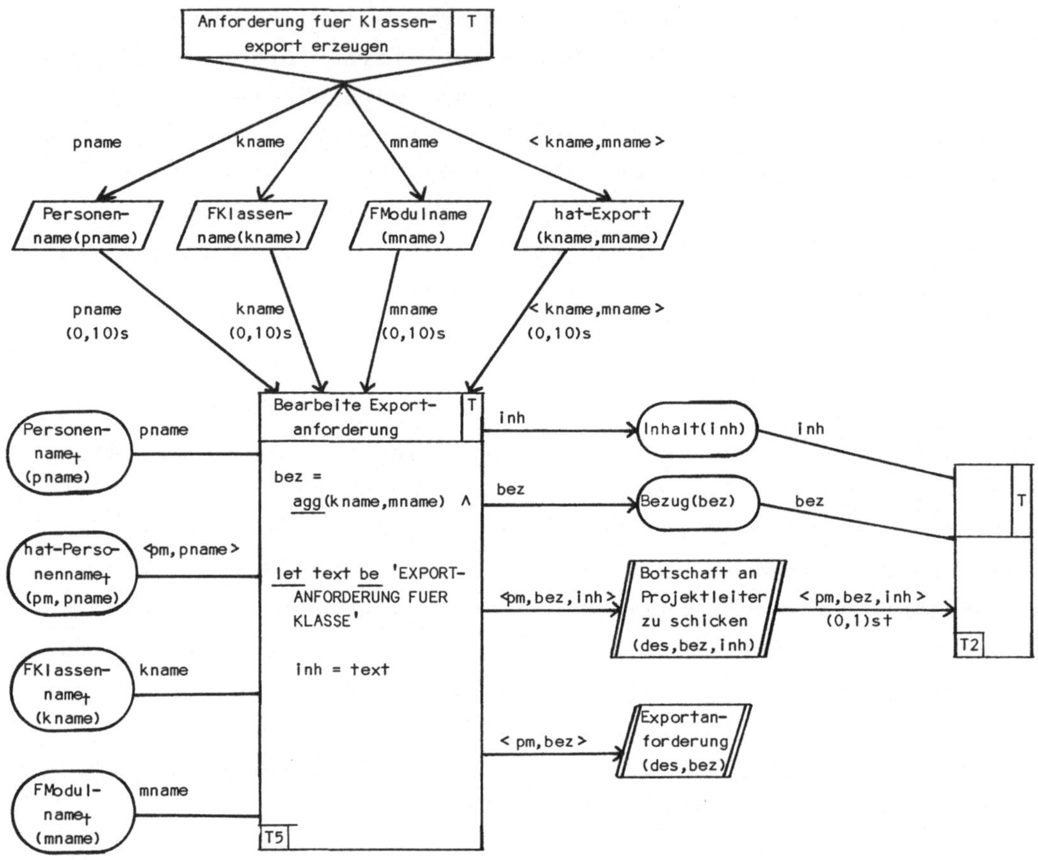

Abb. 5-4a: Modellierung des Genehmigungsverfahrens fuer eine Aenderung des Exports einer Klasse (Teil 1) (T5)

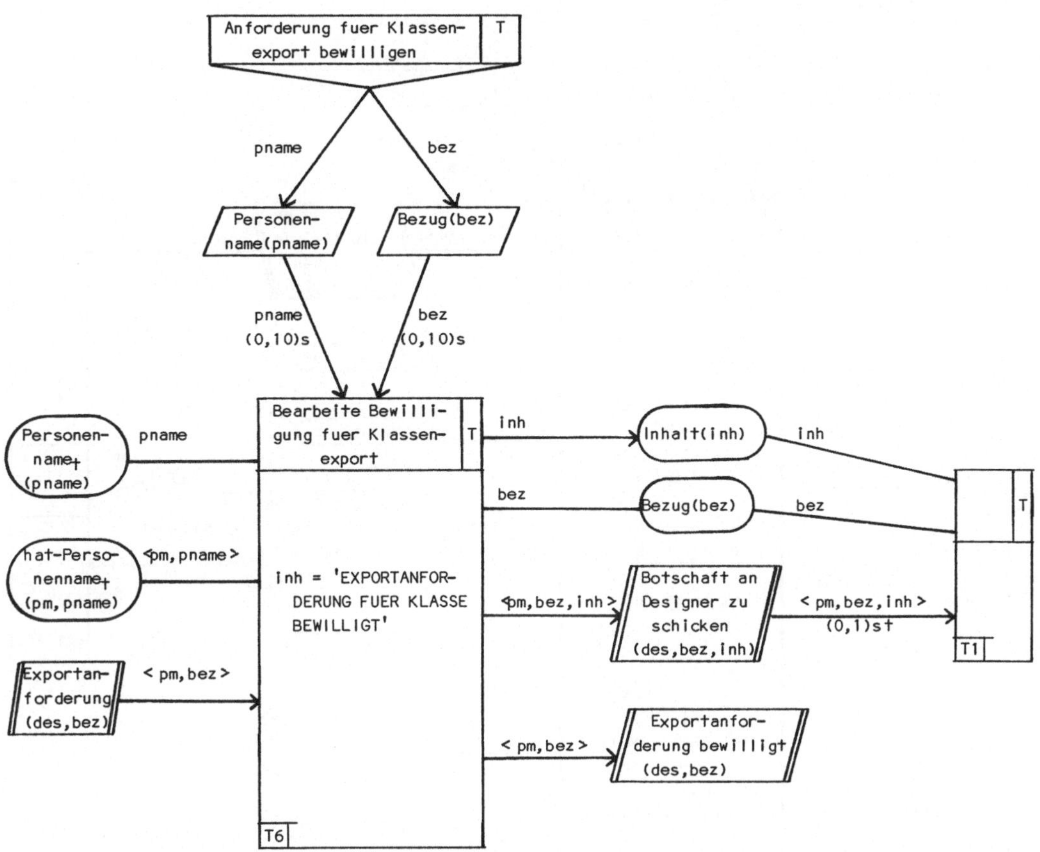

Abb. 5-4a: Modellierung des Genehmigungsverfahrens fuer eine Aenderung des Exports einer Klasse (Teil 2) (T6)

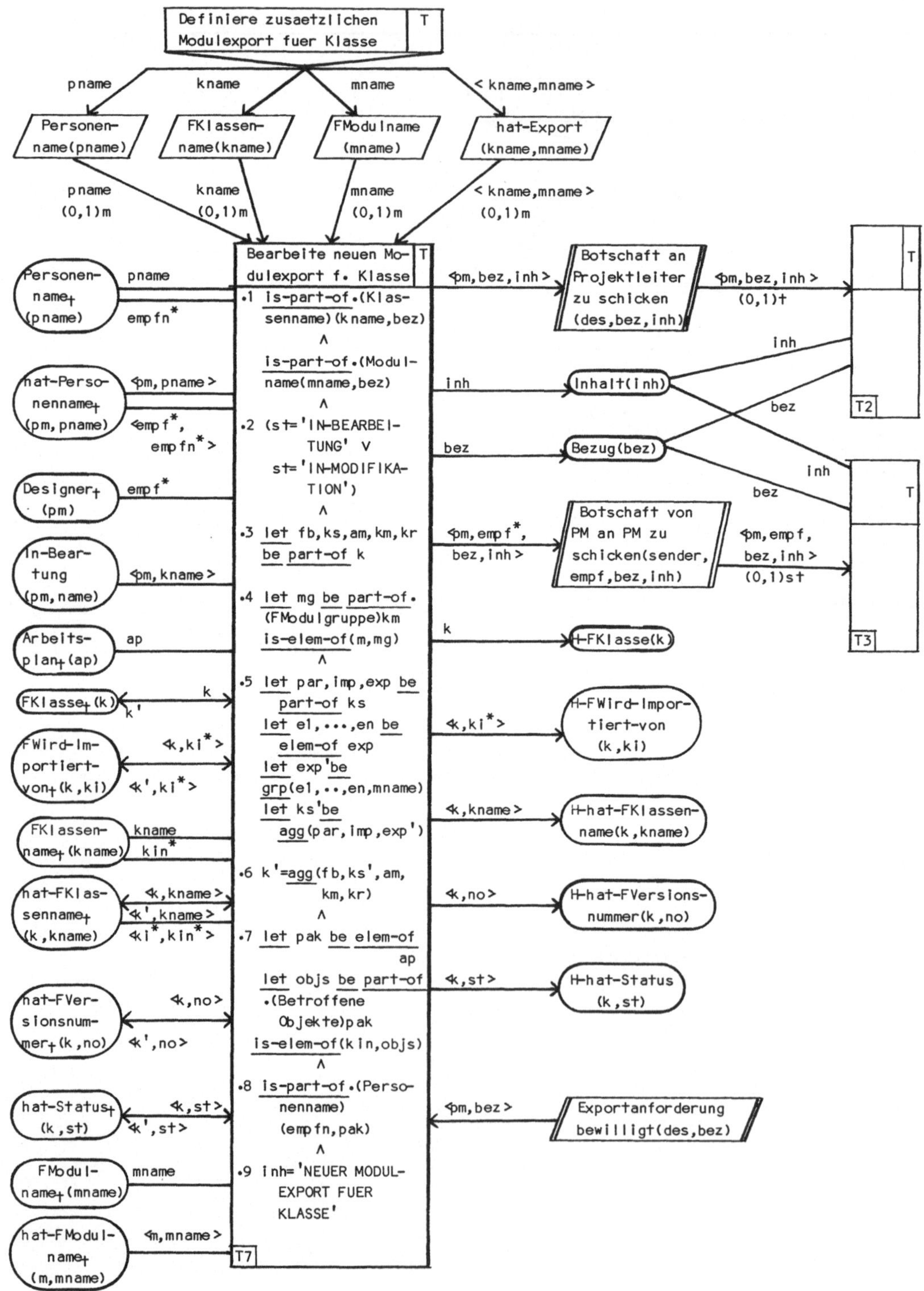

Abb. 5-4b: Einfuegen eines zusaetzlichen Moduls in die Exportspezifikation einer Klasse (T7)

generiert eine entsprechende Bezugs- und Inhaltskomponente (in
unserem Fall besteht die Bezugskomponente aus Klassen- und
Modulname) und legt u.a. ein entsprechendes Tripel in der
Markierung des Kontrollprädikats "Botschaft an Projektleiter zu
schicken(des,bez,inh)" ab. Zusätzlich wird in der Markierung des
Kontrollprädikats "Exportanforderung(des,bez)" vermerkt, worauf
sich die Anforderung bezieht. Die Transition T2 verschickt dann
eine entsprechende Botschaft an den Projektleiter.

Die Bewilligung der Exportanforderung durch den Projektleiter
wird durch die externe Ereignistransition "Anforderung für
Klassenexport bewilligen" sowie die interne Transition "Bearbeite
Bewilligung für Klassenexport" (T6) beschrieben (siehe Abb. 5-4a
(Teil 2)). Da "Exportanforderung(des,bez)" auch Eingabestelle für
T6 ist, wird sichergestellt, daß sich die Bewilligung auf die
zugehörige Anforderung bezieht. Durch T1 wird dann eine entsprechende Botschaft an den Designer geschickt, der die Schnittstel-
lenänderung beantragt hat.

Die tatsächliche Aufnahme eines zusätzlichen Moduls in die Export-
Spezifikation einer Klasse wird durch die externe Ereignistransition "Definiere zusätzlichen Modulexport für Klasse" sowie die
Transition "Bearbeite neuen Modulexport für Klasse" (T7) (siehe
Abb. 5-4b) beschrieben. Die Eingabestelle "Exportanforderung be-
willigt(des,bez)" für T7 stellt den Bezug zu dem gerade beschriebenen Genehmigungsverfahren her.

Durch die Transitionsformel von T7 werden folgende Einschränkungen spezifiziert:

T7.1: Der Klassen- bzw. Modulname ist mit dem in der Änderungs-
      bewilligung angegebenen Namen identisch.
T7.2: Die Klasse, für die die Änderung durchgeführt wird, ist im
      Status 'IN-BEARBEITUNG' oder im Status 'IN-MODIFIKATION'.
T7.3: Eine Klassenbeschreibung setzt sich aus einer funktionalen
      Beschreibung ("fb"), einer Schnittstellenspezifikation
      ("ks"), einem algebraischen Modell ("am"), einem konstruk-
      tiven Modell ("km") sowie einem Rumpf ("kr") zusammen.

T7.4: Der zusätzlich zu exportierende Modul "m" ist einer der
      innerhalb der Klasse definierten Module.

T7.5: In die Export-Komponente ("exp") der Schnittstellenspezifi-
      kation wird der Name "mname" des zusätzlich zu exportieren-
      den Moduls aufgenommen.

T7.6: Unter Verwendung der modifizierten Schnittstellenspezifi-
      kation "ks'" wird eine neue Klasse "k'" definiert.

T7.7: Im Arbeitsplan werden die Arbeitspakete bestimmt, die in
      ihrer "Betroffene Objekte"-Komponente Klassen "ki" enthal-
      ten, die die Klasse "k" importieren (in der Markierung der
      Stelle "FWird-Importiert-von$_t$(k,ki)" sind u.a. alle Klassen
      vermerkt, die gerade die Klasse "k" importieren).

T7.8: Designer, die die unter .7) bestimmten Klassen "ki" bear-
      beiten (sollen), werden durch "empfn" repräsentiert.

T7.9: "inh" repräsentiert den Inhalt der zu verschickenden
      Botschaft.

Durch das Schalten der Transition T7 werden die Markierungen
ihrer Ein-/Ausgabestellen wie folgt modifiziert:

- Die Klasse "k" wird zusammen mit ihren Beziehungen "hat-
  FKlassenname$_t$", "hat-FVersionsnummer$_t$", "hat-Status$_t$" und
  "FWird-Importiert-von$_t$" aus der Markierung der entsprechenden
  Eingabestellen entfernt und in die Markierung der zugehörigen
  historischen Stellenprädikate eingefügt. Somit bleibt die alte
  Version der Klasse "k" erhalten.

- Die durch k' repräsentierte modifizierte Klasse wird in die
  Markierung der Stelle "FKlasse$_t$(k)" eingefügt. Außerdem werden
  für "k'" die für "k" definierten Beziehungen übernommen.

- In die Markierung des Kontrollprädikats "Botschaft an Projektleiter zu schicken(des,bez,inh)" wird ein Tupel eingefügt,
  aus dem die Transition T2 die Projektleiterbotschaft "Neuer
  Modulexport <Modulname> für Klasse <Klassenname>" erzeugt und
  verschickt.

- In die Markierung des Kontrollprädikats "Botschaft von PM an PM
  zu schicken(sender,empf,bez,inh)" wird eine Menge von Tupeln
  eingefügt, die sich lediglich in der Empfängerkomponente
  ("empf") unterscheiden. Die Empfängerkomponenten sind genau die
  Namen der Designer, die eine Klasse bearbeiten, die die modifizierte Klasse importieren. Die Transition T3 generiert und sen-
  det dann jedem dieser Designer die gleiche Botschaft, die auch
  durch die Transition T2 an den Projektleiter geschickt wird.

Die für die Kanten, die die Kontrollprädikate mit den Transitionen T2 und T3 verbinden, spezifizierten Verfügbarkeitsinter-
valle geben an, daß der Projektleiter innerhalb eines Tages, die
Designer jedoch innerhalb einer Stunde benachrichtigt werden
müssen.

c) Modul in der Exportspezifikation einer Klasse streichen

Diese Aktivität führt wie die unter b) beschriebene Aktivität zu
einer Änderung der Exportbeschreibung einer Klasse. Nach der
Genehmigung durch den Projektleiter kann ein Designer durch diese
Aktivität einen Modul aus der Exportbeschreibung einer Klasse
entfernen. Dadurch wird eine neue Klassenspezifikation erzeugt,
wobei die alte Klassenspezifikation (wie unter b) beschrieben)
"gespeichert" wird. Sowohl der Projektleiter als auch alle
Designer, die Klassen bearbeiten, die bisher diesen Modul importieren, werden durch die Botschaft "Modul <Modulname> aus Export
der Klasse <Klassenname> entfernt" über die Änderung informiert.

d) Zusätzlichen Klassen-/Modul-Import für Klasse definieren

Durch diese Aktivität wird in die Import-Spezifikation einer
Klasse der Name einer Klasse bzw. eines Moduls aufgenommen, die
bzw. der zusätzlich importiert werden soll. Diese Aktivität führt
analog zu b) zu einer neuen Klassenspezifikation. Da eine
Änderung der Import-Beschreibung keine Auswirkung auf die Arbeit

der anderen Designer hat, wird lediglich der Projektleiter durch
die Botschaft "Neuer Modulimport <Modulname> für Klasse
<Klassenname>" bzw. "Neuer Klassenimport <Klassenname> für Klasse
<Klassenname>" über die durchgeführte Änderung informiert.

e) Klasse/Modul in der Importspezifikation einer Klasse streichen

Mit Hilfe dieser Aktivität kann eine (ein) in der Importspezifikation einer Klasse aufgeführte(r) Klasse (Modul) aus dieser
Importspezifikation entfernt werden, so daß sie (er) innerhalb
der Klasse nicht mehr verfügbar ist. Die sich daraus ergebende,
vom Projektleiter zuvor genehmigte Änderung der Klassenspezifikation teilt das BIS dem Projektleiter durch die Botschaft "Klasse
<Klassenname> aus Import der Klasse <Klassenname> entfernt" bzw.
"Modul <Modulname> aus Import der Klasse <Klassenname> entfernt"
mit.

f) Schnittstellenparameter einer Klasse ändern

Die Durchführung dieser Aktivität bewirkt eine Änderung der drit-
ten Komponente einer Klassenschnittstellenspezifikation, der
Schnittstellenparameterkomponente. Da sich diese Änderung auch
auf die Verwendung der zugehörigen Klasse in anderen, diese
Klasse importierenden Klassen auswirkt, werden sowohl der Projektleiter als auch alle Designer, die Klassen bearbeiten
(sollen), die die geänderte Klasse importieren, durch die BIS-
Botschaft "Änderung des Parameters <Parametername> der Klasse
<Klassenname>" über die durchgeführte Änderung informiert. Auch
diese Aktivität muß vor ihrer Durchführung vom Projektleiter
genehmigt werden und erzeugt eine neue Klassenspezifikation.

g) Funktionale Beschreibung einer Klasse ändern

Die funtionale Beschreibung einer Klasse darf nur mit Zustimmung
des Projektleiters geändert werden, da die funktionale Beschrei-

bung bereits Bestandteil des Grobentwurfs ist (siehe Abb. 4-5).
Die Durchführung dieser Aktivität bewirkt in der Wissensbasis von
DIKOS die Ersetzung der bisherigen Klassenspezifikation durch
eine neue, die die geänderte funktionale Beschreibung enthält.
Sowohl der Projektleiter als auch alle Designer, die die Klasse
verwenden, werden durch die Botschaft "Änderung der funktionalen
Beschreibung der Klasse <Klassenname>" über die Änderung unter-
richtet.

h) Feinentwurfsspezifikation einer Klasse entwickeln

Unter dieser Aktivität werden die Entwicklung des algebraischen
Modells, des konstruktiven Modells sowie des Klassenrumpfes
zusammengefaßt. Da damit klasseninterne Komponenten entwickelt
werden, die auf andere Klassen keine Auswirkungen haben, werden
auf Grund dieser Aktivität keine BIS-Botschaften erzeugt.

i) Feinentwurfsspezifikation einer Klasse ändern

Sofern diese Aktivität durchgeführt wird, solange die Klasse den
Status 'IN-BEARBEITUNG' hat, wird sie als eine rein klasseninterne Aktivität betrachtet, mit der Designer das algebraische
Modell, das konstruktive Modell oder den Klassenrumpf ändern
kann. Befindet sich die Klasse jedoch im Zustand 'IN-MODIFI-
KATION' werden die Designer, die die Klasse benützen, durch die
Botschaften "Änderung des algebraischen Modells (des konstruktiven Modells) (des Klassenrumpfes) der Klasse <Klassenname>"
über die Änderung informiert. Eine Unterrichtung wird deshalb
durchgeführt, da (in der Realität) nicht ausgeschlossen werden
kann, daß andere Designer, die die geänderte Klasse verwenden,
auch auf Implementierungsaspekte der verwendeten Klasse Bezug
genommen haben. Um dadurch entstehende Inkonsistenzen im Feinentwurf zu vermeiden, werden diese Botschaften (als Vorsichtsmaß-
nahme) an diese Designer geschickt.

Die im folgenden beschriebenen drei Aktivitäten spezifizieren
zusammen mit der bereits in a) betrachteten Aktivität "Entwurf
einer Klasse beginnen" das Beginnen, Unterbrechen, Fortsetzen
bzw. Beenden des Entwurfs einer SLAN-4-Klasse.

j) Entwurf einer Klasse unterbrechen

Durch diese Aktivität wird aus der Markierung der Stelle "In-
Bearbeitung(pm,name)" (siehe Abb. 5-3) die Tupel-Entität entfernt, die spezifiziert, daß der Designer, der die Durchführung
dieser Aktivität veranlaßt, _gerade_ die betreffende Klasse
bearbeitet. Dadurch wird für das BIS diese Zustandsinformation
gelöscht.

k) Entwurf einer Klasse fortsetzen

Als Folge dieser Aktivität wird wieder die Beziehung "In-Bearbeitung" zwischen dem Designer und der Klasse, deren Entwurf er
fortsetzt, aufgebaut (vergleiche j)). Damit ist bekannt, daß der
Designer gerade eine bestimmte Klasse bearbeitet.

l) Entwurf einer Klasse beenden

Durch diese Aktivität wird der Entwurfsvorgang einer Klasse
abgeschlossen, so daß sie zum Review übergeben werden kann. Die
Information über das Ende des Entwurfsvorganges werden durch die
externe Ereignistransition "Entwurf einer Klasse beenden"
bereitgestellt (siehe Abb. 5-5). Dieses externe Ereignis wird
durch die Transition "Bearbeite Entwurfsende einer Klasse " (T8)
verarbeitet.

Durch die Eingabestelle "In-Bearbeitung(pm,name)" wird sichergestellt, daß der Entwurfsvorgang nur für eine Klasse beendet

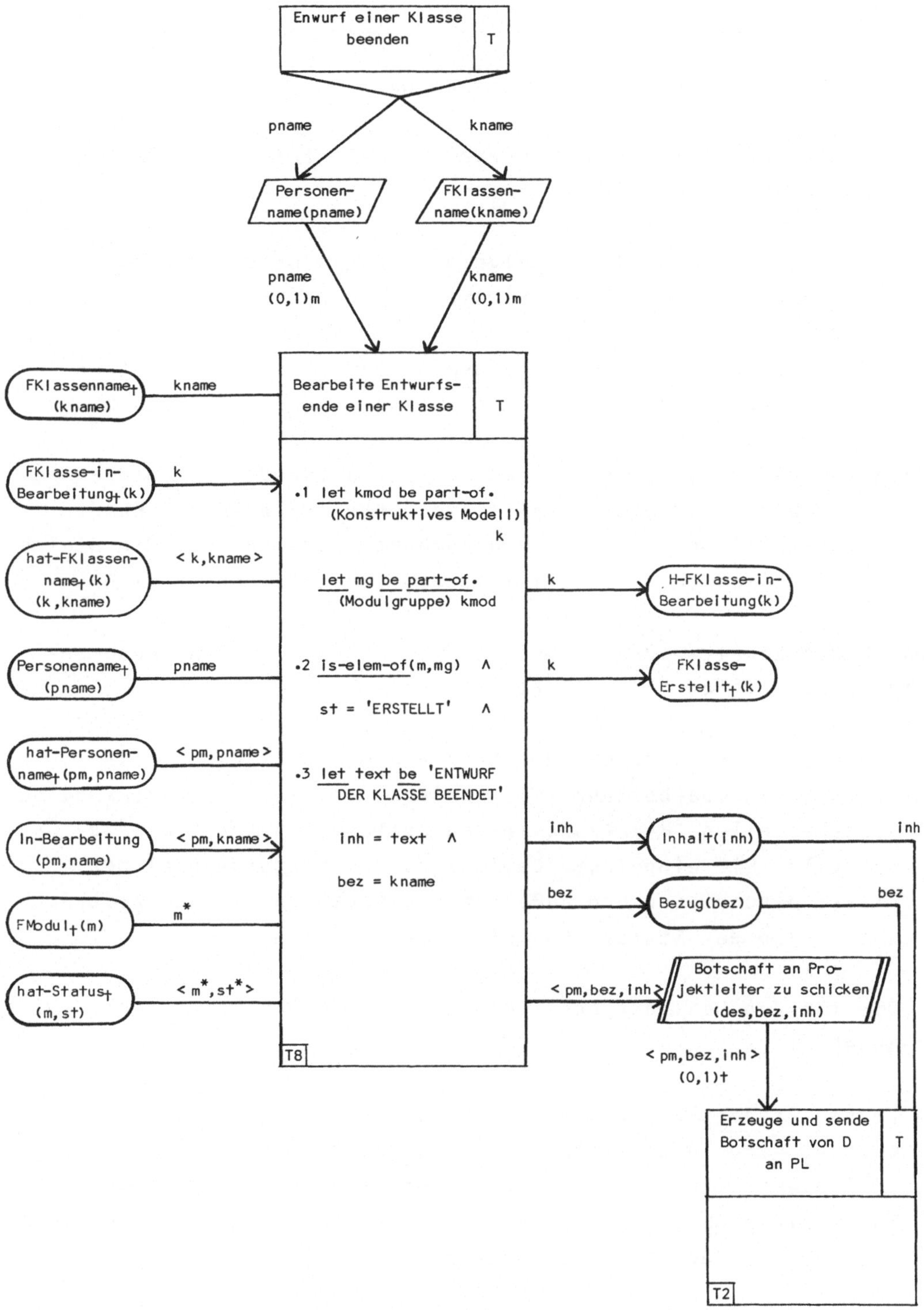

Abb. 5-5: Modellierung der Aktivitaet "Entwurf einer Klasse beenden" (T8)

werden kann, die auch bearbeitet wurde.

Durch die Transitionsformel werden für die Transition T8 folgende
Einschränkungen spezifiziert:

T8.1: Wir betrachten die Modulgruppen-Komponente aus dem kon-
      struktiven Modell der Klasse "k", deren Entwurf beendet
      wird.
T8.2: Jeder Modul aus der Modulgruppe muß bereits im Zustand
      'ERSTELLT' sein, damit die Klasse insgesamt diesen Status
      erreichen kann.
T8.3: Um den Projektleiter über das Entwurfsende informieren zu
      können, wird eine Inhaltskomponente 'ENTWURF DER KLASSE
      BEENDET' sowie eine Bezugskomponente definiert, die gleich
      dem Namen der Klasse ist, deren Entwurf beendet wird.

Durch das Schalten der Transition T8 werden ihre Ein-/Ausgabe-
stellen wie folgt manipuliert:

- Die Klasse "k" wird aus der Markierung der Eingabestelle
  "FKlasse-in-Bearbeitung$_t$(k)" entfernt und in die Markierung der
  Ausgabestellen "H-FKlasse-in-Bearbeitung(k)" und "FKlasse-
  Erstellt$_t$(k)" eingefügt. Damit wird der Statuswechsel der
  Klasse beschrieben und außerdem vermerkt, in welchem Zeitraum
  die Klasse den Status 'IN-BEARBEITUNG' hatte.

- Die für den Designer bestehende Beziehung "In-Bearbeitung" wird
  abgebaut.

- Um den Projektleiter über das Entwurfsende informieren zu
  können, wird in die Markierung des Kontrollprädikats "Botschaft
  an Projektleiter zu schicken(des,bez,inh)" ein entsprechendes
  Tupel eingefügt. Damit kann die Transition T2 die zugehörige
  Botschaft an den Projektleiter schicken.

Damit wollen wir die Beschreibung der Entwurfsaktivitäten der
Designer abschließen und nachfolgend noch Projektmanagementaktivitäten betrachten.

5.2.3 Projektmanagementaktivitäten

Stellvertretend für eine Vielzahl von Projektmanagementaktivitäten, die von einer SPU zu unterstützen sind (siehe z.B. /ThPy84/), wollen wir im folgenden zwei Aktivitäten im Detail spezifizieren: den Freigabevorgang für eine Feinentwurfsklasse sowie die Erstellung eines sogenannten Meilensteinberichts, durch den der Projektleiter über nicht eingehaltene Projektmeilensteine informiert wird.

a) Klasse freigeben

Die Aktivität "Klasse freigeben" wird vom Reviewteamleiter nach einem Reviewmeeting für eine Klasse aktiviert, für die vom Reviewteam keine Mängel festgestellt worden sind. Dabei beschreiben wir im folgenden die Freigabe für eine Klasse, für die eine frühere Version bereits freigegeben war, d.h. für eine Klasse, die den Entwicklungszyklus 'FREIGEGEBEN' → 'ZU-MODIFIZIEREN' → 'IN-MODIFIKATION' → 'MODIFIZIERT' → 'BEIM-REVIEW' durchlaufen hat.

Das Freigabeereignis wird durch die externe Ereignistransition "Klasse freigeben" beschrieben, die als Eingabeinformation u.a. den neuen Status der Klasse zur Verfügung stellt (siehe Abb. 5-6). Die eigentliche Freigabe wird durch die Transition "Bearbeite Klassenfreigabe" (T9) modelliert.

Die Transitionsformel von T9 spezifiziert die folgenden Einschränkungen für die durch T9 manipulierten Elemente:

T9.1: Der neue Status der betrachteten Klasse ist gleich 'FREIGEGEBEN'.

T9.2: Im Arbeitsplan betrachten wir die Arbeitspakete ("pak"), in deren Komponente "Betroffene Objekte" Klassen "knami" aufgeführt sind, die die freigegebe Klasse importieren (siehe Eingabestelle "FWird-Importiert-von$_t$(k,ki)". Für diese

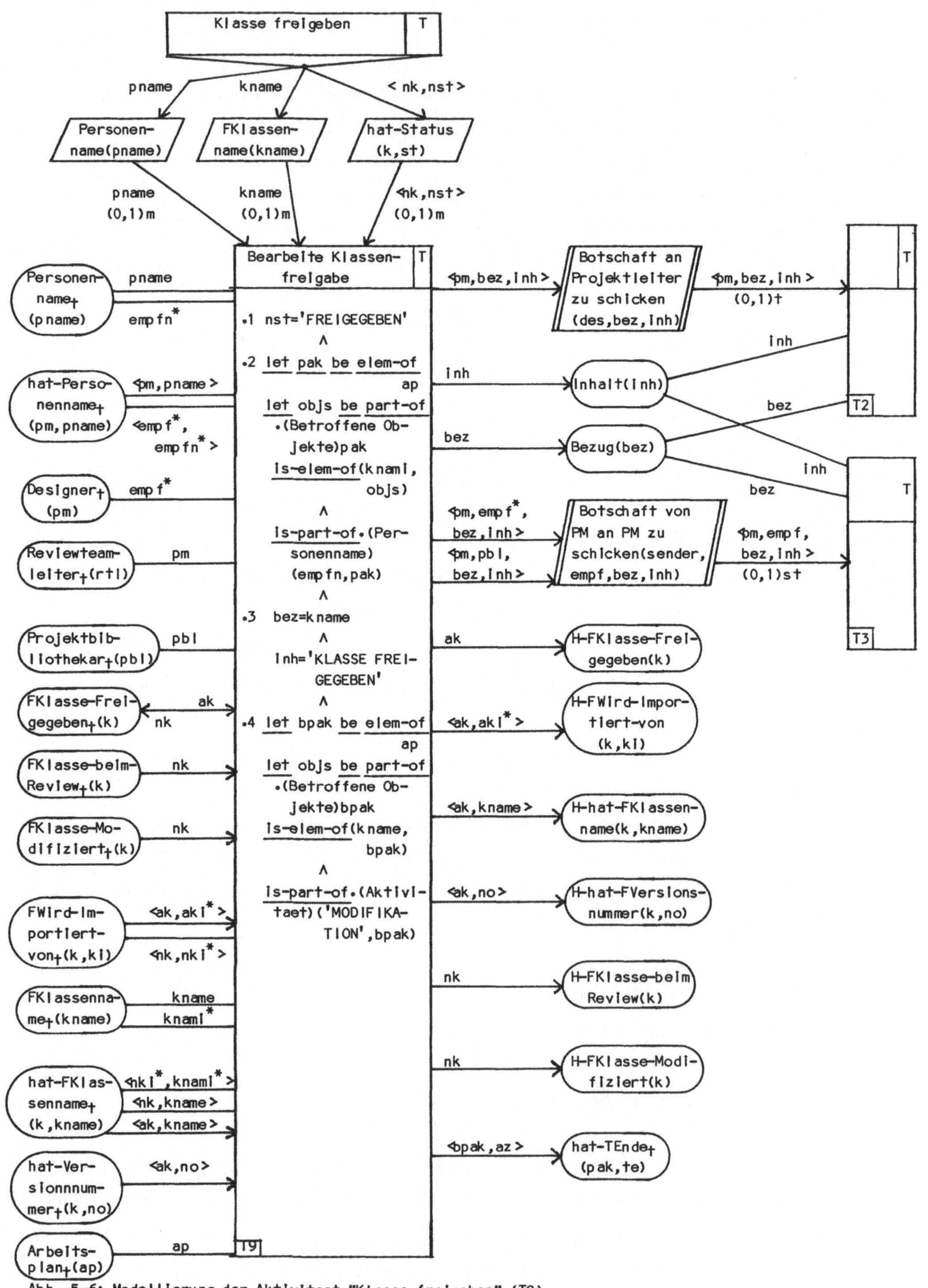

Abb. 5-6: Modellierung der Aktivitaet "Klasse freigeben" (T9)

Arbeitspakete repräsentiert "empfn" den Namen des zugehörigen Designers (er ist ja in der Personennamen-Komponente des Arbeitspaketes spezifiziert).

T9.3: Für die Erzeugung entsprechender Freigabebotschaften werden geeignete Bezugs- und Inhaltskomponenten definiert.

T9.4: "bpak" repräsentiert das mit der Klassenfreigabe abgeschlossene Arbeitspaket. In dessen "Betroffene Objekte"-Komponente ist der Name der freigegebenen Klasse und in dessen Aktivitäts-Komponente die Aktivität 'MODIFIKATION' aufgeführt.

Beim Schalten modifiziert die Transtion T9 die Markierung ihrer Ein-/Ausgabestellen wie folgt:

- Die alte freigegebene Klassenspezifikation "ak" wird zusammen mit ihren Beziehungen "hat-FKlassenname$_t$, "hat-FVersions-nummer$_t$" und "FWird-Importiert-von$_t$" aus der Markierung der entsprechenden Eingabestellen entfernt und in die Markierung der zugehörigen historischen Stellenprädikate eingefügt. Damit bleiben alle Informationen über die alte freigegebene Klassen-version verfügbar.

- Die neue freigegebene Version der Klasse ("nk") wird aus der Markierung der Eingabestellen "FKlasse-beim-Review$_t$(k)" und "FKlasse-Modifiziert$_t$(k)" entfernt und in die Markierung der zugehörigen historischen Stellenprädikate eingefügt. Außerdem wird "nk" in die Markierung der Stelle "FKlasse-Freigegeben$_t$(k)" aufgenommen. Auf diese Weise wird der Statuswechsel von "nk" durchgeführt.

- Mit der Freigabe der Klasse ist das Arbeitspaket, das die Modifikation der Klasse zum Gegenstand hatte, abgeschlossen. Deshalb wird für dieses Arbeitspaket "bpak" die Beziehung "hat-TEnde$_t$" aufgebaut.

- Auf Grund dieser Aktivität versendet das BIS mehrere Frei-gabebotschaften mit der Information, daß die Klasse freigegeben worden ist.

Die Transition T2 verwendet das in die Markierung von
"Botschaft an Projektleiter zu schicken(des,bez,inh)"
eingefügte Tupel, um den Projektleiter über die Freigabe zu
informieren.

Die Transition T3 benachrichtigt sowohl den Projektbibliothekar
als auch all die Designer, die mit der freigegebenen Klasse
arbeiten. Hierzu wird zum einen in die Markierung von "Botschaft von PM an PM zu schicken(sender,empf,bez,inh)" ein Tupel
eingefügt, in dessen Empfängerkomponente der Projektbibliothekar ("pbl") aufgeführt ist. Zum andern wird eine Menge von
Tupeln eingefügt, deren Empfängerkomponenten gerade die zu
benachrichtigenden Designer spezifizieren.

b) Meilensteinbericht erstellen

Damit der Projektleiter in der Lage ist, den Projektfortschritt
zu kontrollieren, muß eine SPU Funktionen enthalten, die Status-
berichte über das laufende Projekt erstellen. Als Beispiel für
eine derartige Funktion wollen wir eine DIKOS-Funktion betrachten, die für den Projektleiter automatisch einen Bericht erstellt,
in dem alle Projektmeilensteine aufgeführt sind, die nicht einge-
halten wurden.

Diese Funktion wird durch die interne Ereignistransition
"Versäumte Meilensteine erkennen" (T10) sowie die Transition
"Erzeuge und sende Meilensteinbericht an Projektleiter" (T11)
modelliert (siehe Abb. 5-7).

Die Zeitpunktspezifikation des internen Ereignisses "Versäumte
Meilensteine erkennen" gibt an, daß das interne Ereignis jeweils
montags eintritt (wir nehmen in diesem Fall "Sekunden" als
Zeitpunktgranularität an), d.h. die Meilensteine sollen jeden
Montag überprüft werden. Die Transitionsformel von T10 spezifi-
ziert folgende Einschränkungen für das Auftreten des internen
Ereignisses:

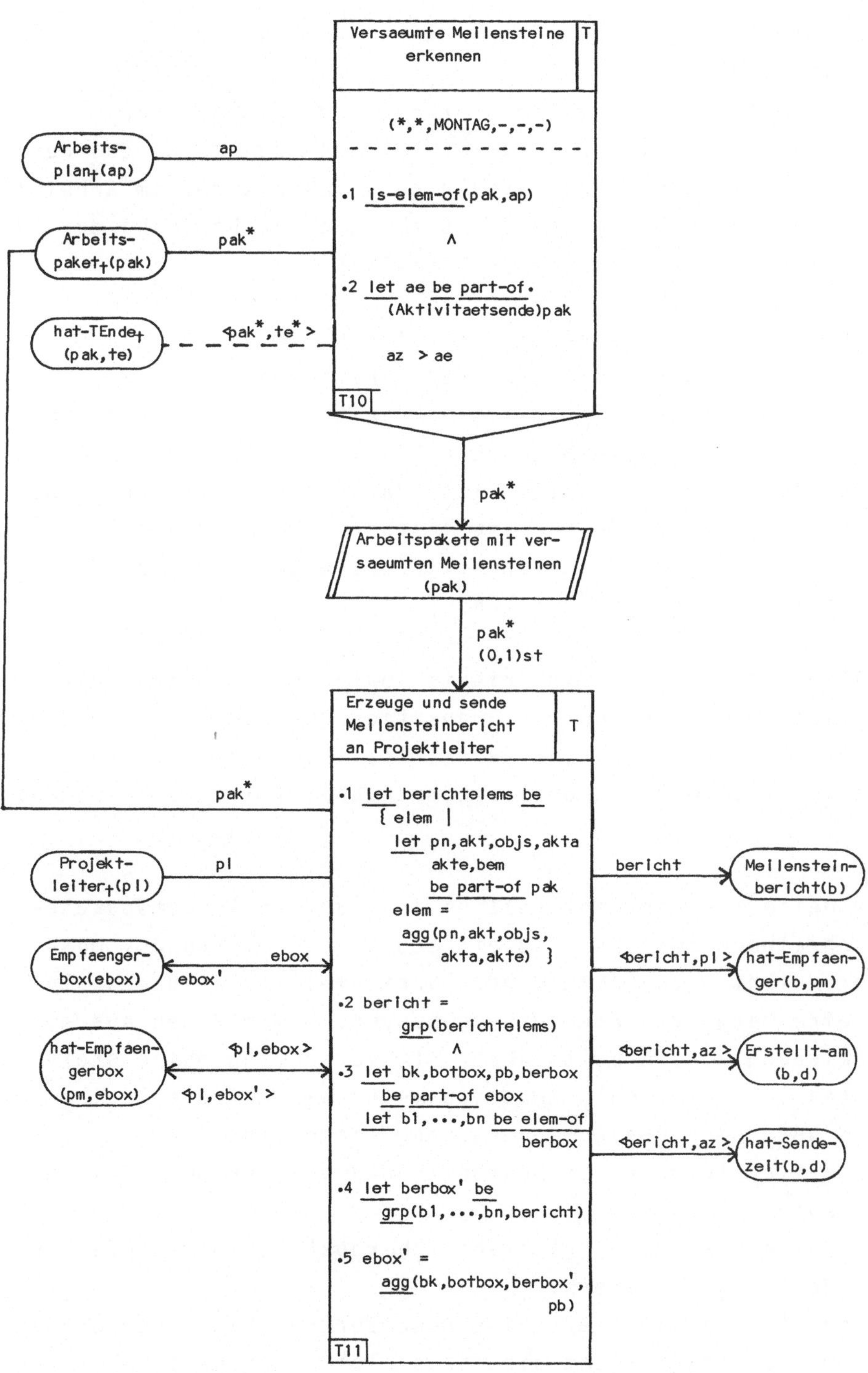

Abb. 5-7: Modellierung der Erstellung eines Meilensteinberichtes (T10) (T11)

T10.1: Wir betrachten die Arbeitspakete ("pak") aus dem
       Arbeitsplan.

T10.2: In jedem Arbeitspaket betrachten wir die Komponente
       "Aktivitätsende". Das Prädikat "az >ae" legt fest, daß der
       aktuelle Zeitpunkt "az" größer sein muß als der im Arbeits-
       paket angegebene Endezeitpunkt für die Durchführung der im
       Arbeitspaket spezifizierten Aktivität.

Durch das Eintreten des internen Ereignisses "Versäumte
Meilensteine erkennen", d.h. durch das Schalten von T10, wird in
die Markierung des Kontrollprädikats "Arbeitspakete mit versäum-
ten Meilensteinen(pak)" die Menge der Arbeitspakete eingefügt,
deren Endezeitpunkt überschritten ist. Dabei stellt die hemmende
Kante zur Stelle "hat-TEnde$_t$(pak,te)" sicher, daß nur Arbeitspakete erfaßt werden, die nicht bereits erledigt worden sind,
d.h. für die die Beziehung "hat-TEnde$_t$" nicht definiert ist.

Die Erstellung der Meilensteinberichts sowie dessen Übergabe an
den Projektleiter wird durch die Transition "Erzeuge und sende
Meilensteinbericht an Projektleiter" (T11) spezifiziert. Den
Transitionsformelelementen von T11 kommt dabei folgende Bedeutung
zu:

T11.1: Der Meilensteinbericht soll gerade aus der Arbeitspakete-
       beschreibung bestehen, wobei jedoch die Bemerkungskompo-
       nente nicht aufgeführt wird. "berichtelems" wird deshalb
       an eine Menge von Elementen gebunden, die mit den aus der
       Markierung von "Arbeitspakete mit versäumten Meilenstei-
       nen(pak)" entnommenen Arbeitspaketen bis auf die Weglas-
       sung der Bemerkungskomponente identisch sind.

T11.2: Der Meilensteinbericht besteht genau aus der Menge dieser
       Elemente.

T11.3: Wir betrachten die Berichtebox "berbox" aus der Empfänger-
       box des Projektleiters.

T11.4: "berbox'" repräsentiert eine neue Berichtebox, die gerade
       den Meilensteinbericht als neues Element enthält.

T11.5: Die modifizierte Berichtebox wird zur Definition einer
       neuen Empfängerbox verwendet.

Das Schalten der Transition T11 hat folgende Auswirkungen auf die
Markierung ihrer Ein-/Ausgabestellen:

- Der Meilensteinbericht "bericht" wird in die Markierung der
  Stelle "Meilensteinbericht(b)" eingefügt. Zusätzlich wird vermerkt, daß der Projektleiter der Empfänger ist (Ausgabestelle
  "hat-Empfänger(b,pm)") und werden der Erstellungs- und der
  Versendezeitpunkt registriert (Ausgabestelle "Erstellt-am(b,d)"
  bzw. "hat-Sendezeit(b,d)").

- Der Meilensteinbericht wird in der Berichtebox-Komponente der
  Empfängerbox des Projektleiters abgelegt.

Aus der Spezifikation verschiedener DIKOS-Funktionen mit Hilfe
von THM-Netzen sollte ersichtlich sein, daß die Modellierungskonzepte von THM-Netzen sehr gut geeignet sind, die für eine SPU
benötigten Funktionen zu beschreiben. Von Bedeutung ist dabei
insbesondere, daß die in THM-Netzen mit Zeit vorhandenen Konzepte
zur Beschreibung von Zeitaspekten eine Versionsverwaltung für
(Zwischen-)Softwareprodukte zu modellieren erlauben. Außerdem
ermöglichen sie die Modellierung der (bedingten) Aktivierung von
Funktionen durch eine SPU.

Im letzten Abschnitt diese Arbeit wollen wir nun noch die grundlegende Gestaltung der DIKOS-Benutzerschnittstelle beschreiben.

6. Die Benutzerschnittstelle von DIKOS

Bei der Beschreibung des BIS im vorhergehenden Abschnitt haben
wir nur die Funktionalität des BIS betrachtet und die zugehörigen
Dialogfunktionen der DIKOS-Benutzerschnittstelle außer acht
gelassen. Im folgenden werden wir nun die prinzipielle Gestaltung
der Benutzerschnittstelle von DIKOS beschreiben und ein abstraktes Dialogmodell zur Beschreibung von Benutzerschnittstellen
einführen. Unter Verwendung dieses Dialogmodells werden wir dann
die Benutzerschnittstelle für die Designer detailliert spezifizieren, wobei wir insbesondere auf die mit dem BIS verbundenen
Dialogfunktionen eingehen werden.

6.1 Gestaltungskonzepte für die Benutzerschnittstelle

Der Entwurf der Benutzerschnittstelle von DIKOS orientiert sich
an den Konzepten und Richtlinien, die für die Gestaltung von
Benutzerschnittstellen im Bereich der Software-Ergonomie (siehe
z.B. /Fisc82/), /Balz83/) entwickelt wurden. Im Rahmen dieser
Arbeit sind dabei folgende Konzepte von grundlegender Bedeutung:

(i)   Der Bildschirm eines DIKOS-Arbeitsplatzes wird als zweidi-
        mensionales Medium (/Fisc82/) eingesetzt.

(ii)   Im Hinblick auf das Gestaltungsprinzip (i) wird für die
        DIKOS-Benutzerschnittstelle ein Fenstersystem verwendet,
        das die Darstellung sich überlappender Fenster ermöglicht.

(iii)   Basierend auf der Annahme, daß am DIKOS-Arbeitsplatz ein
        Zeigeinstrument, z.B. eine Maus, zur Verfügung steht, wird
        - soweit dies sinnvoll möglich ist - das Prinzip der direk-
        ten Manipulation verwendet.

(iv)   In jeder Dialogsituation ist eine Hilfefunktion aufrufbar,
        die dem Benutzer kontextabhängig die gewünschten Infor-
        mationen zur Vefügung stellt.

(v)   Der Beutzer kann sich dynamisch Sichten (Views) auf die in
        DIKOS verwalteten Informationen unter Verwendung sogenann-
        ter Filter (/Fisc82/)(siehe auch Abschnitt 6.2.2.2) defi-
        nieren. Damit ist der Benutzer in der Lage, die Komplexität
        bzw. die Menge der ihm angebotenen Informationen an seine
        persönlichen Bedürfnisse anzupassen.

(vi)   Damit sich der Benutzer schrittweise über die in DIKOS ver-
        walteten Informationen informieren kann, wird eine Brow-
        sing-Funktion angeboten, die die Navigation auf den Wis-
        sensbasisstrukturen der DIKOS-Wissensbasis ermöglicht.

Auf der Grundlage dieser Konzepte werden wir nachfolgend die
Benutzerschnittstelle für die Designer spezifizieren. Zuvor werden wir jedoch ein abstraktes Dialogmodell einführen, das wir
dann für die spätere Spezifikation der Benutzerschnittstelle einsetzen können.

6.2 Das abstrakte Dialogmodell

Da wir bei der Beschreibung der DIKOS-Benutzerschnittstelle keine
Implementierungsdetails beschreiben, sondern vielmehr die grundlegende Gestaltung betrachten wollen, benötigen wir Modellierungskonzepte, die die implementierungsunabhängige Spezifikation von
Benutzerschnittstellen erlauben. Im Hinblick auf die Verwendung
bildschirmorientierter Dialogtechniken sind dabei Modellierungskonzepte notwendig, die die Beschreibung von Dialogkonzepten wie
Menü, Formular oder Fenster ermöglichen.

Wir werden deshalb im folgenden einen Ansatz vorstellen, der die
abstrakte, mathematisch-formale Spezifikation von Benutzer-
schnittstellen erlaubt. Dabei werden wir die Beschreibung auf die
Spezifikation der drei Dialogkonzepte Menü, Filter und Fenster
beschränken, da wir für die nachfolgende Beschreibung der DIKOS-
Benutzerschnittstelle nur diese Dialogkonzepte benötigen. Die
Modellierung eines Formularkonzeptes ist in /Stud84b/ und
/Maye85/ zu finden.

Ehe wir das abstrakte Dialogmodell im Detail spezifizieren,
wollen wir noch andere Ansätze zur Beschreibung von Benutzerschnittstellen kurz diskutieren.

6.2.1 Ansätze zur Spezifikation von Benutzerschnittstellen

Der am weitesten verbreitete Ansatz zur Beschreibung von Benutzerschnittstellen ist der Zustandsübergangsdiagramm-Ansatz
(/Jako83/). Dieser Ansatz verwendet graphische Darstellungen für
Dialogzustände und zugehörige Zustandsübergänge. Diese
graphischen Darstellungen werden mit Textbeschreibungen ergänzt.
Des weiteren wird ein konkreter Syntaxformalismus verwendet, um
die Zustandsübergänge näher zu spezifizieren. Die Nachteile
dieses Ansatzes sind darin zu sehen, daß (i) die Verwendung des
konkreten Syntaxformalismus die Berücksichtigung einer Vielzahl
syntaktischer Details erfordert (obwohl man dies in der Spezifi-
kationsphase gerade vermeiden möchte), (ii) nur zeilenorientierte
Dialogabläufe modelliert werden können und (iii) die Bedeutung
der Zustandsübergänge nur informal beschrieben ist. Von Vorteil
ist jedoch sicherlich die durch die graphischen Beschreibungsmit-
tel erreichte gute Verständlichkeit der Benutzerschnittstellen-
spezifikation.

Die in /Wass85/ beschriebene Erweiterung dieses Ansatzes erlaubt
zwar die Einbeziehung einer Menütechnik, beinhaltet aber keine
Konzepte zur Beseitigung der Nachteile (i) und (iii).

Formale Ansätze zur Beschreibung von Benutzerschnittstellen sind
bisher kaum entwickelt worden. In /HaHa82/ wurde unter Verwendung
der Vienna Development Method (VDM) (/BjJo82/) ein formales
Modell für Formulare entwickelt, das die detaillierte, aber den-
noch abstrakte Beschreibung einer Formularstruktur erlaubt. Im
Gegensatz zu dem in /Stud84b/ beschriebenen Ansatz wird jedoch
nicht zwischen Formulartypen und Formularexemplaren unterschieden. Außerdem werden andere Dialogkonzepte überhaupt nicht betrachtet.

In /Sufr82/ wird ein formales Modell für einen bildschirmorien-
tierten Texteditor spezifiziert. Die Spezifikationen beschränken
sich jedoch auf die Angabe mathematischer Modelle für Editorkon-
zepte, wie z.B. das Einfügen eines Zeichens in ein Dokument oder
das Löschen eines Wortes in einem Dokument. Eine Formular- oder
Fenstertechnik wird aber nicht betrachtet.

6.2.2 Abstrakte Modelle für Dialogkonzepte

Im folgenden werden wir nun abstrakte Modelle für die Dialogkonzepte Menü, Filter und Fenster einführen. Dabei basieren die
Modelle auf der Annahme, daß dem Systembenutzer ein Zeigeinstrument, z.B. eine Maus, zur Verfügung steht, um die auf dem Bildschirm dargestellten Informationen zu manipulieren. Analoge Modelle, die von der Voraussetzung ausgehen, daß der Benutzer Kommandos über eine Tastatur eingibt, sind in /Stud84b/ beschrieben.
Abgesehen von dieser Annahme abstrahieren die nachfolgend beschriebenen Modelle jedoch vollkommen von der konkreten Inter-
aktionsform des Benutzers mit dem interaktiven System.

Für die Spezifikation der abstrakten Modelle verwenden wir die
Vienna Development Method (VDM) (/BjJo82/). Dabei setzen wir im
folgenden eine Kenntnis der grundlegenden Konzepte von VDM
voraus. Eine ausführliche Einführung in VDM ist in /BjJo78/) zu
finden.

6.2.2.1 Das Menükonzept

Bei der Festlegung der Modelle für die verschiedenen Dialogkonzepte setzen wir die Existenz eines Katalogs voraus, in dem die
Spezifikationen der verschiedenen Dialogkonzepte abgelegt werden
(nachfolgend werden im Text die Namen der VDM-Objektklassen
jeweils in Hochkommata angegeben).

Dementsprechend nehmen wir für die Beschreibung des Menükonzeptes
an, daß ein Menüverzeichnis ('MenüVerz') existiert, das die

Definitionen der im System bekannten Menüs enthält. Für die Spezifikation des Menüverzeichnisses verwenden wir dabei eine VDM-Map, d.h. eine endliche Funktion, die (nicht näher spezifizierte) Menüidentifier ('MenüId') auf die zugehörigen Menüs ('Menü') abbildet. Die Verwendung einer "Map-Modellierung" hat den Vorteil, daß (i) ein bestimmtes Menü einfach durch Anwendung der 'MenüVerz'-Map auf einen gegeben Menüidentifier ausgewählt werden kann und (ii) die Eindeutigkeit der Menüidentifier implizit garantiert ist.

Bei der Festlegung eines abstrakten Modells eines Menüs ist die Interaktionsart des Benutzers mit dem System zu berücksichtigen. Da wir einleitend die Annahme getroffen haben, daß dem Systembenutzer ein Zeigeinstrument zur Verfügung steht, wird ein Menü einfach durch die angebotenen (Menü-)Alternativen repräsentiert, wobei eine Menüalternative mit Hilfe des Zeigeinstrumentes ausgewählt wird (siehe Abb. 6-1).

$$
\boxed{\begin{array}{c} \text{Menüalternative}_1 \\ \cdot \\ \cdot \\ \cdot \\ \text{Menüalternative}_n \end{array}}
$$

Abb. 6-1: Konkrete Repräsentation eines Menüs

Dementsprechend modellieren wir ein Menü als eine nicht-leere Liste von Menüalternativen ('MenüAlternative'). Damit erhalten wir folgendes abstraktes Modell für das Menükonzept:

---

(1)   MenüVerz = MenüId m$\rightarrow$ Menü
      Menü = MenüAlternative$^+$
                      (Die Objektklasse 'Menü' ist definiert als die
                      Menge aller nicht-leeren Tupel, deren Elemente
                      aus der Objektklasse 'MenüAlternative' entnom-
                      men sind.)
      MenüAlternative = String

6.2.2.2 Das Filterkonzept

Die Wissensbasis eines wissensbasierten Systems weist üblicherweise eine sehr komplexe Struktur auf. Sie ergibt sich aus der
Vielzahl der Beziehungen und Abhängigkeiten, die zwischen den
einzelnen Informationselementen der Wissensbasis existieren.
Andererseits ist jedoch ein Systembenutzer in einer bestimmten
Dialogsituation meist nur an einem Ausschnitt aus der Gesamtheit
der verfügbaren Informationen interessiert, wobei von der aktuellen Dialogsituation abhängig ist, welcher Ausschnitt gerade relevant ist. Hieraus ergibt sich die Anforderung, daß der für den
Benutzer sichtbare Ausschnitt der Wissensbasis (seine View) nicht
fest vorgegeben, sondern vielmehr vom Benutzer dynamisch definiert werden kann.

Für die Definition einer derartigen benutzerspezifischen Sicht
auf die Wissensbasis kann ein sogenanntes Filter (siehe z.B.
/Fisc82/)) verwendet werden. Ein Filter beinhaltet dabei die für
die Beschreibung der Informationselemente der Wissensbasis verwendeten Beschreibungselemente, wobei dann der Benutzer aus dem
Filter die für ihn aktuell relevanten Beschreibungselemente
auswählen kann. Auf diese Weise kann der Benutzer seine benut-
zerspezifische Sicht auf die Wissensbasis deskriptiv spezifizieren.

Im Prinzip entspricht das abstrakte Modell des Filterkonzeptes
dem oben eingeführten Modell für das Menükonzept. Ein Unterschied
besteht lediglich darin, daß zwischen einem einfachen Filter
('EinfFilter') und einem komplexen Filter ('KomplFilter') unter-

schieden wird. Ein <u>einfaches Filter</u> besteht (analog zu einem Menü) aus einer Liste von Filterelementen ('FilterElement*'). Ein <u>komplexes Filter</u> bietet die Möglichkeit, ein zweistufig-hierarchisches Filter zu definieren (siehe Abb. 6-2), wobei die obere Hierarchieebene aus einer (nicht-leeren) Liste von Filterkomponenten ('FilterKomp$^+$') gebildet wird. Jede dieser Filterkomponenten ist selbst ein einfaches Filter, ergänzt um ein Gliederungselement ('FilterGliedElement'), das den Typ der Elemente des zugehörigen einfachen Filters charakterisiert.

$$
\begin{array}{c}
\text{Gliederungselement}_1 \\
\text{Filterelement}_{11} \\
\cdot \\
\cdot \\
\cdot \\
\text{Filterelement}_{1n} \\
\\
\text{Gliederungselement}_2 \\
\text{Filterelement}_{21} \\
\cdot \\
\cdot \\
\cdot
\end{array}
$$

Abb. 6-2: Konkrete Repräsentation eines komplexen Filters

Komplexe Filter sind auf zwei Hierarchiestufen begrenzt, damit sie für den Systembenutzer (möglichst) verständlich sind.

Unser VDM-Modell des Filterkonzeptes sieht damit wie folgt aus:

```
(2)   FilterVerz = FilterId m→ Filter
      Filter = EinfFilter | KomplFilter
      EinfFilter = FilterElement*
      KomplFilter = FilterKomp⁺
      FilterKomp :: FilterGliedElement EinfFilter
                    (Ein Element aus 'FilterKomp' ist ein Baum
                    (tree) mit zwei Komponenten. Die erste Kom-
                    ponente ist ein Element der Objektklasse
                    'FilterGliedElement', die zweite ein Element
                    der Objektklasse 'EinfFilter'.)
      FilterElement = String
      FilterGliedElement = QUOT
```

6.2.2.3 Das Fensterkonzept

Ehe wir ein abstraktes Modell eines Fensterkonzeptes angeben
können, müssen wir zunächst einige grundlegende Annahmen über die
Funktionalität des zu modellierenden Fenstersystems machen. Im
einzelnen gehen wir von folgenden Annahmen aus:

(i)   Jedes Fenster wird durch einen eindeutigen Namen iden-
       tifiziert.

(ii)   Jedes Fenster eines Bildschirms kann entweder geöffnet oder
       geschlossen sein.

(iii) Fenster können sich überlappen.

(iv)   Für die geöffneten Fenster eines Bildschirms ist eine
       Sichtbarkeitsordnung definiert, die spezifiziert, welches
       Fenster im Überlappungsfall welches Fenster verdeckt.

Auf der Basis dieser funktionalen Anforderungen lassen sich
verschiedene abstrakte Modelle für ein Fensterkonzept angeben. Da
wir bei der Betrachtung der DIKOS-Benutzerschnittstelle jedoch

nur die grundlegende Designentscheidungen und Gestaltungsprin-
zipien beschreiben wollen, werden wir im folgenden ein Modell
definieren, das von allen Größen- und Koordinatenangaben abstrahiert. D.h. das Modell zielt darauf ab, nur die grundlegenden
Designentscheidungen für eine Benutzerschnittstelle, die ein
Fensterkonzept verwendet, zu erfassen: welche Fenster sind in
welcher Dialogsituation sichtbar und welche Sichtbarkeitsordnung
ist für diese Fenster definiert (siehe Abb. 6-3):

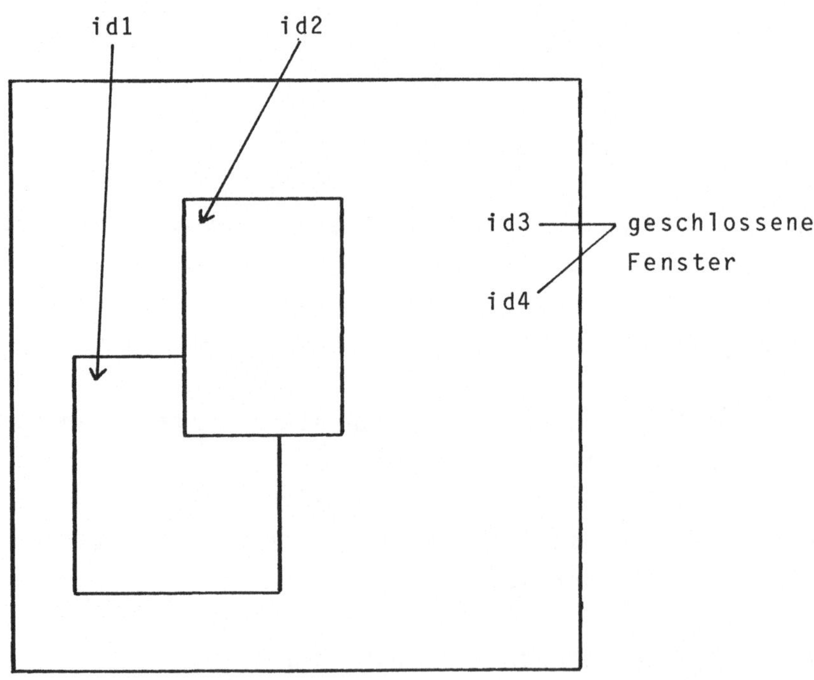

Abb. 6-3: Konkrete Repräsentation eines Bildschirms mit
geöffneten und geschlossenen Fenstern

Zur Beschreibung aller im System bekannten Fenster führen wir ein
Fensterverzeichnis ein ('FensterVerz'), das Fensteridentifier auf
Fensterspezifikationen ('FensterSpez') abbildet. Jede Fenster-
spezifikation setzt sich aus einer Dialogkontrollkomponente

('Dialogkontrolle') sowie einer optionalen Inhaltskomponente
('Fensterinhalt') zusammen. Die Dialogkontrollkomponente, die dem
Benutzer die Steuerung des Dialogablaufs ermöglicht, besteht ent-
weder aus einem Menü oder einem Menü zusammen mit einem Filter.

Der Fensterinhalt ist natürlich anwendungsabhängig. Die im Modell
aufgeführten Typen von Fensterinhalten beziehen sich dabei auf
die nachfolgende Beschreibung der DIKOS-Benutzerschnittstelle und
sind dort an entsprechender Stelle erklärt.

Das Fensterverzeichnis ist nun wie folgt definiert:

(3)   FensterVerz = FensterId m→ FensterSpez
       FensterSpez :: Dialogkontrolle [Fensterinhalt]
                      (Die Objektklasse [Fensterinhalt] besteht aus
                      der Menge der Elemente der Objektklasse
                      'Fensterinhalt' und dem speziellen elementaren
                      Objekt 'NIL'.)
       Dialogkontrolle = Menü | (Menü Filter)
                      (Die Objektklasse '(Menü Filter)' besteht aus
                      einer Menge von (anonymen) Bäumen mit zwei
                      Komponenten: die erste Komponente ist jeweils
                      ein Menü, die zweite ein Filter.)
       Fensterinhalt = Teilbotschaft* | BIS-Botschaft |
                      Arbeitspaket-set | FKlassenname |
                      (FilterElement$^+$ SchemaTeilgraph) | ...
       Teilbotschaft :: Bezug Datum Sender

Gemäß den oben getroffenen Annahmen für das Fensterkonzept müssen
wir in einer Bildschirmbeschreibung angeben, welche Fenster auf
dem Bildschirm als geöffnete oder geschlossene Fenster enthalten
sind und welche Sichtbarkeitsordnung für die geöffneten Fenster
festgelegt ist. Dementsprechend modellieren wir einen Bildschirm
als einen VDM-Tree mit drei Komponenten, wobei die erste Komponente die geöffneten Fenster beschreibt ('GeöffneteFenster'),
die zweite Komponente die geschlossenen Fenster definiert
('GeschlFenster') und die dritte Komponente die Sichtbarkeitsordnung für die geöffneten Fenster spezifiziert ('SichtbarOrdnung').

Während geöffnete Fenster gerade durch die im Fensterverzeichnis enthaltenen Informationen beschrieben werden, werden geschlossene Fenster einfach durch ihren Namen ('FensterId-set') repräsentiert. Die Sichtbarkeitsordnung der geöffneten Fenster wird durch ein VDM-Tupel modelliert, dessen Elemente die Namen der geöffneten Fenster sind, wobei die Sichtbarkeitsordnung durch die für die Tupelelemente definierte Ordnung spezifiziert ist. Wir nehmen an, daß das erste Tupelelement das oberste Fenster auf dem Bildschirm repräsentiert.

Damit ergibt sich folgende Spezifikation für die Bildschirmbeschreibung:

(4)   Bildschirm :: GeöffneteFenster GeschlFenster SichtbarOrdnung
       GeöffneteFenster = FensterId $\rightarrow$ FensterSpez
       GeschlFenster = FensterId-set
                    (Die Objektklasse 'GeschlFenster' ist
                    definiert als die Potenzmenge der
                    Objektklasse 'FensterId'.)
       SichtbarOrdnung = FensterId*
                    (Die Objektklasse 'SichtbarOrdnung' ist
                    definiert als die Menge aller Tupel, deren
                    Elemente Fensteridentifier sind.)

Aus der Modellierung der Dialogkonzepte Menü, Filter und Fenster sollte ersichtlich sein, daß der hier gewählte abstrakte Ansatz die Beschreibung der charakteristischen Eigenschafte von Dialogkonzepten erlaubt, ohne irgendwelche Implementierungsaspekte berücksichtigen zu müssen.

6.2.2.4 Der Dialogzustand

Nachdem wir die verschiedenen Dialogkonzeptverzeichnisse sowie eine Bildschirmbeschreibung eingeführt haben, können wir nun einen Dialogzustand definieren, der genau aus diesen Verzeichnissen sowie der Bildschirmbeschreibung besteht. Natürlich muß dieser Dialogzustand um anwendungsabhängige Komponenten erweitert werden, wenn der hier beschriebene Ansatz zur Spezifikation der Benutzerschnittstelle eines Anwendungssystems verwendet wird (siehe Abschnitt 6.3). Zunächst reicht dieser eingeschränkte Dialogzustand jedoch aus, um die Semantik von Fenstermanipulationskommandos formal zu definieren. Dabei repräsentiert der Dialogzustand im Rahmen des in VDM verwendeten funktionalen Ansatzes zur Semantikbeschreibung den semantischen Bereich.

Bei der Definition des Dialogzustandes ('DZustand') fassen wir die verschiedenen, oben eingeführten Verzeichnisse zu einer Katalogkomponente zusammen, um eine klare Strukturierung des Dialogzustandes zu erreichen:

(5)   DZustand :: Katalog Bildschirm
      Katalog :: FensterVerz FilterVerz MenüVerz

Nachdem wir nun die Objektklassen für unser Dialogmodell definiert haben, müssen wir noch Wohlgeformtheitskriterien für diese Objektklassen spezifizieren. In VDM wird ein Wohlgeformtheitskriterium für eine Objektklasse 'X' durch eine boolesche Funktion 'is-wf-X' definiert, die alle Elemente von 'X', die den Einschränkungen des Wohlgeformtheitskriteriums genügen, auf 'TRUE', alle anderen Elemente auf 'FALSE' abbildet.

Das Wohlgeformtheitskriterium 'is-wf-DZustand' garantiert, daß die Bildschirmkomponente zu der Katalogkomponente des Dialogzustandes konsistent ist (die in der Funktionsdefinition verwendete Numerierung verweist auf die nachfolgend gegebenen verbalen Erläuterungen):

```
(6)   is-wf-DZustand(dzustand) =
        let mk-DZustand(kat,bild) = dzustand
        let mk-Katalog(fverz,filverz,mverz) = kat


     .1 dom(fverz) ∩ dom(filverz) = { }  ∧
        dom(fverz) ∩ dom(mverz)   = { }  ∧
        dom(mverz) ∩ dom(filverz) = { }  ∧


     .2 is-wf-MenüVerz(mverz)  ∧
        is-wf-FilterVerz(filverz)   ∧


     .3 is-wf-FensterVerz(fverz)(filverz,mverz)   ∧
     .4 is-wf-Bildschirm(bild)(kat)


        Typ: DZustand → Bool
```

Erläuterungen:

1) Die in den verschiedenen Katalogkomponenten verwendeten Namen
   müssen eindeutig sein ('domain' ('dom') liefert den Defini-
   tionsbereich einer Map).

2) Die (nicht spezifizierten) Hilfsfunktionen 'is-wf-MenüVerz'
   und 'is-wf-FilterVerz' legen fest, daß die Menüalternativen in
   einem Menü bzw. die Filterelemente in einem Filter eindeutig
   sind.

3) Die HilfsFunktion 'is-wf-FensterVerz' garantiert die Konsistenz des Fensterverzeichnisses mit den beiden anderen Verzeichnissen.

4) Die Hilfsfunktion 'is-wf-Bildschirm' definiert die Konsistenz-
   bedingungen für die Bildschirmelemente.

'is-wf-FensterVerz' legt fest, daß die Dialogkontrollkomponente
eines Fensters nur ein Menü bzw. Filter enthalten darf, das im
Katalog bekannt ist.

(7) is-wf-FensterVerz(fverz)(filverz,mverz) =
    .1 ($\forall$fspez ϵ <u>rng</u>(fverz):
            <u>let</u> mk-FensterSpez(dkontr,) = fspez

    .2   (is-Menü(dkontr) $\rightarrow$
                ($\exists$mid ϵ <u>dom</u>(mverz): mverz(mid)=dkontr),
    .3   T $\rightarrow$
                <u>let</u> mk-(menü,fil) = dkontr
                ($\exists$mid ϵ <u>dom</u>(mverz): mverz(mid)=menü) $\wedge$
                ($\exists$filid ϵ <u>dom</u>(filverz): filverz(filid)=fil)))

        Typ: FensterVerz $\rightarrow$ ((FilterVerz MenüVerz) $\rightarrow$ Bool)

Erläuterungen:
1) Wir betrachten die Fensterspezifikationen aus dem Wertebereich
   ('<u>range</u>' ('<u>rng</u>')) der Map 'fverz'.
2) Besteht die Dialogkontrollkomponente aus einem Menü, muß
   dieses im Menüverzeichnis enthalten sein.
3) Besteht die Dialogkontrollkomponente aus Menü und Filter,
   müssen beide Elemente jeweils im entsprechenden Verzeichnis
   enthalten sein.

'is-wf-Bildschirm' definiert die Einschränkungen für die
Bildschirmelemente und spezifiziert die zwischen den Bildschirm-
elementen und dem Katalog existierenden Abhängigkeiten.

(8) is-wf-Bildschirm(bild)(kat) =
        <u>let</u> mk-Bildschirm(ofm,gfs,sord) = bild
        <u>let</u> mk-Katalog(fverz,,) = kat
    .1 <u>dom</u>(ofm) $\cup$ gsf $\subseteq$ <u>dom</u>(fverz) $\wedge$
    .2 <u>dom</u>(ofm) $\cap$ gsf = { } $\wedge$
    .3 <u>dom</u>(ofm) = <u>elems</u>(sord)

        Typ: Bildschirm $\rightarrow$ (Katalog $\rightarrow$ Bool)

Erläuterungen:

1) Alle auf dem Bildschirm enthaltenen Fenster sind im Fensterverzeichnis beschrieben.
2) Ein Fenster kann nicht gleichzeitig geöffnet und geschlossen
   sein.
3) Die im Sichtbarkeitsordnungs-Tupel enthaltenen Elemente sind
   genau die Identifier der geöffneten Fenster ('elems' liefert
   genau die Menge der Elemente eines Tupels).

Nachdem wir nun den Dialogzustand definiert haben, der im Rahmen
dieser Betrachtung von Dialogkonzepten den sogenannten semantischen Bereich repräsentiert, können wir nun eine formale Spezifikation der Semantik von Fenstermanipulationskommandos geben.
Hierzu müssen wir eine abstrakte Syntax für diese Kommandos
einführen und Interpretationsfunktionen definieren, die den durch
die Objektklassen für die Fenstermanipulationskommandos repräsentierten syntaktischen Bereich auf Bedeutungsfunktionen im semantischen Bereich abbilden.

6.2.2.5 Die Fenstermanipulationskommandos

Nachfolgend wollen wir die üblicherweise von einem Fenstersystem
angebotenen Kommandos zur Manipulation von Fenstern betrachten.
D.h. wir spezifizieren Kommandos für (i) das Erzeugen ('Erzeuge-
Fenster') und Löschen von Fenstern ('LöscheFenster'), (ii) das
Selektieren eines Fensters als neues oberstes Fenster ('SelektiereFenster') und (iii) das Schließen eines geöffneten Fensters
('SchließeFenster'). Für jedes dieser Kommandos wird das zu mani-
pulierende Fenster über seinen zugehörigen Namen identifiziert.
Beim Erzeugen eines neuen Fensters muß natürlich eine entspre-
chende Fensterspezifikation angegeben werden. Damit erhalten wir
folgende abstrakte Syntax für Fenstermanipulationskommandos:

```
(9)   Fenstermanipulationskommando =
                    ErzeugeFenster | LöscheFenster |
                    SelektiereFenster | SchließeFenster
      ErzeugeFenster :: FensterId FensterSpez
      LöscheFenster :: FensterId
      SelektiereFenster :: FensterId
      SchließeFenster :: FensterId
```

In der gerade beschriebenen Menge von Fenstermanipulationskommandos sind natürlich keine Kommandos zur Manipulation der Größe eines Fensters oder der Lage eines Fensters auf dem Bildschirm enthalten, da wir in unserem Modell ja gerade von diesen Aspekten abstrahiert haben. Eine Beschreibung derartiger Kommandos auf der Basis eines mehr implementierungsorientierten Modells des Fensterkonzeptes ist in /Stud85a/ zu finden.

Im folgenden wollen wir nun der Reihe nach die einzelnen Fenstermanipulationskommandos betrachten. Dabei werden wir für jedes Kommando ein sogenanntes dynamisches Wohlgeformtheitskriterium spezifizieren, das die Wohlgeformtheit des Kommandos in Abhängigkeit vom aktuellen Dialogzustand definiert, und eine Interpretationsfunktion angeben, die die Semantik des Kommandos formal definiert.

a) Erzeugen eines neuen Fensters

Beim Erzeugen eines neuen Fensters muß sichergestellt sein, daß der Name des Fensters nicht bereits im System vergeben ist und daß die Dialogkontrollkomponente nur ein Menü bzw. Filter enthält, das im Katalog verzeichnet ist.

Diese Einschränkungen werden durch das nachfolgende Wohlgeformtheitskriterium 'is-wf-ErzeugeFenster' spezifiziert:

```
(10)  is-wf-ErzeugeFenster(erzfenster)(dzustand) =
        let mk-ErzeugeFenster(fid,fspez) = erzfenster
        let mk-DZustand(kat, ) = dzustand
        let mk-Katalog(fverz,filverz,mverz) = kat
    .1  fid ¬∈ dom(fverz)   ∧
    .2  is-wf-FensterVerz( [fid→fspez ])(filverz,mverz)


        Typ: ErzeugeFenster → (DZustand → Bool)
```

Erläuterungen:

1) Der Identifier des neuen Fensters darf im Fensterverzeichnis
   nicht bekannt sein.
2) Die in Abschnitt 6.2.2.4 eingeführte Funktion 'is-wf-
   FensterVerz' garantiert, daß ein in der Dialogkontrollkomponente verwendetes Menü oder Filter im entsprechenden
   Verzeichnis bereits enthalten ist.

Da in VDM die Bedeutung eines syntaktischen Objektes durch eine
Funktion im semantischen Bereich definiert wird, werden für die
Definition der Semantik der Fenstermanipulationskommandos
(partielle) Funktionen vom Typ

$$DZustand \xrightarrow{\sim} DZustand$$

verwendet, da wir als Bedeutung eines Kommandos gerade die
Veränderung des Dialogzustandes betrachten wollen. D.h. jedem
Kommando wird durch eine Interpretationsfunktion als Bedeutung
eine Funktion von diesem Typ zugeordnet. Dabei setzen wir bei der
Definition der Interpretationsfunktionen voraus, daß die Komman-
dos wohlgeformt sind. Infolgedessen müssen dann innerhalb der
Interpretationsfunktionen keine Fehlerfälle berücksichtigt wer-
den.

Das 'ErzeugeFenster'-Kommando generiert ein Fenster, das als
neues oberstes Fenster auf dem Bildschirm zu sehen ist.

```
(11) Eval-ErzeugeFenster(erzfenster)(dzustand) =
        let mk-ErzeugeFenster(fid,fspez) = erzfenster
        let mk-FensterSpez(dkontr, ) = fspez
        let mk-DZustand(kat,bild) = dzustand
        let mk-Katalog(fverz,filverz,mverz) = kat
        let mk-Bildschirm(ofm,gfs,sord) = bild


    .1 let fverz' = fverz ∪ [fid → fspez]
    .2 let ofm' = ofm ∪ [fid → fspez]
    .3 let sord' = <fid>^sord


    .4 let bild' = mk-Bildschirm(ofm',gfs,sord')
        let kat' = mk-Katalog(fverz',filverz,mverz)
        mk-DZustand(kat',bild')


        Typ: ErzeugeFenster ⥲ (DZustand ⥲ DZustand)
```

Erläuterungen:
1) Das neue Fenster wird in das Fensterverzeichnis aufgenommen.
2) Das neue Fenster wird in die Beschreibung der geöffneten
   Fenster aufgenommen.
3) Das neue Fenster ist das neue oberste Fenster auf dem
   Bildschirm ('fid' ist das erste Tupelelement in 'sord'').
4) Aus der modifizierten Bildschirm- und der modifizierten Katalogkomponente wird ein neuer Dialogzustand erzeugt.

b) Löschen eines Fensters

Beim Löschen eines Fensters wollen wir voraussetzen, daß das zu
löschende Fenster auf dem Bildschirm sichtbar ist.

(12) is-wf-LöscheFenster(löfenster)(dzustand) =
     <u>let</u> mk-LöscheFenster(fid) = löfenster
     <u>let</u> mk-DZustand(,bild) = dzustand
     <u>let</u> mk-Bildschirm(ofm,gfs,) = bild
  .1 (fid ϵ <u>dom</u>(ofm))   v (fid ϵ gfs)

     Typ: LöscheFenster → (DZustand → Bool)

Erläuterungen:

1) Der Name des zu löschenden Fensters muß entweder in der Menge
der Namen der geöffneten Fenster oder der geschlossenen
Fenster enthalten sein.

Durch das 'LöscheFenster'-Kommando wird ein existierendes Fenster
aus dem System entfernt.

(13) Eval-LöscheFenster(löfenster)(dzustand) =
     <u>let</u> mk-LöscheFenster(fid) = löfenster
     <u>let</u> mk-DZustand(kat,bild) = dzustand
     <u>let</u> mk-Katalog(fverz,filverz,mverz) = kat
     <u>let</u> mk-Bildschirm(ofm,gfs,sord) = bild

  .1 <u>let</u> fverz' = fverz \ {fid}

  .2 <u>let</u> ofm' = (fid ϵ <u>dom</u>(ofm) → ofm \ {fid},
             T → ofm)
  .3 <u>let</u> gfs' = (fid ϵ gfs → gfs \ {fid},
             T → gfs)
  .4 <u>let</u> sord' = (fid ϵ <u>dom</u>(ofm) → EntfFensterId(fid)(sord),
             T → sord)

     <u>let</u> bild' = mk-Bildschirm(ofm',gfs',sord')
     <u>let</u> kat' = mk-Katalog(fverz',filverz,mverz)
  .5 mk-DZustand(kat',bild')

     Typ: LöscheFenster $\tilde{\rightarrow}$ (DZustand $\tilde{\rightarrow}$ DZustand)

Erläuterungen:

1) Die Fensterspezifikation wird aus dem Fensterverzeichnis entfernt.

2) Wenn ein geöffnetes Fenster gelöscht wird, wird es aus der Beschreibung der geöffneten Fenster entfernt.

3) Ist das zu löschende Fenster ein geschlossenes Fenster, wird sein Name aus der Menge der Namen der geschlossenen Fenster entfernt.

4) Sofern das zu löschende Fenster ein geöffnetes Fenster ist, wird sein Name durch die Hilfsfunktion 'EntfFensterId' aus dem Sichtbarkeitsordnungs-Tupel 'sord' entfernt.

5) Aus den modifizierten Zustandskomponenten wird ein neuer Zustand erzeugt.

c) Selektieren eines Fensters

Durch das 'SelektiereFenster'-Kommando wird ein auf dem Bildschirm sichtbares Fenster aln neues oberstes Fenster ausgewählt. Dementsprechend stellt das Wohlgeformtheitskriterium für 'SelektiereFenster' sicher, daß das spezifizierte Fenster auf dem Bildschirm dargestellt ist.

```
(14) is-wf-SelektiereFenster(selfenster)(dzustand) =
        let mk-SelektiereFenster(fid) = selfenster
        let mk-DZustand( ,bild) = dzustand
        let mk-Bildschirm(ofm,gfs, ) = bild
    .1 (fid ∈ dom(ofm))   ∨   (fid ∈ gfs)

        Typ: SelektiereFenster → (DZustand → Bool)
```

Erläuterungen:

1) Der Name des selektierten Fensters muß entweder in der Menge der Namen der geöffneten Fenster oder der geschlossenen Fenster enthalten sein.

Damit erhalten wir folgende Interpretationsfunktion für 'SelektiereFenster'-Kommandos:

```
(15) Eval-SelektiereFenster(selfenster)(dzustand) =
        let mk-SelektiereFenster(fid) = selfenster
        let mk-DZustand(kat,bild) = dzustand
        let mk-Katalog(fverz,,) = kat
        let mk-Bildschirm(ofm,gfs,sord) = bild

     .1 (fid ∈ dom(ofm) →
            let sord' = <fid> ^ EntfFensterId(fid)(sord)
            let bild' = mk-Bildschirm(ofm,gfs,sord')
            mk-Zustand(kat,bild'),

     .2  fid ∈ gfs →
     .3     let gfs' = gfs \ {fid}
     .4     let ofm' = ofm ∪ [fid → fverz(fid) ]
     .5     let sord' = <fid> ^ sord
            let bild' = mk-Bildschirm(ofm',gfs',sord')
     .6     mk-Zustand(kat,bild'))

        Typ: SelektiereFenster ⇥ (DZustand ⇥ DZustand)
```

Erläuterungen:

1) Wird ein geöffnetes Fenster selektiert, wird die Sichtbarkeitsordnung in der Weise modifiziert, daß der Name des selektierten Fensters das neue erste Tupelelement wird.
   'EntfFensterId' entfernt den Namen des Fensters aus der
   bisherigen Sichtbarkeitsordnungsdefinition.
2) Wir betrachten nun den Fall, daß ein bisher geschlossenes
   Fenster selektiert wird.
3) Das selektierte Fenster wird aus der Menge der geschlossenen
   Fenster entfernt.
4) Die Beschreibung der geöffneten Fenster wird um das selektierte Fenster erweitert. Die benötigte Fensterspezifikation
   wird aus dem Fensterverzeichnis geholt.
5) Der Name des selektierten Fensters wird das neue erste Tupelelement in der Definition der Sichtbarkeitsordnung.
6) Der neue Systemzustand wird aus dem alten Katalog und der
   neuen Bildschirmbeschreibung gebildet.

d) Schließen eines Fensters

Das 'SchließeFenster'-Kommando wird dazu verwendet, ein
sichtbares, geöffnetes Fenster zu schließen, so daß das Fenster
anschließend als geschlossenes Fenster auf dem Bildschirm zu
sehen ist.

Das Wohlgeformtheitskriterium 'is-wf-SchließeFenster' stellt
sicher, daß das zu schließende Fenster ein geöffnetes Fenster
ist.

```
(16) is-wf-SchließeFenster(schlfenster)(dzustand) =
        let mk-SchließeFenster(fid) = schlfenster
        let mk-DZustand( ,bild) = dzustand
        let mk-Bildschirm(ofm,, ) = bild
        fid ∈ dom(ofm)


        Typ: SchließeFenster → (DZustand → Bool)
```

Die Interpretationsfunktion für 'SchließeFenster' ist wie folgt
definiert:

```
(17) Eval-SchließeFenster(schlfenster)(dzustand) =
        let mk-SchließeFenster(fid) = schlfenster
        let mk-DZustand(kat,bild) = dzustand
        let mk-Bildschirm(ofm,gfs,sord) = bild

    .1 let ofm' = ofm \ {fid}
    .2 let gfs' = gfs ∪ {fid}
    .3 let sord' = EntfFensterId(fid)(sord)

        let bild' = mk-Bildschirm(ofm',gfs',sord')
    .4 mk-Zustand(kat,bild')


        Typ: SelektiereFenster ⥾ (DZustand ⥾ DZustand)
```

Erläuterungen:

1) Das zu schließende Fenster wird aus der Beschreibung der
   geöffneten Fenster entfernt.
2) Das Fenster wird in die Menge der geschlossenen Fenster aufgenommen.
3) Der Name des Fensters wird aus der Definition der Sichtbarkeitsordnung entfernt.
4) Der neue Dialogzustand wird aus dem unveränderten Katalog
   sowie der neuen Bildschirmbeschreibung gebildet.

Aus der Definition der Interpretationsfunktionen für die Fenstermanipulationskommandos ist ersichtlich, daß der hier gewählte
abstrakte Modellierungsansatz eine formale Definition der Semantik der Kommandos ermöglicht, ohne daß irgendwelche Implementierungsaspekte berücksichtigt werden müssen.

Da wir im folgenden das abstrakte Dialogmodell für die Spezifikation der DIKOS-Benutzerschnittstelle verwenden wollen, wir bei
der Beschreibung des Dialogmodells aber nur die Dialogkonzept-
abhängigen Systemzustandskomponenten eingeführt haben (siehe
Objektklasse 'DZustand'), müssen wir - ehe wir die Benutzerschnittstelle mit Hilfe des Dialogmodells spezifizieren können -
noch die anwendungsabhängigen Komponenten des Systemzustands
definieren.

6.3 Der DIKOS-Systemzustand

Der abstrakte Dialogmodellansatz basiert auf dem funktionalen
Ansatz zur Semantikbeschreibung. D.h. daß die Bedeutung der syntaktischen Objekte - dies sind in unserem Fall die DIKOS-Benutzer-
funktionen - durch Bedeutungsfunktionen über Objektklassen des
semantischen Bereichs definiert wird. Dies hat zur Folge, daß die
für die Definition der Bedeutungsfunktionen verwendeten Objektklassen des semantischen Bereichs all die Elemente beinhalten
müssen, die zur Definition der Semantik der syntaktischen Objekte
benötigt werden.

Da die Benutzer von DIKOS in der Lage sein müssen, über die
Benutzerschnittstelle auf die DIKOS-Wissensbasis zuzugreifen, muß
die DIKOS-Wissensbasis als weitere Komponente in den Systemzustand aufgenommen werden. Des weiteren benötigen wir für die
durch das BIS angebotene Navigationsfunktion eine Beschreibung
des THM-Objekteschemas der Wissensbasis.

6.3.1 Die Wissensbasiskomponente des Systemzustands

Da wir die nachfolgende Beschreibung der Designer-Benutzerschnittstelle auf die Spezifikation einiger exemplarischer Fälle beschränken wollen, werden wir in die VDM-Beschreibung der Wissensbasiskomponente nur die Elemente aufnehmen, die wir später zur
Beschreibung der Benutzerfunktionen benötigen. Dabei sollte klar
sein, daß die VDM-Beschreibung auf Grund der vorgegebenen VDM-
Grunddatentypen und Standardoperationen zu einer anderen Wissens-
basisstrukturierung führt als die in Abschnitt 4 eingeführte
THM-Modellierung.

Die nun folgende VDM-Spezifikation der Wissensbasis wird im nach-
hinein erläutert:

```
(18) .1 Wissensbasis :: Projektteam Arbeitsplan Feinentwurf

     .2 Projektteam = Personenname m→ MitarbeiterBeschr
        MitarbeiterBeschr :: Senderbox Empfängerbox
        Empfängerbox :: Briefkasten Botschaftenbox Protokollebox
                        Berichtebox
     .3 Senderbox :: BIS-Botschaft*
        Botschaftenbox :: BIS-Botschaft*
     .4 BIS-Botschaft :: Bezug Inhalt Datum Sender Empfs
        Sender = Personenname
        Empfs = Personenname-set
```

    .5 Arbeitsplan = Arbeitspaket-<u>set</u>
       Arbeitspaket :: Personenname Aktivität FKlassenname
                  AktAnfang AktEnde [Bemerkung]

    .6 Feinentwurf = FKlassenname m→ FKlassenBeschr
       FKlassenBeschr :: FktBeschr SchnittstBeschr AlgM KonstrM
                 KlRumpf VersNr Status ImpKls

Erläuterungen:

1) Im Rahmen der Benutzerschnittstellenbeschreibung betrachten
   wir drei Wissensbasiskomponenten: das Projetteam, den
   Arbeitsplan und den Feinentwurf.
2) Die Objektklasse 'Projektteam' ordnet jedem Namen eines Projektmitarbeiters ('Personename') die zugehörige Mitarbeiterbeschreibung zu, wobei wir im Hinblick auf das BIS als
   Mitarbeiterbeschreibung nur die Sender- und Empfängerbox eines
   Projektmitarbeites betrachten.
3) Die Sender- bzw. Botschaftenbox sind jeweils als eine Liste
   von BIS-Botschaften ('BIS-Botschaft*') definiert.
4) Die Beschreibung einer BIS-Botschaft besteht aus der Bezugs-
   und Inhaltskomponente, ihrem Datum sowie der Sender- und
   Empfängerangabe. Da eine Botschaft mehrere Empfänger haben
   kann, besteht die Empfängerkomponente ('Empfs') aus einer
   Menge von Namen ('Personenname-<u>set</u>').
5) Ein Arbeitsplan besteht aus einer Menge von Arbeitspaketen,
   wobei jedes Arbeitspaket aus den in Abschnitt 4 eingeführten
   Komponenten zusammengesetzt ist. Gegenüber der THM-Modellierung ist die "Betroffene Objekte"-Komponente auf die Angabe
   eines Klassennamens reduziert worden (vergleiche Abb. 4-4
   (Teil 3)).
6) Der Feinentwurf wird als eine VDM-Map definiert, die Namen von
   Feinentwurfsklassen auf zugehörige Klassenbeschreibungen
   abbildet. In der Klassenbeschreibung ('FKlassenBeschr') sind
   die Komponenten einer Feinentwurfsklasse, d.h. die funktionale
   Beschreibung ('FktBeschr'), die Schnittstellenspezifikation
   ('SchnittstBeschr'), das algebraische Modell ('AlgM'), das

konstruktive Modell ('KonstrM') und der Klassenrumpf ('KlRumpf'), sowie die Beschreibungselemente Versionsnummer ('VersNr'), Status ('Status') und importierende Klassen ('ImpKls') zusammengefaßt (vergleiche Abb. 4-5 (Teil3)).

Aus dieser Teilmodellierung der DIKOS-Wissensbasis sollte ersichtlich sein, daß die weiteren Wissensbasiskomponenten, die in Abschnitt 4 eingeführt worden sind, bei Bedarf ohne Probleme in diese VDM-Beschreibung integriert werden können.

6.3.2 Der Schemagraph im Systemzustand

Die gerade eingeführte Wissensbasiskomponente des Systemzustands bietet die Möglichkeit, auf die in der DIKOS-Wissensbasis enthaltene Exemplarinformation (siehe Abschnitt 2) zuzugreifen, da die Elemente der VDM-Objektklassen, wie z.B. ein Arbeitspaket aus der Objektklasse 'Arbeitspaket', gerade die Exemplarinformationen darstellen. Andererseits benötigen wir als Basis für die später zu beschreibende Browsing-Funktion die zu der Exemplarinformation zugehörige Schemainformation. Diese Schemainformation wird als sogenannte Schemagraph-Komponente in den Systemzustand aufgenommen. Dabei repräsentiert der nachfolgend spezifizierte Schemagraph eine abstrakte Beschreibung der Modellierungskonzepte, die für die Definition eines THM-Objekteschemas verwendet werden dürfen. D.h. der Schemagraph führt eine formale Definition der semantischen Datenmodellkonzepte ein, die in Abschnitt 3.1.1 informal beschrieben worden sind.

Der Schemagraph ist nun wie folgt definiert:

(19) .1 SchemaGraph :: EKlasse-$\underline{\text{set}}$ BeziehungsKlassenm

.2 EKlasse :: EKlassenId KlTyp$^+$ KlBeschr

.3 KlTyp :: TypBez [TypSpez]
TypBez = { $\underline{\text{BASIS}}$,$\underline{\text{GEN}}$,$\underline{\text{AGG}}$,$\underline{\text{GRP}}$ }
TypSpez = GenKlasse | AggKlasse | GrpKlasse | ElKlasse

.4 GenKlasse :: RollenId EKlassenId$^+$
AggKlasse = EKlassenId$^+$
GrpKlasse = EKlassenId
ElKlasse = Basistyp
Basistyp = { $\underline{\text{INT}}$,$\underline{\text{BOOL}}$,$\underline{\text{STRING}}$,... }
KlBeschr = String

.5 Beziehungsklassenm = (EKlasse EKlasse) m$\rightarrow$ BezKl-$\underline{\text{set}}$

.6 BezKl :: BKlassenId BezTyp Kardinalität BezBeschr
BezTyp = { $\underline{\text{KLEL}}$,$\underline{\text{ELEL}}$ }
Kardinalität = { $\underline{\text{KO1}}$,$\underline{\text{K11}}$,$\underline{\text{KO*}}$,... }
BezBeschr = String

Erläuterungen:

1) Der Schemagraph besteht aus zwei Komponenten: einer Menge von Entitätsklassen ('EKlasse-$\underline{\text{set}}$') sowie einer Spezifikation der Beziehungsklassen, die zwischen den Entitätsklassen definiert sind ('BeziehungsKlassenm').

2) Ein Entitätsklassenspezifikation setzt sich aus der Namensangabe ('EKlassenId'), einer Liste von Typangaben ('KlTyp$^+$') sowie einer Beschreibunskomponente ('KlBeschr') zusammen. Die Beschreibungskomponente wird eingeführt, um für die Browsing-Funktion Beschreibungstexte zur Verfügung zu haben.

3) Eine Klassentypangabe setzt sich aus einer Typbezeichnung ('TypBez') sowie einer Typspezifikation ('TypSpez') zusammen, wobei die Typspezifikation bei elementaren Klassen entfallen kann. Typbezeichnung und Typspezifikation geben an, ob es sich bei der Entitätsklasse um eine Generalisierungsklasse ('GenKlasse'), eine Aggregierungsklasse ('AggKlasse'), eine Gruppierungsklasse ('GrpKlasse') oder eine elementare Klasse ('ElKlasse') handelt.

4) Die Typbeschreibung einer Generalisierungsklasse definiert die
für die Generalisierung verwendete Rolle sowie den Namen der
zugehörigen Subklassen. Eine Aggregierungsklasse wird durch
die Namen ihrer Komponentenklassen beschrieben. Schließlich
spezifiziert die Beschreibung einer Gruppierungsklasse den
Namen der Entitätsklasse, die gruppiert wird.

5) Die im Schemagraph enthaltenen Beziehungsklassen werden durch
eine Map repräsentiert, die jeweils zwei Entitätsklassen auf
die Menge der zwischen ihnen definierten Beziehungsklassen
('BezKl-<u>set</u>') abbildet.

6) Jede Beziehungsklasse wird durch ihren Namen ('BKlassenId'),
ihren Typ ('BezTyp'), ihre Kardinalitätsangabe ('Kardinalität') sowie einen Beschreibungstext ('BezBeschr') spezifiziert. Die Typangabe unterscheidet zwischen Klassen-Elemente-
Beziehungsklassen ('<u>KLEL</u>') sowie Elemente-Elemente-Beziehungs-
klassen ('<u>ELEL</u>'). Als Kardinalitätsangaben können die üblichen
Werte wie z.B. (0,1) ('<u>K01</u>') oder (0,*) ('<u>K0*</u>') auftreten.

Die Elemente der in der Schemagraph-Definition auftretenden
Objektklassen sind die Entitäts- und Beziehungsklassen, die in
der Spezifikation eines THM-Objekteschemas verwendet werden, d.h.
Entitäts- und Beziehungsklassen sind die Elemente eines Schema-
graph-Exemplars. Um diesen Zusammenhang zu verdeutlichen, ist
nachfolgend ein Schemagraph-Exemplar spezifiziert (siehe Abb.
6-4), das dem Projektmodell aus Abb. 4-3 sowie Teilen des Projektmanagementmodells aus Abb. 4-4 (Teil 1) und des Softwareproduktmodells aus Abb. 4-5 (Teil 3) entspricht (die Beschreibungs-
textkomponenten sind nicht weiter ausgeführt und werden einfach
durch die 'bi'-Angaben repräsentiert).

Da die Schemagraph-Exemplar-Spezifikation anhand der zugehörigen
Abbildungen aus Abschnitt 4 leicht verständlich sein sollte,
wollen wir nur zwei Elemente beispielhaft erläutern:

```
     mk-SchemaGraph
       (
         {mk-EKlasse(projekt, <mk-KlTyp(BASIS,NIL) >,b1),
 .1       mk-EKlasse(projektname, <mk-KlTyp(BASIS,STRING) >,b2),
         mk-EKlasse(projekmanagementmodell,
                     <mk-KlTyp(AGG, <projektorganisation,
                                     arbeitsplan,... >) >,b3),
         mk-EKlasse(softwareproduktmodell,
                     <mk-KlTyp(AGG, <anforderungsdefinition,
                                     systementwurf,... >) >,b4),

         ...
         mk-EKlasse(fklasse,
             <mk-KlTyp(AGG, <funktionale-fklassenbeschreibung,
                             fklasse-schnittstellenspezifikation,
                             algebraisches-modell,
                             konstruktives-modell,
                             fklassenrumpf >),
               mk-KlTyp(GEN,mk-GenKlasse(status,
                             <fklasse-zu-bearbeiten,...,
                             fklasse-modifiziert >)) >,b5),

         ...
         mk-EKlasse(klrumpf,
                     <mk-KlTyp(GRP,anweisung) >,b6),

         ...
         },
 .2      [(projekt projektname) →
                     {mk-BezKl(hat-projektname,ELEL,K11,b7) },
         (projekt projektmanagementmodell) →
                     {mk-BezKl(hat-managementmodell,ELEL,KO1,b8) },
         (projekt softwareproduktmodell) →
                     {mk-BezKl(hat-softwareproduktmodell,ELEL,KO1,
                                                         b9) },

         ...
```

Abb. 6-4: Ein Schemagraph-Exemplar (Teil 1)

```
        (fklasse fklassenname) →
                {mk-BezKl(hat-fklassenname,ELEL,K11,b10) },
        (fklasse fversionsnummer) →
                {mk-BezKl(hat-fversionsnummer,ELEL,K11,b11) },
        (fklasse status) →
                {mk-BezKl(hat-status,ELEL,K11,b12) },
        (fklasse fklasse) →
                {mk-BezKl(fwird-importiert-von,ELEL,KO*,b12) },
        ...
    ]
  )
```

Abb. 6-4: Ein Schemagraph-Exemplar (Teil 2)

(1) Die Beschreibung der Entitätsklasse "Projektname" legt fest,
    daß diese eine elementare Klasse ist und die Elemente vom Typ
    'STRING' sind. Der Beschreibungstext für diese Klasse ist
    'b2'.

(2) Die Menge der Beziehungsklassen, die zwischen den Entitäts-
    klassen "Projekt" und "Projektname" definiert ist, besteht
    genau aus der Beziehungsklasse "hat-Projektname". Diese Bezie-
    hungsklasse ist eine Elemente-Elemente-Beziehungsklasse mit
    der Kardinalitätsangabe (1,1).

Unter Verwendung der Objektklassen 'Wissensbasis' und 'Schemagraph' können wir nun den Systemzustand für DIKOS wie folgt definieren:

(20) Zustand :: Katalog Bildschirm Wissensbasis SchemaGraph

D.h. ein DIKOS-Systemzustand setzt sich aus den Dialogkonzept-
orientierten Komponenten 'Katalog' und 'Bildschirm' sowie den
anwendungsorientierten Komponenten 'Wissensbasis' und 'Schema-
Graph' zusammen.

6.4 Die Benutzerschnittstelle für die Designer

Bei der Spezifikation der DIKOS-Benutzerschnittstelle beschreiben
wir speziell die Aspekte, die in direktem Zusammenhang mit dem
BIS stehen. Dabei werden wir anhand dieser Beschreibung die grundlegende Konzeption der Benutzerschnittstelle darlegen.

Wie schon oben erwähnt worden ist, werden wir für die Beschreibung der Benutzerschnittstelle das in Abschnitt 6.2 eingeführte
abstrakte Dialogmodell - ergänzt um die Wissensbasis- und die
Schemagraph-Komponente - verwenden. Dies bedeutet, daß die Semantik der Benutzerfunktionen durch Bedeutungsfunktionen vom Typ

$$\text{Zustand} \rightharpoonup \text{Zustand}$$

definiert wird, d.h. es wird spezifiziert, wie der DIKOS-Systemzustand durch die Ausführung der Benutzerfunktionen verändert
wird.

Einleitend wollen wir nun den Ausgangszustand für den Arbeitsplatz des Designers betrachten.

6.4.1 Die Initialisierung des Designer-Arbeitsplatzes

Für die Initialisierung seines Arbeitsplatzes steht dem Designer
das Kommando 'InitArbeitsplatz' zur Verfügung, das durch folgende
Syntax definiert ist:

(21) InitArbeitsplatz :: Personenname

Die 'Personenname'-Komponente repräsentiert dabei den Namen des
Designers, der die Ausführung dieses Kommandos veranlaßt. Die
Semantik dieses Kommandos wird durch die Interpretationsfunktion
'Eval-InitArbeitsplatz' definiert. Sie beschreibt primär, wie das
Bildschirm-Layout aussieht, wenn der Designer an seinem DIKOS-
Arbeitsplatz zu arbeiten beginnt (in den nachfolgenden Defini-
tionen der Interpretationsfunktionen wird jeweils die Wohlge-

formtheit der Kommandos im Hinblick auf den gegebenen Systemzustand vorausgesetzt).

```
(22) Eval-InitArbeitsplatz(pname)(zustand) =
         let mk-Zustand(kat,,wb,sgraph) = zustand
         let mk-Katalog(fverz,filverz,mverz) = kat
         let mk-Wissensbasis(pteam,ap,fentw) = wb
         let mitbeschr = pteam(pname)
     .1  let mk-MitarbeiterBeschr(sbox,ebox) = mitbeschr
         let mk-Empfängerbox(bk,botbox,pb,berbox) = ebox


     .2  let [m1 → <'INHALT','LÖSCHEN','?',FENSTER-SCHLIESSEN' >,
             m2 → <'BEARBEITEN','?','FENSTER-SCHLIESSEN >,
             m3 → <'AKTKNOTEN','?','FENSTER-SCHLIESSEN >,
             ... ] = mverz


         let [fil → mk-KomplFilter
                     ( <mk-FilterKomp(ABSTRAKTION,
                                 <'ALLE','GENERALISIERUNG',
                                  'AGGREGIERUNG','GRUPPIERUNG' >),
                       mk-FilterKomp(BEZIEHUNG,
                                 <'EL-EL-BEZIEHUNG',
                                  'KL-EL-BEZIEHUNG' >) >),
             ... ] = filverz


     .3  let [f1 → mk-FensterSpez(mverz(m1),Ü(sbox)),
             f2 → mk-FensterSpez(mverz(m1),Ü(bk)),
             f3 → mk-FensterSpez(mverz(m1),Ü(botbox)),
             f4 → mk-FensterSpez(mverz(m1),Ü(pb)),
             f5 → mk-FensterSpez(mverz(m1),Ü(berbox)),
     .4      f6 → mk-FensterSpez(mverz(m2),Teil(ap)(pname)),
     .5      f7 → mk-FensterSpez((mverz(m3),filverz(fil)),NIL),
             ... ] = fverz


     .6  let bild' = mk-Bildschirm([], {f1,f2,f3,f4,f5,f6,f7 }, < >)
     .7  mk-Zustand(kat,bild',wb,sgraph)


         Typ: Personenname ⇻ (Zustand ⇻ Zustand)
```

Erläuterungen:

1) Die Mitarbeiterbeschreibung des Designers besteht aus seiner
   Sender- bzw. Empfängerbox.

2) Die Elemente des Menü- bzw. Filterverzeichnisses werden bei
   ihrer Verwendung erklärt.

3) In unserem Kontext enthält das Fensterverzeichnis anfänglich
   sieben Fensterbeschreibungen.
   Die Fenster 'f1' - 'f5' enthalten (in der Fensterinhalts-
   komponente) die Senderbox ('sbox') bzw. die verschiedenen Kom-
   ponenten der Empfängerbox, d.h. den Briefkasten ('bk'), die
   Botschaftenbox ('botbox'), die Protokollebox ('pb') und die
   Berichtebox ('berbox'). Dabei wird durch die Hilfsfunktion 'Ü'
   ('Übersicht') (siehe Anhang A2) jeweils eine Übersicht über
   die verschiedenen Boxen erzeugt. So beinhaltet z.B. die
   Übersicht über die Botschaftenbox jeweils den Bezug, das
   Datum und den Sender der Botschaften, die in der Botschaften-
   box enthalten sind (siehe Objektklasse 'Teilbotschaft' in
   Abschnitt 6.2.2.3)(die Hilfsfunktionen sind jeweils in Anhang
   A2 definiert).
   Die Dialogkontrollkomponente besteht jeweils aus dem Menü
   'm1', das vier Menüalternativen anbietet.

4) Das Fenster 'f6' enthält die Arbeitspakete aus dem Arbeitsplan, die der Designer bearbeitet (zu bearbeiten hat). Die
   Hilfsfunktion 'Teil' selektiert dabei aus dem Arbeitsplan
   'ap' genau die Arbeitspakete, in denen der Name des Designers
   ('pname') vermerkt ist (siehe Anhang A2). Die Dialogkontrollkomponente besteht aus dem Menü 'm2'.

5) Das Fenster 'f7' ist das Ausgangsfenster für die Navigation im
   Schemagraph. Da der Benutzer den Startpunkt für die Navigation
   selbts wählen kann, ist das Fenster anfänglich leer ('NIL').
   Die Dialogkontrollkomponente besteht aus dem Menü 'm3' sowie
   dem Filter 'fil1'.

6) Die Bildschirmkomponente wird wie folgt initialisiert:
   Der Bildschirm enthält keine geöffneten Fenster ('[ ]'). Die
   Fenster 'f1' - 'f7' sind als geschlossene Fenster auf dem
   Bildschirm zu sehen. Da keine geöffneten Fenster vorhanden
   sind, existiert auch keine Sichtbarkeitsordnungsdefinition
   ('< >').

7) Der durch den Initialisierungsvorgang erzeugte Systemzustand
   besteht aus dem Katalog, der oben beschriebenen Bildschirmspe-
   zifikation, der Wissensbasis und dem Schemagraph. Da wir
   später noch auf diesen Zustand Bezug nehmen werden, wollen wir
   ihn 'z1' nennen.

Ein mögliches konkretes Bildschirmlayout für den Zustand 'z1' ist
in Abb. 6-5 dargestellt.

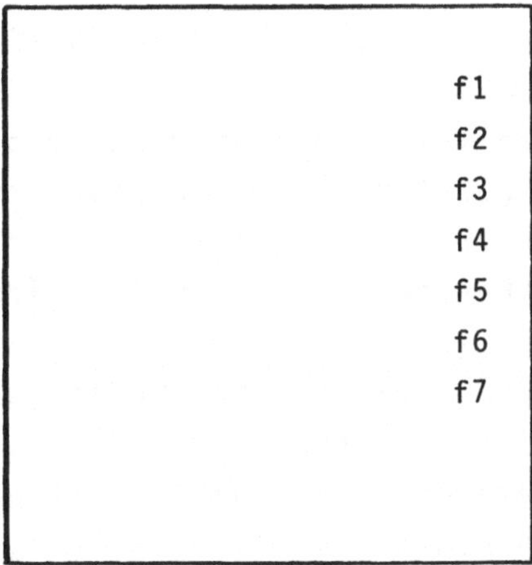

Abb. 6-5: Konkretes Bildschirmlayout für den initialisierten
          Designer-Arbeitsplatz

Ausgehend von dem durch die Initialisierung erreichten Zustand
'z1' kann der Designer eines der auf dem Bildschirm vorhandenen
geschlossenen Fenster öffnen. Hierzu steht ihm das in Abschnitt
6.2.2.5 eingeführte Kommando 'SelektiereFenster' zur Verfügung,
dessen Semantikdefinition ohne Probleme auf den erweiterten
Systemzustand 'Zustand' ausgeweitet werden kann, da durch das
Kommando nur die Bildschirmkomponente des Zustands verändert wird.

Die Fenster 'f1' - 'f7' stehen dem Designer in jedem Systemzustand
zur Verfügung: entweder als geschlossene Fenster wie z.B. nach
dem Initialisierungsvorgang oder als geöffnete Fenster, so daß er
mit ihnen arbeiten kann.

6.4.2 Die Botschaftenbox des Designers

Möchte sich der Designer im Zustand 'z1' über die in seiner Botschaftenbox enthaltenen Botschaften informieren, kann er mit dem
'SelektiereFenster'-Kommando das Fenster 'f3' öffnen. Dies entspricht im Rahmen unseres abstrakten Dialogmodells der Auswertung
der Funktion 'Eval-SelektiereFenster' mit den Argumenten 'f3' und
'z1'. Wir erhalten dadurch einen neuen Zustand, dessen Bildschirmkomponente durch den Ausdruck

$$mk\text{-}Bildschirm(fverz \mid \{f3\}, \{f1,f2,f4,f5,f6,f7\}, <f3>)$$

definiert ist. Die Spezifikation legt dabei fest, daß 'f3' als
(einziges) geöffnetes Fenster auf dem Bildschirm zu sehen ist und
daß weiterhin die Fenster 'f1' und 'f2' sowie die Fenster 'f4' -
'f7' als geschlossene Fenster auf dem Bildschirm zu sehen sind.

Im Fenster 'f3' wird dem Designer die Übersicht über die in
seiner Botschaftenbox enthaltenen Botschaften angezeigt. Das dem
Fenster 'f3' zugeordnete Menü 'm1' bietet dem Benutzer dabei
folgende Dialogsteuerungsmöglichkeiten an (vergleiche das Menüverzeichnis 'mverz' in der Definition der Funktion 'Eval-Init-
Arbeitsplatz'):

- Durch 'INHALT' kann die vollständige Beschreibung einer
  ausgewählten Botschaft angeschaut werden.
- Durch 'LÖSCHEN' kann eine Botschaft aus der Botschaftenbox ent-
  fernt werden.
- Durch '?' wird die Hilfefunktion aktiviert.
- Durch 'FENSTER-SCHLIESSEN' kann das Botschaftenbox-Fenster
  wieder geschlossen werden, so daß es nur noch als geschlossenes
  Fenster auf dem Bildschirm dargestellt ist.

6.4.3 Die Arbeitspakete des Designers

Entscheidet sich der Designer im Zustand 'z1' dafür, eines der
ihm zugeordneten Arbeitspakete zu bearbeiten, kann er durch das
'SelektiereFenster'-Kommando das Fenster 'f6' öffnen. Dieser
Vorgang wird durch den Aufruf der Funktion 'Eval-Selektiere-
Fenster' mit den Argumenten 'f6' und 'z1' beschrieben. Der
dadurch erreichte Zustand (wir wollen ihn 'z2' nennen) wird durch
den Ausdruck

$$mk\text{-}Zustand(kat,bild',wb,sgraph)$$

beschrieben, wobei 'bild'' durch den Ausdruck

$$mk\text{-}Bildschirm(fverz \mid \{f6 \}, \{f1,f2,f3,f4,f5,f7 \}, <f6 >)$$

definiert ist ('kat', 'wb' und 'sgraph' sind mit den entsprechenden Komponenten im Zustand 'z1' identisch). Im Zustand 'z2' ist
das Fenster 'f6' geöffnet, in dem gerade die Menge der Arbeitspakete angezeigt wird, die der Designer zu bearbeiten hat (siehe
'Eval-InitArbeitsplatz' sowie die Hilfsfunktion 'Teil' (im Anhang
A2)).

Das dem Fenster 'f6' zugeordnete Menü 'm2' (siehe 'Eval-Init-
Arbeitsplatz') bietet dem Designer die Möglichkeit, die Bearbeitung eines bestimmten Arbeitspaketes zu beginnen (Menüalternative 'BEARBEITEN'). Außerdem kann wiederum die Hilfefunktion
aktiviert oder das Fenster geschlossen werden.

Die Auswahl eines angezeigten Arbeitspaketes wird durch das Kommando 'Arbeitspaketauswahl' beschrieben, dessen Syntax wie folgt
definiert ist:

(23) Arbeitspaketauswahl :: FensterId MenüAlternative Aktivität
                            FKlassenname

Dabei muß die 'FensterId'-Komponente ein Fenster spezifizieren,
in dem Arbeitspakete angezeigt sind, und muß die 'MenüAlternative'-

Komponente gleich 'BEARBEITEN' sein (siehe Menü 'm2'). Die beiden Komponenten 'Aktivität' und 'FKlassenname' identifizieren das zu bearbeitende Arbeitspaket.

Da ein Designer nur Arbeitspakete auswählen kann, die in seinem Arbeitspakete-Fenster angeboten werden, ist sichergestellt, daß der Designer nur ihm zugeordnete Arbeitspakete bearbeitet.

'Eval-Arbeitspaketauswahl' spezifiziert unter den gerade beschriebenen Voraussetzungen die Systemzustandstransformation, die durch die Ausführung des Kommandos 'Arbeitspaketauswahl' verursacht wird. Da in die Definition der Interpretationsfunktion 'Eval-Arbeitspaketauswahl' auch die Benachrichtigunsstrategien des BIS miteinzubeziehen sind, wollen wir diese zunächst noch beschreiben.

6.4.3.1 Die Benachrichtigungsstrategien des BIS

Wie wir in Abschnitt 5 beschrieben haben, erzeugt das BIS Botschaften, die es automatisch an die Projektmitarbeiter verschickt und in ihrer Botschaftenbox ablegt. Da dadurch aber nicht garantiert ist, daß die Designer auch die Botschaften lesen, beinhaltet das BIS Benachrichtigungsstrategien, die sicherstellen, daß

(i)   die Designer wichtige Botschaften auch tatsächlich lesen und

(ii) diese Botschaften den Designern zum richtigen Zeitpunkt angeboten werden.

Hierzu werden drei Fälle unterschieden:

(1) Die vom BIS in der Botschaftenbox abgelegte Botschaft wird sofort in einem neu erzeugten Fenster auf dem Bildschirm angezeigt.
    Diese Strategie wird gewählt, wenn ein Projektmitarbeiter

gerade eine Aktivität durchführt, die durch den Inhalt der
Botschaft unmittelbar betroffen ist. Ein Beispiel hierfür ist
die Änderung der Schnittstelle einer SLAN-4-Klasse X, die
eine andere SLAN-4-Klasse Y importiert, die der Designer
gerade spezifiziert. Für diese Strategie werden die in der BK
"In-Bearbeitung" aktuell vorhandenen Beziehungen verwendet
(siehe Abschnitt 4.4).

(2) Das BIS legt die Botschaft in der Botschaftenbox des betref-
    fenden Projektmitarbeiters ab und erzeugt zu einem späteren
    Zeitpunkt ein Fenster, in dem die Botschaft angezeigt wird.
        Diese Strategie wird angewendet, wenn ein Projekt-
    mitarbeiter die Durchführung einer Aktivität beginnt und in
    der Botschaftenbox eine Botschaft abgelegt ist, die für die
    Durchführung dieser Aktivität relevant ist. Das Fenster, in
    dem die Botschaft angezeigt wird, wird vom BIS genau zu dem
    Zeitpunkt generiert, zu dem die Aktivität gestartet wird.
        Dieser Fall ist z.B. gegeben, wenn der Designer den
    Entwurf einer Klasse beginnt und in seiner Botschaftenbox
    eine Botschaft vorhanden ist, die diese Klasse betrifft.

(3) Das BIS legt die Botschaft in der Botschaftenbox des Projekt-
    mitarbeiters ab.
    Diese Strategie wird für Botschaften angewendet, für die
    weder Fall (1) noch Fall (2) zutrifft.

Damit können wir nun die Interpretationsfunktion für das Kommando
'Arbeitspaketauswahl' definieren.

6.4.3.2 Die Semantik des 'Arbeitspaketauswahl'-Kommandos

Durch die Auswahl eines Arbeitspaketes wird ein neues Fenster
erzeugt, das den Namen der zu bearbeitenden SLAN-4-Klasse anzeigt
und in der Dialogkontrollkomponente außer einem Menü ein Filter
enthält, durch das der Designer festlegen kann, an welchen Komponenten und Beschreibungselementen einer SLAN-4-Klasse er
interessiert ist. Die Semantik dieses Kommandos ist im einzelnen
wie folgt definiert:

```
(24) Eval-Arbeitspaketauswahl(mk-Arbeitspaketauswahl
                          (fid,maltern,akt,kname))(zustand) =
        let mk-Zustand(kat,bild,wb,sgraph) = zustand
        let mk-Katalog(fverz,filverz,mverz) = kat
        let mk-Bildschirm(ofm,gfs,sord) = bild
        let mk-Wissensbasis(pteam,,fentw) = wb
        let mk-FensterSpez(kontr,inh) = ofm(fid)
    .1  let pak εinh be s.t. (s-Aktivität(pak)=akt ∧
                          s-FKlassenname(pak)=kname)
        let mk-Arbeitspaket(pname, ) = pak
        let mitbeschr = pteam(pname)
        let mk-MitarbeiterBeschr(sbox,ebox) = mitbeschr
        let mk-Empfängerbox(,botbox,,) = ebox
        let mk-Schemagraph(ekls, ) = sgraph
        let {mk-Eklasse(fklasse,, ),...} = ekls


    .2  (maltern='BEARBEITEN' →
    .3    let mverz' = mverz ∪
                        [m10 → <'SEHEN','?','FENSTER-SCHLIESSEN',
                               'FENSTER-LÖSCHEN' >]
        let filverz' = filverz ∪
                        [fil10 → ErzKlFilter(fklasse)(sgraph) ]
        let fverz' = fverz ∪
                        [f10 → mk-FensterSpez((mverz'(m10),
                                      filverz'(fil10)),kname) ]


    .4    (Prüfe(kname)(botbox)=< > →
    .5       let kat' = mk-Katalog(fverz',filverz',mverz')
    .6       let bild' = mk-Bildschirm(ofm ∪ [f10→fverz'(f10) ],
                                      gfs, <f10 >^sord)
    .7       mk-Zustand(kat',bild',wb,sgraph)


    .8       Prüfe(kname)(botbox)≠< > →
    .9         let mverz'' = mverz' ∪
                            [m11 → <'BOTSCHAFT-LÖSCHEN,'?',
                                   'FENSTER-SCHLIESSEN',
                                   'FENSTER-LÖSCHEN >]
```

```
        let fverz'' = fverz' ∪
                      [f11 → mk-FensterSpez(mverz''(m11),
                                 Prüfe(kname)(botbox))]


        let kat'' = mk-Katalog(fverz'',filverz',mverz'')
  .10   let bild'' = mk-Bildschirm
                      (ofm ∪ [f10→fverz''(f10),f11→fverz''(f11)],
                       gfs, <f11,f10>^sord)
  .11   mk-Zustand(kat'',bild'',wb,sgraph),
     maltern=... )
```

Typ: Arbeitspaketauswahl $\widetilde{\rightarrow}$ (Zustand $\widetilde{\rightarrow}$ Zustand)

Erläuterungen:

1) 'pak' repräsentiert das Arbeitspaket, das der Designer bearbeiten möchte.
2) Wir betrachten im folgenden den Fall, daß der Designer eine
   SLAN-4-Klasse bearbeiten möchte.
3) Die Modifikation der verschiedenen Verzeichnisse ist unter .6)
   erklärt.
4) Durch die Hilfsfunktion 'Prüfe' wird festgestellt, ob in der
   Botschaftenbox des Designers Botschaften existieren, in deren
   Bezugskomponente die von dem Designer zu bearbeitende Klasse
   'kname' auftritt. 'Prüfe' liefert als Ergebnis gerade eine
   Liste dieser Botschaften, d.h. 'Prüfe' ist vom Typ
        FKlassenname → (Botschaftenbox → BIS-Botschaft[*]) .
   Wir betrachten zunächst den Fall, daß keine derartigen
   Botschaften existieren.
5) 'kat'' repräsentiert den modifizierten Katalog.
6) Das neue Bildschirmlayout ist wie folgt festgelegt:
   Der Bildschirm enthält ein neues geöffnetes Fenster 'f10', das
   zugleich das oberste Fenster auf dem Bildschirm ist. Im
   Fenster 'f10' wird der Name 'kname' der zu bearbeitenden
   Klasse angezeigt (siehe die Beschreibung im Fensterverzeichnis
   'fverz''). Die Dialogkontrollkomponente besteht aus dem Menü
   'm10' und dem Filter 'fil10'.

Die Filterkomponenten des Filters 'fil10' werden durch die Funktion 'ErzKlFilter' (siehe Definition unten) berechnet. 'ErzKlFilter' erzeugt für die Entitätsklasse 'fklasse' aus dem Schemagraph 'sgraph' ein Filter, das die aggregierten Komponenten und die Beziehungsklassen für 'fklasse' als Filterelemente enthält. Mit Hilfe dieses Filters kann der Designer festlegen, an welchen Informationen über die Klasse 'kname' er interesssiert ist.

Das Menü 'm10' bietet ihm u.a. folgende Möglichkeiten:

- Die Auswahl der 'SEHEN'-Alternative bewirkt, daß in der Inhaltskomponente des Fensters von der Klasse 'kname' die Informationselemente angezeigt werden, die der Designer im Filter 'fil10' ausgewählt hat.
- Durch 'FENSTER-LÖSCHEN' kann der Designer das Fenster 'f10' auf dem Bildschirm löschen.

7) Der neue Zustand ('z3' genannt) wird unter Verwendung des modifizierten Katalogs 'kat'' sowie des neuen Bildschirmlayouts 'bild'' gebildet.

8) Wir betrachten nun den Fall, daß in der Botschaftenbox des Designers relevante Botschaften vorhanden sind:

9) Die Modifikationen des Menü- und Fensterverzeichnisses sind unter .10) erklärt.

10) Für diesen Fall ist das Bildschirmlayout in folgender Weise festgelegt:

Auf dem Bildschirm werden zwei neue geöffnete Fenster angezeigt: das bereits unter .6) beschriebene Fenster 'f10' sowie das Fenster 'f11', in dessen Inhaltskomponente die durch die Funktion 'Prüfe' ausgewählten (relevanten) Botschaften angezeigt werden (siehe fverz''). Als Dialogkontrollkomponente enthält 'f11' das Menü 'm11', das dem Benutzer u.a. die Möglichkeit bietet, angezeigte Botschaften zu löschen oder das gesamte Fenster 'f11' zu löschen.

Das Fenster 'f11', in dem die Botschaften angezeigt werden, ist das oberste Fenster auf dem Bildschirm. Die Generierung des Fensters 'f11' entspricht dem oben beschriebenen Fall (2) der BIS-Benachrichtigungsstrategien.

11) Für den neuen Zustand werden die erweiterten Katalog- und
    Bildschirmbeschreibungskomponenten verwendet.

Wenn wir davon ausgehen, daß der Designer im Zustand 'z2' eine
Klasse 'kname' zur weiteren Bearbeitung auswählt und außerdem die
Botschaften 'bot1' und 'bot2' für die Bearbeitung der Klasse rele-
vant sind, könnte ein Bildschirmlayout für den dadurch erreichten
Zustand wie in Abb. 6-6 dargestellt aussehen.

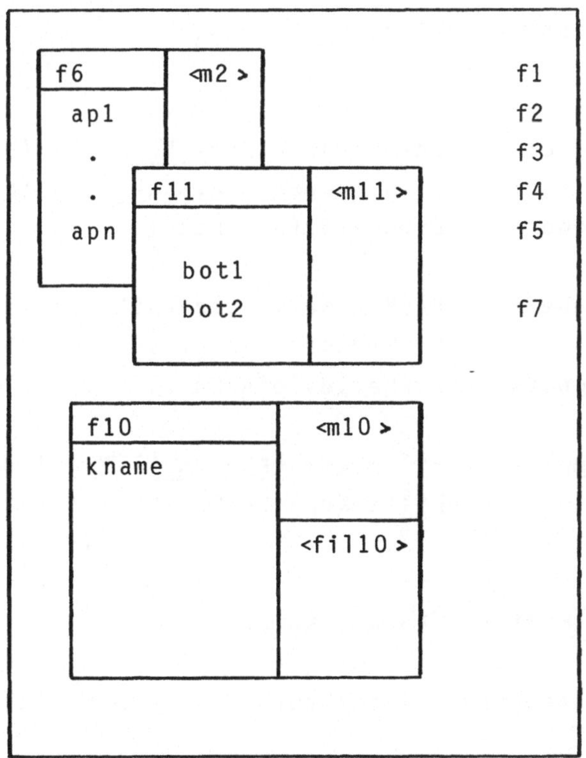

Abb. 6-6: Mögliches konkretes Bildschirmlayout für die
          Bearbeitung einer Klasse (mit BIS-Botschaften-
          fenster)

Wir müssen jetzt noch die in der Interpretationsfunktion 'Eval-
InitArbeitsplatz' verwendete Funktion 'ErzKlFilter' spezifizieren. 'ErzKlFilter' wird dazu verwendet, für eine Entitätsklasse
aus dem Schemagraph ein zugehöriges Filter zu generieren.

```
(25) ErzKlFilter(eklid)(sgraph) =
        let mk-Schemagraph(ekls,bezklm) = sgraph
        let kl εekls be s.t. s-EklassenId(kl)=eklid
   .1 let mk-Eklasse(,kltypl,) = kl


   .2 let subaggklspez = ErzSubKlSpez(AGG)(kltypl)
        let mk-SubAggKlSpez(AGG,eklidl) = subaggklspez
        let eklidl' = (eklidl=NIL → < >,
                          T → eklidl)


   .3 let ausgbezkl = ErzAusgBezKlSpez(ELEL)(kl)(bezklm) ∪
                        ErzAusgBezKlSpez(KLEL)(kl)(bezklm)
   .4 let ausgbezs  = ErzBezIds(ausgbezkl)


   .5 let eingbezkl = ErzEingBezKlSpez(ELEL)(kl)(bezklm) ∪
                        ErzEingBezKlSpez(KLEL)(kl)(bezklm)
        let eingbezs  = ErzBezIds(eingbezkl)


   .6 let fkomp1 = mk-Filterkomp(KOMPONENTEN,eklidl')
        let fkomp2 = mk-Filterkomp(BESCHR-ELEMENTE,
                                        Liste(ausgbezs) ^
                                        Liste(eingbezs))

        mk-KomplFilter( <fkomp1,fkomp2 >)


        Typ: EKlassenId → (SchemaGraph → KomplFilter)
```

Erläuterungen:
1) 'kltypl' ist die Liste der Typangaben für die Entitätsklasse
   'eklid'.
2) Die in Anhang A2 definierte Funktion 'ErzSubKlSpez' liefert
   u.a. die Liste der Entitätsklassen ('eklidl'), die Aggregierungskomponenten der Klasse 'eklid' sind. Sofern keine Komponenten existieren ('eklidl'='NIL'), ist die Liste leer.

3) 'ausgbezkl' repräsentiert die Beziehungsklassen, die von der
   Klasse 'eklid' ausgehen und ordnet jeweils dem Namen der zu
   'eklid' in Beziehung stehenden Entitätsklasse die Menge der
   Beziehungen zu (siehe Hilfsfunktion 'ErzAusgBezKlSpez' in
   Anhang A2).

4) 'ausgbezs' repräsentiert die Menge der Identifier der
   Beziehungsklassen, die in 'ausgbezkl' auftreten (siehe Definition der Hilfsfunktion 'ErzBezIds' in Anhang A2).

5) Entsprechend repräsentiert 'eingbezs' die Menge der Identifier
   der Beziehungsklassen, die zu der Klasse 'eklid' hinführen.

6) 'ErzKlFilter' erzeugt ein komplexes Filter mit zwei
   Filterkomponenten:
   Die erste Komponente besteht aus dem Gliederungselement
   'KOMPONENTEN' und der Liste der Namen der Entitätsklassen, die
   zu der Klasse 'eklid' aggregiert worden sind.
   Die zweite Komponente besteht aus dem Gliederungselement
   'BESCHR-ELEMENTE' und der Liste der Namen der Beziehungsklassen, die für die Klasse 'eklid' definiert sind (die zugehörigen VDM-Objektklassen sind unten in Abschnitt 6.4.4.1 erklärt)
   (die Hilfsfunktion 'Liste' erzeugt aus einer Menge von Identi-
   fiern eine Liste (VDM-Tupel)).

Mit Hilfe der Funktion 'ErzKlFilter' kann dynamisch, d.h. in
Abhängigkeit von dem aktuellen Schemagraph-Exemplar, ein Filter
erzeugt werden, das für eine vorgegebene Entitätsklasse ihre
Aggregierungskomponenten und Beziehungsklassen als Filterelemente
enthält. Dieses Filter kann der Designer dann dazu verwenden, die
ihn interessierenden Beschreibungselemente eines (Zwischen-)Soft-
wareprodukts auszuwählen. Da 'ErzKlFilter' auf dem aktuellen
Schemagraph-Exemplar beruht, werden Änderungen im THM-Objekteschema automatisch bei der Filtergenerierung berücksichtigt.

Wenn wir das in Abb. 6-4 dargestellte Schemagraph-Exemplar
voraussetzen, erzeugt der Aufruf der Funktion 'ErzKlFilter' mit
den Argumenten 'fklasse' und 'sgraph' das komplexe Filter 'fil10'
(siehe Funktion 'Eval-Arbeitspaketauswahl'), wie es in Abb. 6-7
(in konkreter Repräsentation) zu sehen ist.

```
KOMPONENTEN
    Funktionale-FKlassenbeschreibung
    FKlasse-Schnittstellenspezifikation
    Algebraisches Modell
    Konstruktives Modell
    FKlassenrumpf
BESCHR-ELEMENTE
    hat-FKlassenname
    hat-FVersionsnummer
    hat-Status
    FWird-Importiert-von
```

Abb. 6-7: Das Filter für eine SLAN-4-Feinentwurfsklasse

Ausgehend von dem Zustand 'z3', der nach der Ausführung des 'Arbeitspaketauswahl'-Kommandos erreicht wird, kann der Designer die ausgewählte SLAN-4-Klasse bearbeiten, wobei die Beschreibungselemente der Klasse angezeigt werden, die der Designer im Filter 'fil10' ausgewählt hat.

Wählt er z.B. die Schnittstellenspezifikation und das algebraische Modell aus, enthält sein Arbeitsfenster die bisher entwickelten Spezifikationen dieser beiden Komponenten der gerade bearbeiteten Klasse. Dabei hat der Designer die Möglichkeit, sich zusätzliche Informationen über die bearbeitete Klasse anzufordern, da die seinem Arbeitsfenster zugeordnete Dialogkontrollkomponente entsprechend dynamisch angepaßt wird. Ist er z.B. an näheren Informationen über die Klassen interessiert, die die gerade bearbeitete Klasse importiert, kann er sich zugehörige Beschreibungsinformationen, z.B. die funktionale Beschreibung, anfordern, wobei DIKOS diese Informationen in einem neu generierten Fenster anzeigt.

Prinzipiell kann sich der Designer also zusätzlich zu seinem Arbeitsfenster weitere Fenster generieren, in denen für ihn gerade relevante Zusatzinformationen angezeigt werden.

6.4.4 Die Browsing-Funktion des BIS

Die Browsing-Funktion des BIS bietet dem DIKOS-Benutzer die Möglichkeit, sich über die in der DIKOS-Wissensbasis verwalteten Informationselemente schrittweise zu informieren. Damit ist ein DIKOS-Benutzer in der Lage, sich mit Wissensbasiskomponenten vertraut zu machen, über die er bisher nur unzureichend informiert ist. So kann sich z.B. ein neuer Projektmitarbeiter über die Zuständigkeit und Zusammensetzung des Projektmeetings informieren oder sich mit den Komponenten einer SLAN-4-Klassenbeschreibung vertraut machen.

Den Ausgangspunkt für die Browsing-Funktion bildet das Fenster 'f7', das bei der Initialisierung des DIKOS-Arbeitsplatzes generiert wird (siehe 'Eval-InitArbeitsplatz'). Die Browsing-Funktion kann damit einfach durch Anwendung des 'Selektiere-Fenster'-Kommandos auf das Fenster 'f7' aktiviert werden. Wenn wir annehmen, daß die Aktivierung im Zustand 'z1' erfolgt, wird ein Zustand ('z4' genannt) generiert, der durch den Ausdruck

$$mk\text{-}Zustand(kat,bild',wb,sgraph)$$

definiert ist, wobei 'kat', 'wb' und 'sgraph' wie in Zustand 'z1' spezifiziert sind und 'bild'' durch den Ausdruck

$$mk\text{-}Bildschirm(fverz \mid \{f7\}, \{f1,f2,f3,f4,f5,f6\}, <f7>)$$

definiert ist.

D.h. das Fenster 'f7' ist geöffnet und oberstes Fenster auf dem Bildschirm. 'f7' ist leer ('NIL') und hat als Dialogkontrollkomponente das Menü 'm3' und das Filter 'fil1' (siehe 'Eval-Init-Arbeitsplatz'). Das Menü 'm3' bietet die Möglichkeit, die Navigation an einem bestimmten Knoten im Schemagraph zu beginnen (Menüalternative 'AKTKNOTEN'), die Hilfefunktion aufzurufen oder das Fenster wieder zu schließen.

'fill' ist ein komplexes Filter, das dem Designer alle Beschreibungselemente, die im Schemagraph verwendet werden, als Filterelemente anbietet. Damit hat der Designer die Möglichkeit, für
den Beginn der Navigation im Schemagraph die ihn interessierenden
Strukturierungs- und Beschreibungskonzepte auszuwählen.

Zur Steuerung dieser Navigationsfunktion steht dem Designer das
Kommando 'SchemaNavigation' zur Verfügung. Ehe wir dieses Kommando im Detail spezifizieren können, müssen wir noch den Begriff
des Schemateilgraphen einführen, da ein Schemateilgraph genau den
Ausschnitt aus dem Schemagraph repräsentiert, der dem Designer
während der Navigation im THM-Objekteschema aktuell angezeigt
wird.

6.4.4.1 Der Schemateilgraph

Während der Navigation im Schemagraphen bildet immer eine Entitätsklasse den aktuellen Knoten (diese Klasse wird auch aktuelle
Klasse genannt). Das Konzept des Schemateilgraphen dient dazu,
jeweils die Umgebung des aktuellen Knotens im Schemagraph zu
beschreiben.

Der Schemateilgraph ist nun wie folgt definiert (Erläuterungen
sind im Anschluß an die Definition zu finden):


```
(26) .1 SchemaTeilgraph :: EKlassenId SubKlSpez SuperKlSpez
                          BezKlSpez

     .2 SubKlSpez :: [SubGenKlSpez] [SubAggKlSpez] [SubGrpKlSpez]
     .3 SubGenKlSpez = SubGenKl-set
        SubGenKl :: GEN RollenId EKlassenId+
     .4 SubAggKlSpez :: AGG EKlassenId+
     .5 SubGrpKlSpez :: GRP EKlassenId
```

```
.6 SuperKlSpez :: SuperGenKlSpez SuperAggKlSpez SuperGrpKlSpez
   SuperGenKlSpez = SuperGenKl-set
   SuperGenKl :: GEN EKlassenId RollenId
   SuperAggKlSpez = SuperAggKl-set
   SuperAggKl :: AGG EKlassenId
   SuperGrpKlSpez = SuperGrpKl-set
   SuperGrpKl :: GRP EKlassenId


.7 BezKlSpez :: AusgBezKlSpez EingBezKlSpez
   AusgBezKlSpez = BezKlm
   EingBezKlSpez = BezKlm
   BezKlm = EKlassenId m→ (BKlassenId BezTyp Kardinalität)-set
```

Erläuterungen:

1) Ein Schemateilgraph besteht aus dem Namen des aktuellen Knotens ('EKlassenId'), den untergeordneten Entitätsklassen
   ('SubKlSpez'), den übergeordneten Entitätsklassen ('SuperKl-
   Spez') sowie den für die aktuelle Klasse definierten Beziehungsklassen ('BezKlSpez').

2) Die Spezifikation der untergeordneten bzw. übergeordneten
   Klassen bezieht sich auf die Abstraktions- und Strukturierungskonzepte Generalisierung, Aggregierung und Gruppierung.

3) Die aktuelle Entitätsklasse kann nach mehreren Rollen eine
   Generalisierung anderer Entitätsklassen sein. Deswegen besteht
   die Spezifikation der Generalisierungssubklassen aus einer
   Menge von Generalisierungsbeschreibungen ('SubGenKl'), wobei
   jede Generalisierungsbeschreibung die Rolle für die Generalisierung ('RollenId') sowie die beteiligten Subklassen
   ('EKlassenId$^+$') spezifiziert.

4) Ist die aktuelle Entitätsklasse eine Aggregierung anderer
   Klassen, werden die Namen dieser Komponentenklassen in der
   Aggregierungsbeschreibung ('SubAggKlSpez') angegeben.

5) Sofern die aktuelle Entitätsklasse eine Gruppierung einer
   anderen Klasse ist, wird der Name dieser Klasse in der Gruppierungsbeschreibung ('SubGrpKlSpez') angegeben.

6) Die Spezifikation der übergeordneten Klassen ist analog
   aufgebaut. Da die aktuelle Entitätsklasse in jeweils mehreren

Generalisierungs-, Aggregierungs- und Gruppierungsstrukturen
beteiligt sein kann, besteht jede dieser Spezifikationen aus
einer Menge von Beschreibungen ('SuperGenKl-set', 'SuperAggKl-
set', 'SuperGrpKl-set'). Diese Beschreibungen geben jeweils
den Namen der übergeordneten Entitätsklasse ('EKlassenId') an.
7) 'BezKlSpez' beschreibt die von der aktuellen Klasse wegführenden ('AusgBezKlSpez') bzw. zu der aktuellen Klasse hinführenden Beziehungsklassen ('EingBezKlSpez'). Dabei wird jeweils
dem Namen der in Beziehung stehenden Entitätsklasse ('EKlassenId') die Menge der Beziehungsklassen zugeordnet, die
zwischen ihr und der aktuellen Klasse definiert sind. Jede
dieser Beziehungsklassen wird durch ihren Namen, ihren Typ und
ihre Kardinalität beschrieben.

6.4.4.2 Die Kommandos zur Navigation im Schemagraph

Durch das Kommando 'StarteNavigation' kann der Designer ausgehend
vom Fenster 'f7' die Navigation im Schemagraph beginnen. Die Syntax dieses Kommandos ist wie folgt definiert:

(27) StarteNavigation :: FensterId MenüAlternative Filterelement$^+$
                        EKlassenId

Dabei identifiziert die 'FensterId'-Komponente das anfänglich
leere Navigationsfenster. Das 'MenüAlternative'-Element identifiziert eine Menüalternative aus dem Menü, das für die Navigation angeboten wird (siehe Menü 'm3' in 'Eval-InitArbeitsplatz').
Die Liste der Filterelemente legt die Beschreibungselemente fest,
die der Designer im Schemateilgraph berücksichtigt haben möchte.
'EKlassenId' ist der Name der neuen aktuellen Klasse.

Unter diesen Voraussetzungen beschreibt 'Eval-StarteNavigation'
die Semantik des Kommandos 'StarteNavigation'.

```
(28) Eval-StarteNavigation(mk-StarteNavigation(fid,maltern,
                               fileleml,eklid))(zustand) =
        let mk-Zustand(kat,bild,wb,sgraph) = zustand
        let mk-Katalog(fverz,filverz,mverz) = kat
        let mk-Bildschirm(ofm,gfs,sord) = bild


    .1 (maltern='AKTKNOTEN' →
    .2    let [fill → mk-KomplFilter
                    ( <mk-FilterKomp(ABSTRAKTION,
                            <'ALLE','GENERALISIERUNG',
                             'AGGREGIERUNG','GRUPPIERUNG' >),
                      mk-FilterKomp(BEZIEHUNG,
                            <'EL-EL-BEZIEHUNG',
                             'KL-EL-BEZIEHUNG' >) >),
            ... ] = filverz


    .3    let mverz' = mverz ∪
                    [m20 → <'AKTKNOTEN','BESCHREIBUNG',
                           'STUFE1','STUFE2','FENSTER-
                           SCHLIESSEN',FENSTER-LÖSCHEN' >]
          let fverz' = fverz ∪
                    [f20 → mk-FensterSpez
                        ((mverz'(m20),filverz(fill)),
                         (fileleml,
                         ErzSchemaTeilgraph(eklid)
                             (fileleml)(sgraph))) ]


    .4    let kat' = mk-Katalog(fverz',filverz,mverz')
    .5    let bild' = mk-Bildschirm(ofm ∪ [f20→fverz'(f20) ],
                              gfs, <f20 >^sord)
          mk-Zustand(kat',bild',wb,sgraph),
          ... )


       Typ: StarteNavigation → (Zustand → Zustand)
```

Erläuterungen:

1) Wir betrachten den Fall, daß der Designer als Menüalternative
   'AKTKNOTEN' auswählt, d.h. der neue aktuelle Knoten für die

Navigation ist die durch 'eklid' identifizierte Entitätsklasse.

2) Im Filterverzeichnis ist das Filter 'fil1' vorhanden.

3) Die neuen Menü- und Fensterverzeichnis-Komponenten sind unter
   .4) beschrieben.

4) Die neue Katalogkomponente wird unter Verwendung des modifizierten Fensterverzeichnisses und des modifizierten Menüverzeichnisses gebildet.

5) Während der Navigation sieht das Navigationsfenster wie folgt
   aus (siehe 'mverz'' und 'fverz'').

   Im neu generierten Fenster wird der zur aktuellen Klasse
   'eklid' gehörende Schemateilgraph angezeigt. Dabei werden in
   den Schemateilgraph die Beschreibungselemente aufgenommen, die
   in 'fileleml' spezifiziert sind. Der Schemateilgraph wird
   durch die in Anhang A2 spezifizierte Funktion 'ErzSchemaTeilgraph' erzeugt. Diese Funktion generiert dynamisch zu einem
   gegebenen Schemagraph-Exemplar und einer gegebenen Liste von
   Beschreibungselementen den zu einem aktuellen Knoten gehörenden Schemateilgraph.

   Außer dem Schemateilgraph wird im Fenster noch die Liste der
   ausgewählten Beschreibungselemente ('fileleml') angezeigt,
   so daß der Designer stets weiß, welche Beschreibungselemente
   die Basis für den dargestellten Schemateilgraph bilden.

            Die Dialogkontrollkomponente besteht aus dem
   bereits oben beschriebenen Filter 'fil1' (siehe 'Eval-Init-
   Arbeitsplatz') und dem Menü 'm20'. Den einzelnen Menüalternativen kommt dabei folgende Bedeutung zu:

   - 'AKTKNOTEN': Die Navigation soll an dem durch 'eklid' iden-
     tifizierten Knoten fortgesetzt werden.

   - 'BESCHREIBUNG': Der Beschreibungstext der durch 'eklid' iden-
     tifizierten Klasse soll angezeigt werden.

   - 'STUFE1' ('STUFE2'): Zusätzlich zum Schemateilgraph werden
     die Namen aller Entitätsklassen aufgelistet, die über
     eine (zwei) Beziehungsstufen mit den gerade sichtbaren
     Entitätsklassen verbunden sind. Als Beziehungsstufe
     zählt dabei sowohl eine Beziehungsklasse als auch die
     Abstraktions- und Strukturierungskonzepte Generali-
     sierung, Aggregierung und Gruppierung.

Damit kann sich der Designer über die Umgebung des
gerade angezeigten Schemateilgraphen informieren und
somit die Navigation auch in der weiteren Umgebung des
gerade aktuellen Knotens fortsetzen. Außerdem kann er
sich Beschreibungen der aufgelisteten Entitätsklassen
anschauen, um entscheiden zu können, ob er die Navigation mit einer dieser Klassen als neuer aktueller
Klasse fortsetzen soll.

Ist z.B. in einem Navigationszustand "GKlasse" der aktuelle Knoten und hat der Designer die Beschreibungselemente 'GRUPPIERUNG'
und 'AGGREGIERUNG' gewählt, so wird dem Designer der in Abb. 6-8
dargestellte Schemateilgraph angezeigt (vergleiche Abb. 4-5
(Teil 2).

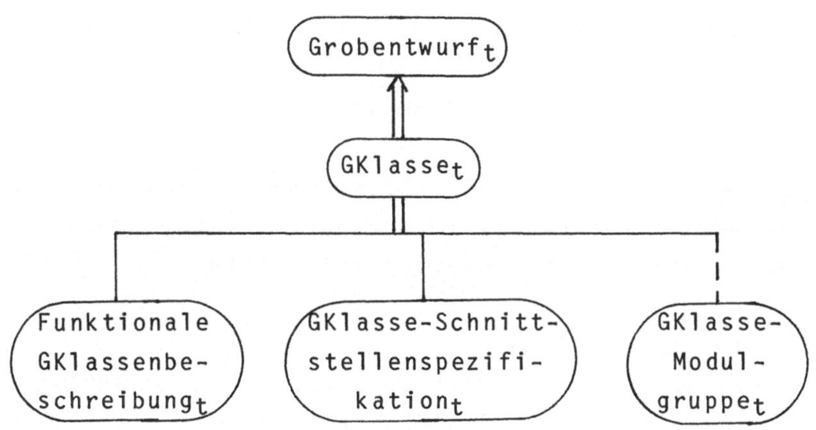

Abb. 6-8: Der Schemateilgraph für die Entitätsklasse
          "GKlasse" (Basis sind die Beschreibungselemente
          'GRUPPIERUNG' und 'AGGREGIERUNG')

Durch das gerade betrachtete Kommando 'StarteNavigation' wird für
die Navigation im Schemagraph ein neues oberstes Fenster erzeugt,
das den zum aktuellen Knoten gehörenden Schemagraph anzeigt. Für
die Fortsetzung der Navigation im Schemagraph steht dem Designer

das Kommando 'SchemaNavigation' zur Verfügung, dessen syntak-
tische Struktur genau der des Kommandos 'StarteNavigation' entspricht:

(29) SchemaNavigation :: FensterId MenüAlternative Filterelement[+]
                         EKlassenId

Die 'FensterId'-Komponente identifiziert dabei das für die Navigation generierte Fenster (siehe 'Eval-StarteNavigation'). Durch
die 'MenüAlternative'-Komponente kann der Designer eine Alternative aus dem Menü 'm20' auswählen (siehe 'Eval-StarteNavigation').
Die restlichen Angaben entsprechen dem 'StarteNavigation'-Kom-
mando.

Die Semantik des 'SchemaNavigation'-Kommandos unterscheidet sich
von der Semantik des 'StarteNavigation'-Kommandos in der Weise,
daß die Navigation in dem durch das 'StarteNavigation'-Kommando
erzeugten Fenster erfolgt, d.h. kein neues Fenster generiert wird.

```
(30) Eval-SchemaNavigation(mk-SchemaNavigation(fid,maltern,
                                 fileleml,eklid))(zustand) =
        let mk-Zustand(kat,bild,wb,sgraph) = zustand
        let mk-Katalog(fverz,filverz,mverz) = kat
        let mk-Bildschirm(ofm,gfs,sord) = bild

    .1  (maltern='AKTKNOTEN'  →
    .2     let [m20 → <'AKTKNOTEN','BESCHREIBUNG','STUFE1',
                      'STUFE2','FENSTER-SCHLIESSEN',
                      FENSTER-LÖSCHEN' >,
               ... ] = mverz


    .3     let [fill → mk-KomplFilter
                      ( <mk-FilterKomp(ABSTRAKTION,
                                  <'ALLE','GENERALISIERUNG',
                                   'AGGREGIERUNG','GRUPPIERUNG' >),
                        mk-FilterKomp(BEZIEHUNG,
                                  <'EL-EL-BEZIEHUNG',
                                   'KL-EL-BEZIEHUNG' >) >),
               ... ] = filverz
```

```
.4    let fverz' = fverz +
                  [fid → mk-FensterSpez
                       ((mverz(m20),filverz(fil1)),
                        (fileleml,
                         ErzSchemaTeilgraph(eklid)
                            (fileleml)(sgraph)))]


      let kat' = mk-Katalog(fverz',filverz,mverz)
.5    let bild' = mk-Bildschirm(ofm + [fid→fverz'(fid)],
                                gfs,sord)
.6    mk-Zustand(kat',bild',wb,sgraph),
      ... )


      Typ: SchemaNavigation → (Zustand → Zustand)
```

Erläuterungen:
1) Wir betrachten den Fall, daß der Designer als Menüalternative
   'AKTKNOTEN' auswählt, d.h. der neue aktuelle Knoten für die
   Navigation ist die durch 'eklid' identifizierte Entitätsklasse.
2) Im Menüverzeichnis ist das für die Navigation generierte Menü
   'm20' vorhanden.
3) Im Filterverzeichnis ist das Filter 'fil1' vorhanden.
4) Im Fensterverzeichnis wird die bisher existierende Spezifikation des Navigationsfensters 'fid' mit der durch die Fortsetzung der Navigation hervorgerufenen geänderten Spezifikation
   überschrieben (siehe 'Eval-StarteNavigation').
5) In der Beschreibung der geöffneten Fenster wird die Spezifikation des Navigationsfensters durch die neue Spezifikation
   ersetzt. Die Sichtbarkeitsordnung bleibt unverändert.
6) Die neue Bildschirmbeschreibung wird für die Generierung des
   neuen Systemzustands verwendet.

Mit Hilfe des Navigationskommandos kann der Designer sehr flexibel im THM-Objekteschema der DIKOS-Wissensbasis umhernavigieren

und sich gegebenenfalls detailliert über eine bestimmte Klasse der Wissensbasis informieren. Das in die Navigation integrierte Filterkonzept bietet ihm dabei die Möglichkeit, dynamisch, d.h. in jedem Navigationsschritt, die für die Bildung des Schemateilgraphen zu berücksichtigenden Beschreibungselemente festzulegen. Damit kann der Designer die Navigation an seine persönlichen Bedürfnisse anpassen.

Im Hinblick auf eine übersichtliche Darstellung der Dialogabläufe sind die verschiedenen Benutzerfunktionen jeweils einzeln und immer vom Zustand 'z1' ausgehend beschrieben worden. Es sollte klar sein, daß auf Grund der für die DIKOS-Benutzerschnittstelle verwendeten Fenstertechnik die verschiedenen Benutzerfunktionen beliebig miteinander verzahnt werden können, da die DIKOS-Benutzer jederzeit Fenster öffnen, durch ihre Benutzerkommandos implizit neue Fenster erzeugen sowie auf dem Bildschirm sichtbare Fenster wieder schließen bzw. löschen können.

7. Schlußbemerkung

In dieser Arbeit sind grundlegende Konzepte einer DIKOS genannten
wissensbasierten Softwareproduktionsumgebung vorgestellt worden.
Dabei wurden insbesondere die THM-Netz-Modellierungskonzepte entwickelt sowie ein spezielles DIKOS-Tool, das Benutzerinformationssystem, spezifiziert, das die Kooperation der Mitarbeiter eines
Softwareentwicklungsprojektes durch das gezielte Verschicken rele-
vanter Informationen an die Projektmitarbeiter unterstützt.
Außerdem wurde ein abstraktes Dialogmodell eingeführt, mit dem
die DIKOS-Benutzerschnittstelle implementierungsunabhängig
beschrieben werden konnte.

Eine Betrachtung der Modellierungskonzepte von THM-Netzen zeigt,
daß THM-Netze nicht nur zur Modellierung des Anwendungsbereichs
"Softwareentwicklung" eingesetzt werden können. Vielmehr sind
THM-Netze für die Modellierung all der Anwendungsbereiche von
Bedeutung, bei denen die Spezifikation von Parallelitäts-,
Synchronisations- und Zeitaspekten eine wichtige Rolle spielt.
Ein typischer Vertreter dieser Anwendungsbereiche ist z.B. der
Bürobereich.

In entsprechender Weise stellt das abstrakte Dialogmodell ein
Spezifikationswerkzeug zur Verfügung, mit dem beliebige interak-
tive Benutzerschnittstellen, die bildschirmorientierte Dialogkonzepte verwenden, abstrakt und streng formal beschrieben werden
können.

Sicherlich muß die in dieser Arbeit gegebene DIKOS-Beschreibung
um zusätzliche Spezifikationen ergänzt werden, um alle Aspekte
einer Softwareproduktionsumgebung abzudecken. So müßten insbesondere die Benutzerschnittstelle für das Projektmanagement als auch
die in dieser Arbeit nicht diskutierten Phasen aus dem Software
Life Cycle Modell betrachtet werden. Des weiteren müßte auch das
Tool-Modell spezifiziert werden, um den DIKOS-Benutzern geeignete
Hilfen beim Umgang mit den verschiedenen DIKOS-Tools anbieten zu

können. Eine detaillierte Spezifikation der Benutzermodell-Komponente der Wissensbasis bedarf sicher Beiträge aus dem Forschungsbereich "Mensch-Maschine-Kommunikation", um über Trivial-Ansätze hinauszugehen.

Gleichwohl sollte aus der Beschreibung der Designer-Benutzerschnittstelle von DIKOS ersichtlich sein, welche Dialogkonzepte heutzutage für die Benutzerschnittstelle einer Softwareproduktionsumgebung verwendet werden sollten und welche Arten von Unterstützungsfunktionen eine wissensbasierte Softwareproduktionsumgebung ihren Benutzern anbieten kann.

Anhang A1: Die Spezifikationssprache SLAN-4

Als Ergänzung zu der in Abschnitt 4.2 gegebenen Beschreibung von
SLAN-4 wollen wir nachfolgend ein SLAN-4-Beispiel vorstellen.
Dieses Beispiel ist aus /BeHP83/ entnommen und spezifiziert Teile
eines Directories.

Zuerst wollen wir von den verschiedenen Klassenspezifikations-
elementen die Schnittstellenbeschreibung betrachten.

```
(A1) .1 directory: CLASS
                        << of all operations upon unordered
                           directories >>
          INTERFACE
     .2      entry_type: PARAMETER(TYPE).
     .3      create,insert,delete,is_elem: EXPORT(OPERATION).
          ENDINTERFACE
          ...
          ENDCLASS directory
```

Erläuterungen:
1) Wir definieren eine SLAN-4-Klasse mit dem Namen 'directory'.
2) 'directory' ist eine parametrisierte Klasse, bei der der Typ
   der Directory-Einträge durch 'entry_type' festgelegt wird.
3) Die in der 'EXPORT'-Komponente angegebenen Operationen können
   von anderen Klassen zur Manipulation von Directories verwendet
   werden.

Die Spezifikationskomponente einer SLAN-4-Klassenbeschreibung, in
dieser Arbeit algebraisches Modell genannt, beschreibt die Operationen, die auf einem Directory durchgeführt werden dürfen.

```
(A2)      SPECIFICATION
    .1       DEFINITION
    .2          create :                   ==> *.
    .3          insert : *,entry_type ==> *.
    .4          delete : *,entry_type ==> *.
    .5          is_elem: *,entry_type ==> BOOLEAN.
             ENDDEFINITION
    .6       RELATION
    .7          is_elem(create,entry) = FALSE.
    .8          is_elem(insert(drc,entry),entry1) =
                  IF entry=entry1: TRUE
                      ELSE is_elem(drc,entry1)
                  ENDIF.

                ...

             ENDRELATION
    .9       SEQUENCE
    .10         PATH create; | insert,delete,is_elem |
             ENDPATH
             ENDSEQUENCE
          ENDSPECIFICATION
```

Erläuterungen:

1) Im 'DEFINITION'-Teil werden die Definitions- und Wertebereiche
   der Operationen spezifiziert.

2) 'create' erzeugt ein 'directory'-Objekt.

3) Durch 'insert' wird ein Objekt vom Typ 'entry_type' in ein
   Directory eingefügt.

4) 'delete' entfernt ein Element aus einem Directory.

5) 'is_elem' überprüft, ob ein bestimmtes Element im Directory
   vorhanden ist.

6) Im 'RELATION'-Teil wird die Semantik der Operationen durch
   Gleichungen definiert.
   Wir betrachten nur die Operation 'is_elem'.

7) Ein durch 'create' erzeugtes 'Directory' enthält kein Element.

8) Ein durch eine 'insert'-Operation eingefügtes Element ist im
   Directory tatsächlich enthalten.

9) Die 'SEQUENCE'-Komponente legt die zulässigen Ausführungs-
   reihenfolgen der Operationen fest.

10) Zuerst muß eine 'create'-Operation ausgeführt werden.
    Anschließend können die anderen Operationen beliebig oft und
    konkurrierend angewendet werden.

Die Deklarationsteilkomponente innerhalb einer Klassenbeschreibung bietet die Möglichkeit, Datentypen und Datenobjekte zu definieren, die innerhalb der Modulspezifikationen (siehe unten)
verwendet werden. In unserem Beispiel wird ein Directory als ein
Objekt vom Typ 'RECORD' definiert, wobei sich ein Directory aus
einem Deskriptor-Teil und den eigentlichen Einträgen zusammensetzt.

```
(A3)      DECLARATION
    .1    dir: RECORD
                - dir_descriptor:
                    RECORD
    .2              - total_number_dir_entries: INTEGER.
                    - number_dir_entries: INTEGER.
                    ENDRECORD
    .3          - dir_entries: SET OF entry_type.
                ENDRECORD.
          ENDDECLARATION
```

Erläuterungen:
1) Ein Directory ist ein 'RECORD'-Objekt.
2) Die Deskriptor-Komponente spezifiziert die maximal zulässige
   Anzahl von Einträgen sowie die Anzahl der aktuell vorhandenen
   Einträge.
3) Die Directory-Elemente sind eine Menge von Elementen vom Typ
   'entry_type'.

Die Deklarationsteilkomponente bildet zusammen mit den
zugehörigen Modulspezifikationen das sogenannte konstruktive
Modell. Als Beispiel für eine Modulspezifikation wollen wir die
Modulspezifikation für die 'insert'-Operation betrachten:

```
(A4)  insert: MODULE
      .1    INTERFACE
      .2      entry_type: PARAMETER(TYPE).
      .3      new_entry: (PARAMETER(READ) entry_type.
      .4      old_directory: IMPORT(WRITE) directory.
              number_dir_entries: PARAMETER(WRITE) INTEGER.
              total_dir_entries: IMPORT(READ).
      .5      return_code: IMPORT(WRITE).
            ENDINTERFACE
      .6    SPECIFICATION
      .7      PRE-insert: TRUE
            POST-insert:
      .8        number_dir_entries < total_dir_entries ==>
                  number_dir_entries' = number_dir_entries + 1
                                    AND
                  old_directory' = old_directory + ( |new_entry |)
                                    AND
                  return_code' = "SUCCESSFULLY_DONE"
      .9    EXCEPTIONS
      .10       number_dir_entries = total_dir_entries ==>
                  return_code' = "DIRECTORY_FULL"
                              AND
                  old_directory' = old_directory
          ENDSPECIFICATION
        ENDMODULE insert
```

Erläuterungen:

1) Die 'INTERFACE'-Spezifikation beschreibt die Objekte, die der
   Modul mit seiner Umgebung austauscht.

2) Der Typ der Directory-Einträge muß bekannt sein.

3) 'new_entry' ist das einzutragenden Element.

4) Der Modul erhält eine Schreiberlaubnis auf das Directory sowie
   die aktuelle Anzahl der Einträge. Die maximale Anzahl der
   Einträge darf nur gelesen werden.

5) 'return_code' spezifiziert, ob die Operation erfolgreich
   durchgeführt worden ist oder nicht.

6) Die 'SPECIFICATION'-Komponente beschreibt die Semantik des
    Moduls.

7) Die Ausführung der 'insert'-Operation erfordert keine
    Voraussetzungen.

8) Sofern im Directory noch Platz frei ist, wird das Element in
    das Directory eingetragen.

9) Die 'EXCEPTIONS'-Komponente spezifiziert die Behandlung von
    Ausnahmesituationen.

10) Ist das Directory voll belegt, wird eine Fehlermeldung erzeugt
    und das Directory nicht verändert.

<u>Anhang A2: Ergänzende Spezifikationen für die Beschreibung der
DIKOS-Benutzerschnittstelle</u>

Nachfolgend werden in Abschnitt 6.4 verwendete, aber dort nicht
spezifizierte Funktionen definiert.

<u>A2.1 Funktionen zur Manipulation von Botschaften</u>

In diesem Abschnitt spezifizieren wir Funktionen, die zur Manipulation von Botschaften eingeführt worden sind.

Die Funktion 'Ü' ('Übersicht') erzeugt für eine gegebene Senderbox
bzw. eine Botschaftenbox eine Übersicht in Form einer Liste von
Teilbotschaften (siehe Objektklasse 'Teilbotschaft' in Abschnitt
6.2.2.3). Dabei betrachten wir nur die Behandlung einer Botschaftenbox im Detail. Die Handhabung der anderen Komponenten einer
Empfängerbox ist analog.

(A1) Ü(box) =
        (is-Botschaftenbox(box) → BotboxÜbersicht(box),
         ...)

            Typ: (Senderbox | Briefkasten | Botschaftenbox |
                  Protokollebox | Berichtebox) →
                        (Teilbotschaft* | ...)

Die Funktion 'BotboxÜbersicht' erzeugt eine Übersicht über die
in einer Botschaftenbox enthaltenen Botschaften. Hierzu werden
aus allen Botschaften durch die Funktion 'BotKomp' die für die
Übersicht benötigten Komponenten herausgegriffen.

(A2) BotboxÜbersicht(botbox) =
        <BotKomp(botbox[i] | 1≤i≤<u>lng</u>(botbox) >

            Typ: Botschaftenbox → Teilbotschaft*

'BotKomp' entnimmt aus der Beschreibung einer Botschaft die
Bezugs-, Datum- und Senderkomponente.

(A3) BotKomp(bis-botschaft) =
        let mk-BIS-Botschaft(bez,inh,dat,sender,empf) =
                                            bis-botschaft

        mk-Teilbotschaft(bez,dat,sender)

        Typ: BIS-Botschaft → Teilbotschaft

A2.2 Die Funktion 'Teil' zur Manipulation des Arbeitsplans

Die Funktion 'Teil' wählt aus einem Arbeitsplan die Arbeitspakete
aus, in denen der Name 'pname' in der 'Personenname'-Komponente
auftritt, d.h. die Arbeitspakete, die von dem durch 'pname' identifizierten Projektmitarbeiter zu bearbeiten sind.

(A4) Teil(ap)(pname) =
        { pak | pak ∈ ap ∧
            let mk-Arbeitspaket(name,...) = pak
            name=pname }

        Typ: Arbeitsplan → (Personenname → Arbeitspaket-set)

A2.3 Funktionen zur Manipulation des Schemagraphs bzw. des Schemateilgraphs

Zunächst betrachten wir die Funktion 'ErzSchemaTeilgraph', die
aus einem Schemagraph 'sgraph' den zu einer Entitätsklasse mit
dem Namen 'eklid' gehörenden Schemateilgraph auswählt. Dabei
definiert 'filaltern1' die Beschreibungselemente, die bei der
Bildung des Schemateilgraphs zu berücksichtigen sind.

```
(A5) ErzSchemaTeilgraph(eklid)(fileleml)(sgraph) =
        let mk-Schemagraph(ekls,bezklm) = sgraph
     .1 let kl ϵekls be s.t. s-EklassenId(kl)=eklid
        let mk-Eklasse(,kltypl,) = kl


     .2 let (subgenklspez,supergenklspez) =
            ('ALLE' ϵelems(fileleml) v
             'GENERALISIERUNG' ϵelems(fileleml) →
                (ErzSubGenKlSpez(kltypl),
                 ErzSuperGenKlSpez(eklid)(ekls)),
             T → (NIL,{ }))
     .3 let (subaggklspez,superaggklspez) =
            ('ALLE' ϵelems(fileleml) v
             'AGGREGIERUNG' ϵelems(filelem) →
                (ErzSubKlSpez(AGG)(kltypl),
                 ErzSuperAggKlSpez(eklid)(ekls)),
             T → (NIL,{ })
     .4 let (subgrpklspez,supergrpklspez) =
            ('ALLE' ϵelems(fileleml) v
             'GRUPPIERUNG' ϵelems(fileleml) →
                (ErzSubKlSpez(GRP)(kltypl),
                 ErzSuperKlSpez(eklid)(ekls)),
             T → (NIL,{ }))


     .5 let (ausgbezkl,eingbezkl) =
            ('EL-EL-BEZIEHUNG' ϵfilalternl ∧
             'Kl-El-BEZIEHUNG' ϵfilalternl →
                (ErzAusgBezKlSpez(ELEL)(kl)(bezklm) ∪
                 ErzAusgBezKlSpez(KLEL)(kl)(bezklm),
                 (ErzEingBezKlSpez(ELEL)(kl)(bezklm) ∪
                  ErzEingBezKlSpez(KLEL)(kl)(bezklm)),
             'EL-EL-BEZIEHUNG' ϵfilalternl →
                (ErzAusgBezKlSpez(ELEL)(kl)(bezklm),
                 ErzEingBezKlSpez(ELEL)(kl)(bezklm)),
             'KL-EL-BEZIEHUNG' ϵfilalternl →
                (ErzAusgBezKlSpez(KLEL)(kl)(bezklm),
                 ErzEingBezKlSpez(KLEL)(kl)(bezklm)),
             T → ([ ],[ ]))
```

```
   .6 let subklspez = mk-SubKlSpez(subgenklspez,subaggklspez,
                                          subgrpklspez)
   .7 let superklspez = mk-SuperKlSpez(supergenklspez,
                              superaggklspez,supergrpklspez)
   .8 let bezklspez = mk-BezKlSpez(ausgbezkl,eingbezkl)
   .9 mk-SchemaTeilgraph(eklid,subklspez,superklspez,bezklspez)
```

$$\text{Typ: EKlassenId} \to (\text{FilterElement}^+ \to$$
$$(\text{Schemagraph} \to \text{SchemaTeilgraph}))$$

Erläuterungen:
1) 'kl' ist die durch 'eklid' identifizierte Klasse.
2) Wir betrachten jeweils die unter- bzw. übergeordneten Entitätsklassen parallel. Durch das 'ALLE'-Filterelement (siehe 'Eval-
   InitArbeitsplatz' in Abschnitt 6.4) wählt der Designer im
   Filter 'fill' alle Abstraktionskonzepte aus.

   Hat der Benutzer das Beschreibungselement
   'GENERALISIERUNG' ausgewählt, erzeugt 'ErzSubGenKlSpez' die
   Subklassen-Spezifikation der Generalisierungsstruktur für
   'eklid', 'ErzSuperGenKlSpez' die Beschreibung der übergeordneten Entitätsklassen, zu denen 'eklid' generalisiert ist
   (vergleiche die Definition der entsprechenden Objektklassen
   für den Schemateilgraph in Abschnitt 6.4.4.1).

   'subgenklspez' wird an die Beschreibung der
   untergeordneten, 'supergenklspez' an die Beschreibung der
   übergeordneten Klassen gebunden. Ist der Designer am
   Generalisierungs-Beschreibungskonzept nicht interessiert, ist
   'subgenklspez' eine leere Baumkomponente ('NIL'), 'supergenklspez' eine leere Menge ({ }).
3) Analog zu .2) erzeugt 'ErzSubKlSpez' (siehe unten) die
   Beschreibung der bezüglich einer Aggregierungsstruktur
   untergeordneten Entitätsklassen, 'ErzSuperKlSpez' (siehe
   unten) die Beschreibung der zu 'eklid' durch eine Aggregierungsstruktur übergeordneten Entitätsklassen.
4) Analog zu .2) repräsentiert 'subgrpklspez' die Beschreibung
   der untergeordneten Gruppierungsklasse, 'supergrpklspez' die
   Beschreibung der übergeordneten Klassen, zu denen 'eklid'
   gruppiert worden ist.

5) Die Beschreibungen der von 'eklid' wegführenden Beziehungs-
   klassen werden durch 'ausgbezkl', die zu 'eklid' hinführenden
   Beziehungsklassen durch 'eingbezkl' repräsentiert.
   Dabei kann der Designer wählen, ob er nur an Elemente-Elemente-
   Beziehungsklassen bzw. Klassen-Elemente-Beziehungsklassen
   interessiert ist oder an beiden Typen von Beziehungsklassen
   oder an überhaupt keinen.
   'ErzAusgBezKlSpez' generiert die Beschreibung der von der
   Entitätsklasse 'kl' ausgehenden Beziehungsklassen (siehe
   unten). 'ErzEingBezKlSpez' erzeugt entsprechend die Beschreibung der zu 'kl' hinführenden Beziehungsklassen.
.6 'subklspez' repräsentiert die untergeordneten Entitätsklassen,
   die im Schemateilgraph enthalten sein sollen.
.7 'superklspez' repräsentiert entsprechend die übergeordneten
   Entitätsklassen.
.8 Die im Schemateilgraph enthaltenen Beziehungsklassen werden
   durch 'bezklspez' repräsentiert.
.9 Aus den Komponenten .6) - .8) sowie dem Namen des aktuellen
   Knotens ('eklid') wird der Schemateilgraph erzeugt.

Die Funktion 'ErzSubKlSpez' durchsucht eine Liste von Typangaben
einer Entitätsklassen-Spezifikation nach Aggregierungs- bzw.
Gruppierungselementen und erzeugt entsprechende Beschreibungen
der Entitätsklassen, die durch eine Aggregierungs- bzw. eine
Gruppierungsstruktur untergeordnet sind.

```
(A6) ErzSubKlSpez(typbez)(kltypl) =
     .1 (kltypl=< > → NIL,
     .2  T → let typl = hd(kltypl)
             let mk-KlTyp(tbez,tspez) = typl
     .3       (tbez=typbez →
                 (tbez=AGG  → mk-SubAggKlSpez(AGG,tspez),
                  tbez=GRP  → mk-SubGrpKlSpez(GRP,tspez)),
     .4        T → ErzSubKlSpez(typbez)(tl(kltypl)))))

         Typ:  {AGG,GRP } → (KlTyp⁺ →
                             ( [SubAggKlSpez ] | [SubGrpKlSpez ]))
```

Erläuterungen:
1) Ist die Liste der Typangaben leer, wird 'NIL' erzeugt.
2) Andernfalls wird die Liste der Typangaben der Reihe nach durchsucht. 'typ1' ist das erste Listenelement.
3) Ist die als Argument angegebene Typbezeichnung 'typbez' gleich der Typbezeichnung aus 'typ1', wird entweder eine Aggregierungs- oder eine Gruppierungsbeschreibung erzeugt.
4) Beschreibt 'typ1' weder eine Aggregierung noch eine Gruppierung, wird die restliche Liste der Typangaben betrachtet.

Die Funktion 'ErzSuperAggKlSpez' durchsucht den Schemagraph nach Entitätsklassen, die die Klasse 'eklid' als Komponente einer Aggregierungsstruktur enthalten.

```
(A7) ErzSuperAggKlSpez(eklid)(ekls) =
     .1 let superklids =
             { klid | ( ∃kl ∈ekls:
                     ((s-EKlassenId(kl)=klid) ∧
                      let mk-EKlasse(,kltyp1,) = kl
                      ( ∃typelem ∈elems(kltyp1):
                          let mk-KlTyp(tbez,tspez) = typelem
     .2                   (tbez=AGG) ∧
     .3                   (eklid ∈elems(tspez)))))) }
     .4 { mk-SuperAggKl(AGG,klid) | klid ∈superklids }

          Typ: EKlassenId → (EKlasse-set → SuperAggKlSpez)
```

Erläuterungen:
1) 'superklids' ist die Menge der Identifier von Entitätsklassen, die 'eklid' als Aggregierungskomponente enthalten.
2) In der betrachteten Typangabe muß die Typbezeichnung eine Aggregierung spezifizieren.
3) 'eklid' ist in der Menge der Namen der Entitätsklassen enthalten, die für die Aggregierung verwendet worden sind.
4) Aus der Identifiermenge 'superklids' wird eine Beschreibung übergeordneter Entitätsklassen erzeugt.

'ErzAusgBezKlSpez' generiert die Beschreibung der Beziehungsklassen, die von der Entitätsklasse 'kl' ausgehen und vom Typ
'beztyp' sind.

(A8) ErzAusgBezKlSpez(beztyp)(kl)(bezklm) =
     .1 [klid → ElBeschr(typbezkls) |
     .2   (∃((kl,kl') →bezkls) ∈ bezklm:
                ((klid=s-EKlassenId(kl'))) ∧
     .3   (typbezkls = { bez | bez ∈ bezkls ∧
                                    (s-BezTyp(bez)=beztyp) })))]

        Typ: BezTyp → (EKlasse → (Beziehungsklassenm → BezKlm))

Erläuterungen:
1) Die Funktion 'ElBeschr' eliminiert aus einer Menge von
   Beziehungsklassenbeschreibungen jeweils die Beschreibungstext-
   komponente. 'ElBEschr' ist vom Typ
        Bezkl-<u>set</u> → (BKlassenId BezTyp Kardinalität)-<u>set</u>
2) Zwischen der Entitätsklasse 'kl' und der Entitätsklasse 'kl''
   sind Beziehungsklassen definiert. 'klid' ist der Name der Beziehungsklasse 'kl''.
3) 'typbezkls' ist die Menge der Beziehungsklassen zwischen 'kl'
   und 'kl'', die vom Typ 'beztyp' sind.

Die Funktion 'ErzBezIds' generiert die Menge der Namen der
Beziehungsklassen aus 'bezklms'.

(A9) ErzBezIds(bezklms) =
          { bklid | (∃ (eklid→bezs) ∈ bezklms:
                      (∃bez ∈ bezs: s-BKlassenId(bez)=bklid)) }

        Typ: BezKlm → BKlassenId-<u>set</u>

Literaturverzeichnis

/Alfo77/ Alford, M.W.: Requirements Engineering Methodology for
         Real-Time Processing Requirements,
         in: IEEE Trans. on Software Engineering,
         (Januar 1977), 60-68

/Aron83/ Aron, J.D.: The Program Development Process Part II, The
         Programming Team,
         Adison-Wesley Publ. Co., 1983

/Bake72/ Baker, F.T.: Chief Programmer Team Management of
         Production Programming,
         in: IBM Systems Journal $\underline{11}$, 1 (1972)

/Balz82/ Balzert, H.: Die Entwicklung von Software-Systemen,
         Bibliographisches Institut, Reihe Informatik $\underline{34}$, 1982

/Balz83/ Balzert, H.(ed): Software Ergonomie,
         Teubner Verlag, Stuttgart, 1983

/Baue82/ Bauer, F.L.: From Specifications to Machine Code:
         Program Construction through Formal Reasoning,
         in: Proc. 6th Int. Conf. on Software Engineering,
         Tokio, 1982

/BeHP82/ Beichter, F.; Herzog, O.; Petzsch, H.: SLAN-4 Reference
         Manual and Design Rationale,
         IBM Labor Böblingen, Technical Report GTR 05.272,
         1982

/BeHP83/ Beichter, F.; Herzog, O.; Petzsch, H.: SLAN-4: A
         Language for the Specification and Design of Large
         Software Systems,
         in: IBM Journal of Research and Development $\underline{27}$, 6
         (November 1983), 558-576

/BGLS79/ Biewald, J.; Göhner, P.; Lauber, R.; Schelling, H.:
         EPOS - A Specification and Design Technique for
         Computer Controlled Real-Time Automation Systems,
         in: Proc. 4th Int. Conf. on Software Engineering,
         München, 1979

/BjJo78/ Bjorner, D.; Jones, C.B.(eds): The Vienna Development
         Method: The Meta-Language,
         Lecture Notes in Computer Science 61, Springer
         Verlag, 1978

/BjJo82/ Bjorner, D.; Jones, C.B.: Formal Specification and
         Software Development,
         Prentice Hall, 1982

/Boeh81/ Boehm, B.W.: Software Engineering Economics,
         Prentice-Hall Inc., 1981

/Boeh82/ Boehm, B.W. et al.: The TRW Software Productivity
         System,
         in: Proc. 6th Int. Conf. on Software Engineering,
         Tokio, 1982

/Boeh84/ Boehm, B.W. et al.: Prototyping vs. Specifying: A
         Multi-Project Experiment,
         in: Proc. 7th Int. Conf. on Software Engineering,
         Orlando, 1984

/BrMS84/ Brodie, M.L.; Mylopoulos, J.; Schmidt, J.W. (eds):
         On Conceptual Modelling,
         Springer Verlag, 1984

/BrPe84/ Bracchi, G; Pernici, B.: The Design Requirements of
         Office Systems,
         in: ACM Trans. on Office Information Systems 2, 2
         (April 1984), 151-170

/Budd84/ Budde, R. et al.: Approaches to Prototyping,
         Springer Verlag, 1984

/BuFä84/ Bullinger, H.-J.; Fähnrich, K.-P.: Symbiotic Man-
         Computer Interfaces and the User Assistent Concept,
         in: Proc. 1st USA-Japan Conf. on Human-Computer
         Interaction, Honolulu, 1984

/Chen76/ Chen, P.: The Entity-Relationship Model - Toward a
         Unified View of Data,
         in: ACM Trans. on Data Base Systems $\underline{1}$, 1 (März 1976),
         9-36

/DeTa80/ Deutsch, L.P.; Taft, E.A.: Requirements for an
         Experimental Programming Environment,
         Xerox PARC, Forschungsbericht CSL-80-10, 1980

/DuRi76/ Durchholz, R.; Richter, G.: Information Management Con-
         cepts (IMC) for Use with DBMS Interfaces,
         in: Nijssen, G.M. (ed): Modelling in Data Base Manage-
         ment Systems, North-Holland Publ. Co. 1976

/Elli79/ Ellis, C.A.: Information Control Nets: A Mathematical
         Model of Office Information Flow,
         in: Proc. ACM Conf. on Simulation, Measurement, and
         Modeling of Computer Systems, 1979

/Elli83/ Ellis, C.A.: Formal and Informal Models of Office
         Activity,
         in: Mason (ed.): Information Processing 83, Elsevier
         Science Publ. B.U. (North-Holland), 1983.

/Fisc82/ Fischer, G.: Mensch-Maschine-Kommunikation: Theorien und
         Systeme,
         Universität Stuttgart, Habilitationsschrift, 1982

/Floy84/ Floyd, C.: A Systematic Look at Prototyping,
         in: /Budd84/

/Frö183/ Frölich, R.: Piloteinsatz der System-Entwicklungstech-
         nologie (SET) für den Anwendungsentwurf eines kommer-
         ziellen Großprojektes,
         in: Kupka (ed): Proc. 13. GI-Jahrestagung, Hamburg,
         Informatik-Fachberichte 73, Springer Verlag, 1983

/FuNe85/ Furtado, A.L.; Neuhold, E.J.: Formal Techniques for Data
         Base Design,
         Springer Verlag, 1986

/Genr79/ Genrich, H.J. et al.: Elements of General Net Theory,
         in: Brauer (ed.): Net Theory and Applications,
         Lecture Notes in Computer Science 84, Springer Ver-
         lag, 1979.

/GeLa81/ Genrich, H.J.; Lautenbach, K.: System Modelling with
         High-Level Petri Nets,
         in: Theoretical Computer Science 13 (1981), 109-136

/GiTs84/ Gibbs, S.; Tsichritzis, D.: A Data Modeling Approach to
         Office Information Systems,
         in: ACM Trans. on Office Information Systems 1, 4
         (Oktober 1983), 299-319.

/GuLa83/ Gunzenhäuser, R.; Laubsch, J.: Das Konzept des wissens-
         basierten Benutzerassistenten,
         Universität Stuttgart, 1983

/Gust82/ Gustafsson, M.R. et al.: A Declarative Approach to
         Conceptual Information Modeling,
         in: Olle et al. (eds.): Information Systems Design
         Methodologies: A Comparative Review, North-Holland
         Publ. Co., 1982.

/HaHa82/ Hansen, M.R.; Hansen, B.S.: A Generic Application
         Programming System,
         Technische Universität von Dänemark, Lyngby,
         Diplomarbeit, 1982

/Harb84/ Harbich, I.: Entwurf eines Benutzerinformationssystems
         für Mitarbeiter eines Softwareentwicklungsteams,
         Universität Stuttgart, Institut für Informatik,
         Diplomarbeit Nr. 279, 1984

/Hare79/ Harel, D.: First-Order Dynamic Logic,
         in: Lecture Notes in Computer Science 68, Springer
         Verlag, 1979

/Held76/ Held, G. et al.: The Design and Implementation of
         INGRES,
         in: ACM Trans. on Data Base Systems 1, 3 (März 1976),
         189-222

/HoSY85/ Horndasch, A.; Studer, R.; Yasdi, R.: An Approach to
         Conceptual Schema Design of Information Systems,
         in: Sernadas et al. (eds): Proc. IFIP 8.1 Working
         Conf. on Theoretical and Formal Aspects of Infor-
         mation Systems, Sitges, North-Holland Publ. Co.,
         1985.

/Hünk81/ Hünke, H. (ed): Software Engineering Environments,
         North-Holland Publ. Co., 1981

/Ingr78/ Ingrassia, F.S.: Combating the 90% Syndrome,
         in: Datamation (Januar 1978), 171-176

/IRP84/ Institut für Regelungstechnik und Prozeßautomatisierung
         der Universität Stuttgart: EPOS - Kurzbeschreibung,
         1984

/Jako83/ Jakob, R.J.K.: Using Formal Specifications in the Design
         of a Human Computer Interface,
         in: CACM 26, 4 (April 1983), 259-264

/Kimm79/ Kimm, R. et al.: Einführung in Software Engineering,
         de Gruyter Verlag, 1979

/LaLe83/ Lauber, R.; Lempp, P.: Integrated Development and
         Project Management Support System,
         in: Proc. 7th Int. Comp. Software a. Applications
         Conf. COMPSAC'83, Chicago, 1983

/LaSc83/ Lampson, B.W.; Schmidt, E.E.: Organizing Software in a
         Distributed Environment,
         in: Proc. SIGPLAN'83 Symposium on Programming
         Language Issues in Software Systems, SIGPLAN
         Notices 18, 6 (Juni 1983)

/LeCh84/ Leblang, D.B.; Chase, R.P.: Computer-Aided Software
         Engineering Environment in a Distributed Workstation
         Environment,
         in: Proc. ACM SIGSOFT/SIGPLAN Software Engineering
         Symposium on Practical Software Development
         Environments, SIGPLAN Notices 19, 5 (Mai 1984)

/LeLu81/ Léonard, M; Luong, B.T.: Information Systems Design
         Approach Integrating Data and Transactions,
         in: Proc. 7th Int. Conf. on Very Large Data Bases,
         Cannes, 1981

/Mant81/ Mantei, M.: The Effect of Programming Team Structures on
         Programming Tasks,
         in: CACM 24, 3 (März 1981)

/Maye85/ Mayer, E.: Formale Beschreibung von Dialogkonzepten,
         Universität Stuttgart, Institut für Informatik,
         Studienarbeit Nr. 431, 1985

/Mill71/ Mills, H.D.: Chief Programmer Teams: Principles and
         Procedures,
         IBM Rep. FSC71-5108, IBM Fed. Systems Div.,
         Gaithersburg, Md., 1971

/Myer79/ Myers, G.J.: The Art of Software Testing,
        John Wiley a. Sons, 1979

/Naur68/ Naur, P.; Randell, B. (eds): Proc. Software Engineering
        Conf., Garmisch-Partenkirchen, 1968

/NeSi72/ Newell, A; Simon, H.: Human Problem Solving,
        Prentice Hall, 1972

/Olum83/ Olumi, M. et al.: Software Project Data Bases,
        in: Proc. Data Bases for Business and Office
        Applications, Data Base Week, San José, 1983

/Parn72/ Parnas, D.L.: On the Criteria to be Used in Decomposing
        Systems into Modules,
        in: Comm. of the ACM 15, 12 (Dezember 1972)

/Preu84/ Preuhs, Th.: Entwurf eines Kommunikations- und
        Kooperationsmodells für Mitarbeiter eines
        Softwareentwicklungsteams,
        Universität Stuttgart, Institut für Informatik,
        Diplomarbeit Nr. 304, 1984

/Rich81/ Richter, G.: Utilization of Data Access and Manipula-
        tion in Conceptual Schema Definitions,
        in: Information Systems 6, (1981), 53-71

/Rich84/ Richter, G.: Netzmodelle für die Bürokommunikation,
        Teil 2,
        in: Informatik Spektrum 7, 1 (Februar 1984), 28-40

/RiDu82/ Richter, G.; Durchholz, R.: IML-Inscribed High-Level
        Petri Nets,
        in: Olle et al (eds.) Information Systems Design
        Methodologies: A Comparative Review, North-Holland
        Publ. Co., 1982.

/Ridd84/ Riddle, W.E.: Advancing the State of the Art in Software
         System Prototyping,
         in: /Budd84/

/Roch76/ Rochkind, M.J.: The Source Code Control System,
         in: IEEE Trans. on Software Engineering $\underline{1}$, 4
         (September 1975), 364-369

/Ross77/ Ross, D.T.: Structured Analysis: A Language for
         Communicating Ideas,
         in: IEEE Trans. on Software Engineering $\underline{3}$, 1 (1977)

/Royc70/ Royce, W.W.: Managing the Development of Large Software
         Systems,
         in: Proc. WESCON, 1970

/Schi83/ Schiel, U.: An Abstract Introduction to the Temporal-
         Hierarchic Data Model (THM)
         in: Proc. 9th Int. Conf. on Very Large Data Bases,
         Florenz, 1983.

/Schi84/ Schiel, U.: Ein semantisches Datenmodell für konzep-
         tuelle Schemata und ihre Abbildung auf interne rela-
         tionale Schemata,
         Universität Stuttgart, Dissertation, 1984

/Schm82/ Schmidt, E.E.: Controlling Large Software Development in
         a Distributed Environment,
         Xerox PARC, Forschungsbericht CSL-82-7, 1982

/ScSR84/ Scheffer, P.A.; Stone, A.H.; Rzepka, W.E.: A Large
         System Evaluation of SREM,
         in: Proc. 7th Int. Conf. on Software Engineering,
         Orlando, 1984

/Shne80/ Shneiderman, B.: Software Psychology: Human Factors in
         Computer and Information Systems,
         Winthrop Publ. Inc., 1980

/Sifa80/ Sifakis, J.: Performance Evaluation of Systems Using Nets,
in: Brauer (ed.): Net Theory and Applications,
Lecture Notes in Computer Science 84, Springer Verlag, 1980.

/Soft82/ Softlab: V/TEC: Softlabs Technologie-Angebot für
Anwender mit IBM-Umgebung, 1982

/StWa81/ Stucki, L.G.; Walker, H.D.: Concepts and Prototypes of
ARGUS,
in: /Hünk81/

/Stuc83/ Stucki, L.G.: What About CAD/CAM for Software? The ARGUS
Concept,
in: Proc. Conf. on Software Development Tools, Techniques, and Alternatives, Arlington, IEEE Comp.
Society Press, 1983

/Stud84a/ Studer, R.: Abstract Models of Dialogue Concepts,
in: Proc. 7th Int. Conf. on Software Engineering,
Orlando, 1984

/Stud84b/ Studer, R.: Abstraction Concepts for Modeling Screen
Oriented Dialogue Interfaces,
in: Joseph, M. et al.(eds): Foundations of Software
Technology and Theoretical Computer Science, Lecture
Notes in Computer Science 181, Springer Verlag, 1984

/Stud84c/ Studer, R.: Modeling Office Information Systems by
Using Timed THM-Nets,
Universität Stuttgart, Institut für Informatik,
Institutsbericht 84/8, 1984

/Stud85a/ Studer, R.: Formal Semantics of Screen Handling Func-
tions,
in: Proc. 18th Hawaii Int. Conf. on System Sciences,
Honolulu, 1985

/Stud85b/ Studer, R.: Knowledge-Based Software Engineering
          Environments,
          in: Proc. Conf. on Software Engineering, Methods,
          and Tools in Computational Physics, Brüssel, 1985

/Stud86/ Studer, R.: Modeling Time Aspects of Information
          Systems,
          in: Proc. IEEE 2nd Int. Conf. on Data Engineering,
          Los Angeles, 1986

/StHo85/ Studer, R.; Horndasch, A.: Modeling Static and Dynamic
          Aspects of Information Systems,
          in: Meersman et al.(eds): IFIP TC 2 Working Conf.
          Data Base Semantics (DS-1), Hasselt, North-Holland
          Publ. Co, 1985

/Sufr82/ Sufrin, B.: Formal Specification of a Display-Oriented
          Text Editor,
          in: Science of Computer Programming 1 (1982),
          175-202

/TeMa81/ Teitelman, W.; Masinter, L.: The Interlisp Programming
          Environment,
          in: Computer (April 1981), 25-33

/ThPy84/ Thayer, R.H.; Pyster, A.B.(eds): Special Section on
          Software Engineering Project Management,
          in: IEEE Trans. on Software Engineering 10, 1
          (Januar 1984), 2-87

/Walt83/ Walter, B.: Timed Petri-Nets for Modeling and Analyzing
          Protocols with Real-Time Characteristics,
          in: Rudin et al. (eds.): Protocol Specification,
          Testing, and Verification, North-Holland Publ. Co.,
          1983.

/Wass85/ Wasserman, A.I.: Extending State Transition Diagrams for
         the Specification of the Human-Computer Interaction,
         University of California, San Francisco, Laboratory
         of Medical Information Science, Technical Report
         No. 70, 1985

/Wein71/ Weinberg, G.U.: The Psychology of Computer Programming,
         Van Nostrand Reinhold Comp., New York, 1971

/Wied83/ Wiederhold, G.: Data Base Design,
         McGraw-Hill Book Co., 1983

/YoCo75/ Yourdan, E.; Constantine, L.: Structured Design,
         Yourdan Inc., New York, 1975

/Zism77/ Zisman, M.D.: Office Conversation as an Information
         Medium,
         Ph.D. Dissertation, Wharton School, Univ. Pennsylvania,
         Philadelphia, Pa., 1977.

Band 95: Kommunikation in Verteilten Systemen I. GI-NTG-Fachtagung, Karlsruhe, März 1985. Herausgegeben von D. Heger, G. Krüger, O. Spaniol und W. Zorn. IX, 691 Seiten. 1985.

Band 96: Organisation und Betrieb der Informationsverarbeitung. Proceedings, 1985. Herausgegeben von W. Dirlewanger. XI, 261 Seiten. 1985.

Band 97: H. Willmer, Systematische Software- Qualitätssicherung anhand von Qualitäts- und Produktmodellen. VII, 162 Seiten. 1985.

Band 98: Öffentliche Verwaltung und Informationstechnik. Neue Möglichkeiten, neue Probleme, neue Perspektiven. Proceedings, 1984. Herausgegeben von H. Reinermann, H. Fiedler, K. Grimmer, K. Lenk und R. Traunmüller. X, 396 Seiten. 1985.

Band 99: K. Küspert, Fehlererkennung und Fehlerbehandlung in Speicherungsstrukturen von Datenbanksystemen. IX, 294 Seiten. 1985.

Band 100: W. Lamersdorf, Semantische Repräsentation komplexer Objektstrukturen. IX, 187 Seiten. 1985.

Band 101: J. Koch, Relationale Anfragen. VIII, 147 Seiten. 1985.

Band 102: H.-J. Appelrath, Von Datenbanken zu Expertensystemen. VI, 159 Seiten. 1985.

Band 103: GWAI-84. 8th German Workshop on Artificial Intelligence. Wingst/Stade, October 1984. Edited by J. Laubsch. VIII, 282 Seiten. 1985.

Band 104: G. Sagerer, Darstellung und Nutzung von Expertenwissen für ein Bildanalysesystem. XIII, 270 Seiten. 1985.

Band 105: G. E. Maier, Exceptionbehandlung und Synchronisation. IV, 359 Seiten. 1985.

Band 106: Österreichische Artificial Intelligence Tagung. Wien, September 1985. Herausgegeben von H. Trost und J. Retti. VIII, 211 Seiten. 1985.

Band 107: Mustererkennung 1985. Proceedings, 1985. Herausgegeben von H. Niemann. XIII, 338 Seiten. 1985.

Band 108: GI/OCG/ÖGJ-Jahrestagung 1985. Wien, September 1985. Herausgegeben von H. R. Hansen. XVII, 1086 Seiten. 1985.

Band 109: Simulationstechnik. Proceedings, 1985. Herausgegeben von D. P. F. Möller. XIV, 539 Seiten. 1985.

Band 110: Messung, Modellierung und Bewertung von Rechensystemen. 3. GI/NTG-Fachtagung, Dortmund, Oktober 1985. Herausgegeben von H. Beilner. X, 389 Seiten. 1985.

Band 111: Kommunikation in Verteilten Systemen II. GI/NTG-Fachtagung, Karlsruhe, März 1985. Herausgegeben von D. Heger, G. Krüger, O. Spaniol und W. Zorn. XII, 236 Seiten. 1985.

Band 112: Wissensbasierte Systeme. GI-Kongreß 1985. Herausgegeben von W. Brauer und B. Radig. XVI, 402 Seiten, 1985.

Band 113: Datenschutz und Datensicherung im Wandel der Informationstechnologien. 1. GI-Fachtagung, München, Oktober 1985. Proceedings, 1985. Herausgegeben von P. P. Spies. VIII, 257 Seiten. 1985.

Band 114: Sprachverarbeitung in Information und Dokumentation. Proceedings, 1985. Herausgegeben von B. Endres-Niggemeyer und J. Krause. VIII, 234 Seiten. 1985.

Band 115: A. Kobsa, Benutzermodellierung in Dialogsystemen. XV, 204 Seiten. 1985.

Band 116: Recent Trends in Data Type Specification. Edited by H.-J. Kreowski. VII, 253 pages. 1985.

Band 117: J. Röhrich, Parallele Systeme. XI, 152 Seiten. 1986.

Band 118: GWAI-85. 9th German Workshop on Artificial Intelligence. Dassel/Solling, September 1985. Edited by H. Stoyan. X, 471 pages. 1986.

Band 119: Graphik in Dokumenten. GI-Fachgespräch, Bremen, März 1986. Herausgegeben von F. Nake. X, 154 Seiten. 1986.

Band 120: Kognitive Aspekte der Mensch-Computer-Interaktion. Herausgegeben von G. Dirlich, C. Freksa, U. Schwatlo und K. Wimmer. VIII, 190 Seiten. 1986.

Band 121: K. Echtle, Fehlermaskierung durch verteilte Systeme. X, 232 Seiten. 1986.

Band 122: Ch. Habel, Prinzipien der Referentialität. Untersuchungen zur propositionalen Repräsentation von Wissen. X, 308 Seiten. 1986.

Band 123: Arbeit und Informationstechnik. GI-Fachtagung. Proceedings, 1986. Herausgegeben von K. T. Schröder. IX, 435 Seiten. 1986.

Band 124: GWAI-86 und 2. Österreichische Artificial-Intelligence-Tagung. Ottenstein/Niederösterreich, September 1986. Herausgegeben von C.-R. Rollinger und W. Horn. X, 360 Seiten. 1986.

Band 125: Mustererkennung 1986. 8. DAGM-Symposium, Paderborn, September/Oktober 1986. Herausgegeben von G. Hartmann. XII, 294 Seiten, 1986.

Band 126: GI-16. Jahrestagung. Informatik-Anwendungen – Trends und Perspektiven. Berlin, Oktober 1986. Herausgegeben von G. Hommel und S. Schindler. XVII, 703 Seiten. 1986.

Band 127: GI-17. Jahrestagung. Informatik-Anwendungen – Trends und Perspektiven. Berlin, Oktober 1986. Herausgegeben von G. Hommel und S. Schindler. XVII, 685 Seiten. 1986.

Band 128: W. Benn, Dynamische nicht-normalisierte Relationen und symbolische Bildbeschreibung. XIV, 153 Seiten. 1986.

Band 129: Informatik-Grundbildung in Schule und Beruf. GI-Fachtagung, Kaiserslautern, September/Oktober 1986. Herausgegeben von E. v. Puttkamer. XII, 486 Seiten. 1986.

Band 130: Kommunikation in Verteilten Systemen. GI/NTG-Fachtagung, Aachen, Februar 1987. Herausgegeben von N. Gerner und O. Spaniol. XII, 812 Seiten. 1987.

Band 131: W. Scherl, Bildanalyse allgemeiner Dokumente. XI, 205 Seiten. 1987.

Band 132: R. Studer, Konzepte für eine verteilte wissensbasierte Softwareproduktionsumgebung. XI, 272 Seiten. 1987.

Band 133: B. Freisleben, Mechanismen zur Synchronisation paralleler Prozesse. VIII, 357 Seiten. 1987.

Band 134: Organisation und Betrieb der verteilten Datenverarbeitung. 7. GI-Fachgespräch, München, März 1987. Herausgegeben von F. Peischl. VIII, 219 Seiten. 1987.

Band 135: A. Meier, Erweiterung relationaler Datenbanksysteme für technische Anwendungen. IV, 141 Seiten. 1987.

Band 136: Datenbanksysteme in Büro, Technik und Wissenschaft. GI-Fachtagung, Darmstadt, April 1987. Proceedings. Herausgegeben von H.-J. Schek und G. Schlageter. XII, 491 Seiten. 1987.

Band 137: D. Lienert, Die Konfigurierung modular aufgebauter Datenbanksysteme. IX, 214 Seiten. 1987.

Band 138: R. Männer, Entwurf und Realisierung eines Multiprozessors. Das System „Heidelberger POLYP". XI, 217 Seiten. 1987.

Band 139: M. Marhöfer, Fehlerdiagnose für Schaltnetze aus Modulen mit partiell injektiven Pfadfunktionen. XIII, 172 Seiten. 1987.